Anna Stothard

Die Kunst, Schluss zu machen

Roman

Aus dem Englischen von
Hans M. Herzog

Diogenes

Titel der 2013 bei
Alma Books Ltd., London,
erschienenen Originalausgabe:
›The Art of Leaving‹

Umschlagfoto (Ausschnitt) von Katarina Sundelin

www.diogenes.ch
150/13/8/1
ISBN 978 3 257 30019 2

Luke erschien in der Schlafzimmertür, nackt, von dem einen Socken abgesehen, der ihm auf den Knöchel gerutscht war. Seine Bartstoppeln waren nass, weil er aus dem Wasserhahn getrunken hatte, und man sah ein wenig geronnenes Blut auf seiner Oberlippe, die bei einem Handgemenge auf einer Party früher am Abend aufgeplatzt war. Er schien Unfälle anzuziehen und neigte dazu, Brände zu entfachen, Vasen fallen zu lassen und Schlägereien schlichten zu wollen.

»Wie geht's deiner Lippe?«, fragte Eva und streifte ihre Schuhe ab.

»Gut.« Er berührte die Wunde mit der Zungenspitze. Um sich auszuziehen, brauchte Luke eine halbe Sekunde, deshalb saß er immer wie ein Zirkusdirektor im Bett, während Eva gespielt ungezwungen um ihn herumtanzte, hinter Schränke und Türen huschte, damit er sie nicht in unvorteilhaften Stadien der Nacktheit sah. Sie spürte, dass Luke sie beobachtete, als sie ihr Kleid auszog, wobei sie kurz den Blick auf ihre hautfarbene Strumpfhose freigab, ehe sie ein Handtuch vom Boden aufhob, sich setzte und ihm nun den Rücken zudrehte. Eine hektische Motte umschwirrte die Nachttischlampe, schmiss sich gegen die Glühbirne.

Der beste Moment bei jeder Party, sogar bei den guten, war es, sich nachher die Schuhe auszuziehen. Luke witzelte oft, sie sei eine von denen, die man bei einem Feuer oder einem Terrorangriff gern in seiner Nähe hat, da sie sich in jedem Raum zuerst vergewisserte, wo die Ausgänge lagen, allzeit fluchtbereit. Auf Fotos sah sie immer in die falsche Richtung, stand am Rand oder in einer Ecke und wirkte, als wolle sie gerade aus dem Bild treten. Luke hingegen wirkte überall so, als wäre er schon immer dort gewesen und würde auch für immer bleiben. Er war der Mittelpunkt jedes Fotos, in jeder Menschenmenge unübersehbar.

Für einen Mann mit einer großen Hakennase, einem schiefen Kinn und falkenartig grauen, zu tief im Schädel liegenden Augen hatte Luke mit erstaunlich vielen Frauen geschlafen. Seine drahtigen schwarzen Haare klumpten sich zusammen, je nachdem, wie er nachts zuvor gelegen hatte, und es wurde nur noch schlimmer, wenn er anfing, sie zu kämmen. Im Alter von zehn Jahren wurde er auf einem Feld in der Nähe der väterlichen Farm in Devon von einem Hund angefallen und wäre gestorben, wenn nicht ein zufällig vorbeikommender Passant das Tier von Lukes Gesicht gezerrt hätte. Auch Narben von späteren Unfällen überzogen seine Haut, doch die meisten stammten von den plastisch-chirurgischen Eingriffen, die er mit zehn Jahren über sich ergehen ließ – kleine blasse Säume unter beiden Ohren und quer über der linken Augenbraue, bei denen Eva an eine Maske dachte, wenn sie ungnädig war: Er war ein Konstrukt, über seinem Knochengerüst zusammengeflickt, und sie fragte sich, wie er wohl sonst ausgesehen hätte. Er hätte immer noch eine Hakennase und ausgeprägte, für seinen Körper etwas zu breite Schultern. Und doch benahm er sich, als wäre er der bestaussehende Mann in jedem Raum, den er betrat. Wenn Eva auf Partys Frauen kennenlernte, mit denen Luke einmal etwas gehabt hatte, versuchten sie gelegentlich, sich mit Eva anzufreunden, lächelten sie an, als spielten sie auf einen gemeinsamen modischen Fehlgriff an. »Wie *geht* es denn Luke?«, fragten sie dann, den Kopf vielsagend schräggelegt.

Eva gähnte und kroch etwas wacklig ins Bett. Luke musterte sie noch ein Weilchen länger, offensichtlich, um zu entscheiden, ob er für Sex zu betrunken war oder nicht. Hätte sie ihm das kleinste Zeichen gegeben, hätte er es auf einen Versuch ankommen lassen, stattdessen griff sie nach dem Halbliterglas mit abgestandenem Wasser neben ihrem Bett.

»Licht aus?«, fragte Eva und drehte ihm den Rücken zu.

»Klar«, nuschelte er. Die Motte verlegte ihre Suche nach Helligkeit von Evas Nachttischlampe in Richtung des Laternenlichts, das unter dem Vorhang hereinsickerte. Dort schwebte die Kreatur in dem fahlen Streifen falschen Sonnenscheins, und Eva widerstand der Versuchung, aufzustehen und sie zu töten. Stattdessen betrachtete sie im Halbdunkel Lukes Profil und fragte sich, wie sie ihn je verlassen sollte, jetzt, wo sie zusammenlebten.

Am nächsten Morgen gingen Eva und Luke schweigend im Regen durch den Regent's Park. Der Himmel war grau, und die Bäume bildeten um den Rasen herum einen gezackten Horizont. Einige der Metallstreben in Evas Schirm waren kaputt, weshalb die glatte Schirmhaut an zwei Stellen schlaff herunterhing und ihr Tropfen in die Hacken fielen. Lukes marineblauer Schirm warb für seine Anwaltskanzlei, und er hielt ihn sehr gerade.

Eva und Luke waren die Einzigen, die über die York Bridge in Richtung des Inner Circle gingen, der Ringstraße im Regent's Park. Von ihrer Wohnung am Silver Place waren sie durch das erschöpfte morgendliche Soho gegangen, vorbei an geschlossenen Striplokalen und Hallen mit Spielautomaten, die gerade wieder blinkend zum Leben erwachten, wichen im Regen Passanten aus, bis sie die belebte Marylebone Road erreichten. Lukes aufgeplatzte Lippe sah schlimmer aus als zuvor im Bett, geschwollen und lila verfärbt wie der Mund eines Kindes, das sich mit Blaubeeren vollgestopft hat. Seine Narben trugen nur noch zu seinem ungesunden Aussehen an diesem Morgen bei. Immer mal wieder berührte er den Riss mit der freien Hand, während sie durch das Tor den Queen Mary's Garden mit seinen endlosen Rosenbeeten betraten. Obwohl es der erste August war, hatten der Regen und das ungewöhnlich kalte Wetter dafür gesorgt, dass nur noch wenige Blütenblätter unversehrt waren. In den Beeten steckten Metallschilder: Alchemist, Eden, Honey, Colette, Anne Boleyn.

»Rosenkrieg«, sagte Luke angesichts der lädierten Blumenbeete, die sie in matschigen Halbkreisen umgaben.

Sie gingen weiter, vorbei am Freilichttheater und weiter zum See, auf dem man Boot fahren konnte. Sie überquerten die Brücke zu der großen Rasenfläche, auf der überall Torpfosten auf Fußballfeldern standen wie leere eckige Klammern. Hier waren ein paar Spaziergänger mit Hunden unterwegs, zwei Teenager, die in einiger Entfernung Fußball spielten, und noch weiter hinten eine Traube Menschen mit Schirmen. Die Schirme schienen einen aufeinander abgestimmten Tanz aufzuführen, neigten sich gleichzeitig zurück oder drehten sich. Eva dachte, es handelte sich vielleicht um einen eifrigen Yoga- oder Karatekurs, der im Regen übte, doch als sie und Luke weitergingen, entpuppte sich die Gruppe als ein Trupp Vogelbeobachter. Jeder Schirm spannte sich über einem Feldstecher oder einer Kamera mit langen Objektivrüsseln, alle absolut regungslos, bis sich Rüssel und Stielaugen verschoben – gemeinsam, langsam und synchron.

Kleine Vögel hopsten mit den Regentropfen aus den Bäumen – geradezu auffallend, dachte Eva, was aber daran liegen mochte, dass sie genauer hinsah. Es waren hauptsächlich Krähen mit eingezogenem Kopf und glänzendem Gefieder, die mürrisch in dem Gewirr aus Zweigen hockten. Dann löste sich ein Vogel mit Flügeln, die wie Ruder geformt waren, aus einem Baum und stieß herab, ehe er sich wieder nach oben schraubte und provokativ auf einem höheren Baum landete, wo er besser sichtbar und schlechter erreichbar war. Die Vogelbeobachter drehten die Köpfe und folgten seiner Flugbahn.

»Was ist das? Ein Bussard?«, fragte Luke.

»Ein Steinadlerweibchen namens Regina«, sagte ein Mann mit langem Mantel in ihrer Nähe. »Sie ist heute Morgen aus dem Zoo entflogen.«

Aus den kleineren Bäumen krächzten Krähen, die nicht so recht wussten, was sie von diesem unbekannten Geschöpf auf ihrem Territorium halten sollten. Sie konnten sich kaum beruhigen, unterhielten sich mit kehligen Schnabellauten wie Höflinge, die für ihre exotische neue Königin Kutschen und Krinolinen arrangierten. Eva wusste nicht, ob Adler Krähen fraßen, aber wenn sie eine Krähe wäre, würde sie sich spätestens jetzt aus dem Staub machen. Sie dachte an die vielen Male, als sie auf der King Edward's Bridge gestanden und auf den Regent's Canal geschaut hatte, links Snowdon Aviary, die riesige Voliere, rechts das Bartschwein-Gehege im eigentlichen Zoo. Sie fragte sich immer, was die zynischen Stadtenten, Tauben und schmutzigen Möwen wohl von ihren fremdartigen Vettern hinter dem Gitter des Vogelkäfigs halten mochten. Oft sah man kleine Vögel um die Spitzen und Mulden des skelettartigen Aviariums flattern, die sich mit den Gefangenen im Inneren unterhielten oder sie vielleicht auch verspotteten.

Regina blieb auf dem Baumwipfel und beachtete weder das klagende Pfeifen des Tierpflegers noch den als Köder dienenden durchnässten, mageren grauen Kaninchenkadaver. Der Mann neben ihnen bot Eva sein Fernglas an, und sie hielt es sich vor die Augen, sah aber zunächst nur verschwommene Äste, Himmel, totes faltiges

Laub – dann erspähte sie einen Fuß in der Ecke des Objektivs und arbeitete sich zu Reginas breiten Schultern und majestätischem Körper vor. Der Vogel hatte Federn in verschiedenen Braunschattierungen und die Flügel eng an den Körper gelegt. Aus einem derben Hals schaute ein elegantes, fast unbefangenes Gesicht dort oben über die Welt, das sich gelegentlich drehte, um einen anderen Ausschnitt zu betrachten. Eva sah einen gekrümmten, halblächelnden Schnabel und Augen, verdeckt von zornigen gefiederten Brauen.

»Sie sieht aus wie die alte Queen Victoria«, sagte Eva und gab das Fernglas an Luke weiter – und während er hindurchsah, zitterte Reginas Ast, und sie hob von ihrem Hochsitz ab. Der Vogelfreund entriss Luke sein Fernglas, doch im nächsten Augenblick stieß Regina in der Mitte eines der Fußballfelder hinab und bohrte die Krallen nicht mehr als eine halbe Sekunde lang in die Erde, ehe sie sich wieder erhob und in einem viel kleineren Baum auf der anderen Seite der Rasenfläche landete. Der Tierpfleger ließ die Schultern hängen. Alle drehten sich um und folgten Regina mit Augen, Ferngläsern oder Kameras.

»Ganz schön kokett«, sagte Luke, hielt den Kopf schief und lächelte. Eva betrachtete sein Profil. Auch wenn sie schon seit drei Jahren zusammen waren, hatte er bis vor wenigen Monaten noch allein in Hackney gewohnt. Die Möbel in seinem Apartment waren durchweg weiß gewesen, und Eva hatte immer an eine Filmkulisse denken müssen, die die Junggesellenbude eines Anwalts darstellen sollte, samt japanischer Druckgraphiken im Schlafzimmer und abstrakten Fotografien von Brücken und Booten an den Wohnzimmerwänden. Doch Anfang Mai platzte in dem Apartment über seinem ein Rohr, und plötzlich stand Luke in Evas Wohnungstür, eine Kiste mit durchweichten Klassik-Schallplatten, eine Flasche alten Rotweins, die sein Vater ihm zum achtzehnten Geburtstag geschenkt hatte, und einen Koffer voller Schuhe umklammernd. Als Luke seine Kisten im Flur abstellte, fiel Eva auf, dass ihr Freund bei seiner hektischen mitternächtlichen Packaktion so unverzichtbare Dinge wie Schuhputzzeug und ein Kochbuch von Starkoch Gordon Ramsay mitgenommen hatte, was ihr irgendwie unpassend vorkam. Am nächsten Tag unternahm er noch eine Fahrt und kehrte mit einem riesigen Flachbildfernseher, einem Dampfgarer und seinen minimalistischen japanischen Gemälden zurück, die verschiedene Schattierungen der Farbe Weiß erkundeten. Bald standen in Evas Bücherregalen *Blackstones Strafrechtspraxis*, *Juristisches Fachwörterbuch, Der Vertrag: Fälle und Materialien*. Eine Freundin wies Eva lächelnd darauf hin, falls Luke vorhätte, sich bald wieder eine eigene Bleibe zu suchen, hätte er wahrscheinlich nicht einen ganzen Nachmittag darauf verwandt, ihrer beider Bücher alphabetisch zu ordnen.

Ehe Luke bei ihr einzog, war Eva gar nicht bewusst gewesen, wie schwer er arbeitete. Sie wusste, dass er tagelang in Holiday Inns in der Nähe von Strafgerichtshöfen im Norden Englands zubrachte, mit ihr um Mitternacht aus leeren Geschäftszentren skypte, doch das Ausmaß seines Engagements wurde ihr erst klar, als er seine Unterlagen auf ihrem Wohnzimmertisch ausbreitete, dort nachts und meist bis in die frühen Morgenstunden arbeitete und dabei auf dem alten Plattenspieler seiner Mutter Rachmaninoff und Mozart hörte. Manchmal saß Eva einfach auf der Couch und sah ihm beim Arbeiten zu, fasziniert von seinen präzisen Bewegungen, die sich so sehr von seiner Unbeholfenheit bei anderen Gelegenheiten unterschieden. In der oberen rechten Tischecke lagen immer ein roter Kuli, ein spitzer Bleistift 2B, ein Radiergummi und ein Füllfederhalter, den Eva ihm zu seinem neunundzwanzigsten Geburtstag geschenkt hatte. Er mochte Post-its, aber nur die gelbe Variante in der klassischen Größe, die er mit seiner unleserlichen Handschrift vollkritzelte und anschließend hingebungsvoll auf maschinenbeschriebene Blätter klebte und glattstrich, ehe er den Papierstapel senkrecht anhob, auf Kante brachte und die letzten widerspenstigen Seiten mit seinem übergroßen Daumen gerade rückte. In Evas ruhiger Wohnung tauchten plötzlich um fünf oder sechs Uhr morgens Fahrradboten auf und brachten Luke Schriftsätze, die er noch vor der Arbeit lesen musste, Angestellte und Kollegen riefen ihn zu jeder Tages- und Nachtzeit an.

Einige Wochen nach seinem Einzug hob Eva eines Nachmittags Kontoauszüge und Reklame-Speisekarten von der Fußmatte auf, als sie zwischen den bunten Coupons und Handzetteln eine schlichte weiße Postkarte entdeckte. Sie war in akkuraten Großbuchstaben an Luke adressiert, daher drehte Eva sie nur geistesabwesend um. Auf der Rückseite stand in derselben akkuraten Handschrift wie die Adresse: »›Bedeckt ihr Gesicht: meine Augen sind geblendet: sie starb jung.‹ – John Webster.« Eva blieb auf dem Treppenabsatz stehen. Sie las die Karte noch mehrmals auf der Treppe und dann wieder in ihrer Wohnung, drehte und wendete sie und fuhr mit den Fingern über ihre scharfen Kanten, dann über die tief eingegrabenen Tintenspuren. Später am Abend, als sie die Karte vor Luke hinlegte, zuckte der nur mit den Schultern. Offenbar hatten alle in seiner Kanzlei Drohpostkarten mit Zitaten und obskuren Einschüchterungen bekommen, seit sie einen Arzt, der sehr späte Abtreibungen vornahm, verteidigt und seinen Freispruch erreicht hatten. Luke nippte an seinem Wein, schaltete fürs Abendessen den Herd ein und murmelte, es sei nun mal sein Job, Leuten auf die Füße zu treten. Eva runzelte irritiert die Stirn und fügte seine Reaktion im Stillen der Liste mit Seltsamkeiten dieses Eindringlings in ihrem Apartment hinzu – eine Liste, auf der bereits stand, wie er beim Duschen mit voller Lautstärke Eröffnungsplädoyers vortrug und mit einem leichten Lächeln juristische Fachbücher las, während er darauf wartete, dass Wasser kochte oder er am Telefon bei einer Kunden-Hotline durchkam.

Eva wäre nie auf die Idee gekommen, dass er in ihr chaotisches Soho-Apartment einziehen wollte. Silver Place 4D hatte einmal Evas Großmutter gehört, die an einem Schlaganfall starb, als Eva achtzehn war, und ihr die Wohnung hinterließ. Sie lag in den oberen beiden Stockwerken des Hauses: ein kleiner Flur und eine Waschmaschine in der unteren Etage, oben folgten fünf unordentliche Zimmer mit von Zigarettenqualm fleckigen Tapeten – zwei kleine Schlafzimmer, ein Wohnzimmer, eine Küche und ein Bad –, von denen keins in den letzten Jahrzehnten renoviert worden war. Die Einrichtung bestand aus Siebziger-Jahre-Teppichen und lädierten Polstermöbeln. Aus den Wohnzimmerfenstern und denen des großen Schlafzimmers sah man direkt auf das graue Backsteingebäude vis-à-vis, kaum fünf Meter entfernt, dazwischen nur eine für Soho typische schmale Gasse mit kugelförmigen Straßenlaternen, an denen Körbe voller halbtotem Efeu hingen. In dem Apartment war es nie ganz dunkel, weil diese Laternen rund um die Uhr leuchteten, dazu kam flackerndes Neonlicht von einer nahe gelegenen Bar. Für Soho war Silver Place eine ruhige Gasse. Sie lag nur wenige Straßen von Walker's Court entfernt, wo sich die Pornokinos drängten und an jedem Ende junge Frauen in Lederminis um den Preis für Blowjobs feilschten, doch in Silver Place gab es zwei Medienagenturen, ein Antiquariat, ein Café, eine Bar namens The Pink Angel und einen Friseursalon.

Sieben Jahre lang hatte Eva das Gästezimmer im Silver Place vermietet, und jeder Untermieter ließ im Flur oder in den Schränken etwas aus seinem Besitz zurück: Schuhe und Farbdosen, Papierstapel, Plastiktüten voller verknäuelter Kabel und Laufwerke mit Sicherungskopien von möglicherweise wichtigen Dokumenten. Evas Großmutter hatte ein Faible für alles gehabt, was mit Zauberern oder Illusionisten zu tun hatte, darum lagen in der Wohnung überall Autogrammkarten von Varietékünstlern, Dias von Zaubershows, Anleitungen für Amateurillusionisten und Spielkarten herum, die angeblich von Zauberern signiert worden waren, von denen außer Evas Großmutter keiner je etwas gehört hatte. Ein historisches Werbeplakat für eine Zaubershow im Jahr 1904 mit Harry Houdini als Attraktion hatte immer den Ehrenplatz im Eingangsbereich, doch als Luke einzog, überredete er Eva, es stattdessen ins Bad zu hängen: »Europas mitreißende Sensation, Fesselungskönig und weltberühmter Entfesselungskünstler«, verkündete das grelle gelbrosa Plakat über der Toilette. »Nichts auf dieser Erde kann Houdini gefangen halten.« Jetzt hingen die japanischen Gemälde, die verschiedene Schattierungen der Farbe Weiß erkundeten, unpassenderweise im Eingangsbereich. Diese chaotische Welt war nicht der natürliche Lebensraum eines Rechtsanwalts, der zwei Kaschmirmäntel besaß, seine Boxershorts faltete und abends Spanner in seine Schuhe steckte, und doch war er bei Eva am Silver Place, sie wohnten seit drei Monaten zusammen, kein Ende abzusehen.

Im samstagmorgendlichen Nieselregen gingen Luke und Eva ein paar Schritte hinter den Tierpflegern her, die ihr totes Kaninchen aufhoben und dem entflogenen Adler zu dessen neuem Ast folgten. Eva forderte den Vogel mit purer Willenskraft auf, die faltigen Knie zu beugen und sich wieder zu erheben, noch weiter weg. Eine Krähe flog über Evas Kopf, von einem Bäumchen zu einem anderen, und sie schrak zusammen. Lukes Augen ließen Regina in der Ferne nicht los, als sie den Pflegern hinterherliefen. In der Ferne standen noch immer Leute unter ihren Schirmen und sahen zu. Eva wischte sich Regen aus dem Gesicht, und plötzlich klang die Wirkung des Nurofens vom Morgen ab. Die nach oben gewandten Gesichter schauten griesgrämig. Mindestens zwanzig feuchte Jacken, zwanzig Halbkreise aus Schirmen über zwanzig gebeugten Schulterpaaren – doch Eva hätte schwören können, dass Regina sie direkt ansah.

»In der Wildnis wird sie nicht überleben«, sagte jemand in der Nähe. »Bald wird sie Hunde angreifen.«

»Regent's Park kann man wohl kaum Wildnis nennen«, sagte Luke.

»Trotzdem wird sie sterben«, sagte der Mann. »Sie ist ein Zootier.«

»Vorhin hat sie sich beinahe einen Pudel gekrallt«, spottete eine Frau mittleren Alters.

»Ihr Käfig wurde gereinigt. Vermutlich hatte sie den Zoo satt«, sagte wieder jemand anderes. »Kann's verstehen.«

Luke fasste sich an den Mund und zuckte zusammen, als hätte er eine Weile seine geschwollene Oberlippe vergessen. Er befühlte mit der Zungenspitze das lädierte Fleisch, so dass man deren milchige Unterseite sah. Eva fiel ein, wie er ihr am Anfang ihrer Beziehung vergeblich versucht hatte beizubringen, mit der Zunge ihre Nase zu berühren.

Die Verlobungsparty am Vorabend fand in einem überfüllten Pub mit klebrigem Parkettfußboden in Soho statt. Eva war spät und durchnässt eingetroffen, in Klamotten, die sie am Silver Place für passabel gehalten hatte, die ihr aber völlig daneben vorkamen, als sie sich in den Spiegeln hinter der Bar betrachtete. Eva sah immer aus, als stünde sie mit dem einen Fuß im Gestern und mit dem anderen im Morgen, unordentlich zwischen Augenblicken gefangen. Sie hatte schulterlanges kastanienbraunes Haar, beinahe durchscheinende Haut, auf der Sommersprossen verstreut waren, zarte Gesichtszüge, ein Lächeln, das eine Zahnlücke enthüllte, und grüne Augen, die immer irgendwie benommen dreinblickten. Menschen fragten sie oft, ob sie sich verlaufen habe oder ob es ihr gutgehe.

Die Party war für eine Freundin von Luke – die meisten Partys, die sie besuchten, wurden von Lukes Freunden gegeben: Er war geselliger als sie. Als Eva den Pub betrat, stand Luke schon in der Mitte des Tresens und unterhielt sich mit der Gastgeberin, Catherine, einer akkurat wirkenden Arbeitskollegin. Luke trug einen grauen Anzug, aus der Hosentasche baumelte ein zerknitterter Schlips. Sein dichtes schwarzes Barthaar wuchs so schnell, dass er am Ende des Tages immer stopplig war – und erschöpft. Catherine grinste, als Eva näher kam.

»Was hast du gemacht, es auf die Pfützen *abgesehen*?«, sagte sie zu Eva. »Ich habe Luke gerade meinen Ring gezeigt. Ist er nicht *umwerfend*?« Sie streckte Eva einen großen Ring an einem mageren Finger entgegen.

»Gratuliere«, sagte Eva. »Hübsch.« Sie spähte über Catherines Schulter hinweg auf die Party, die in vollem Gange war, und wünschte sich bereits, nicht erst den Abend durchstehen zu müssen, ehe sie sich irgendwann auf den befreienden Fußweg nach Hause machen konnte.

In der oberen Etage des zweistöckigen Pubs hinterließ das Wummern eines DJ-Pults benommen dreinblickende, desorientierte Tänzer, die sich auf der Treppe über Plastikbecher mit warmem Bier beugten. Im Erdgeschoss brachte man Pappteller mit Spanferkel und Apfelmus aus der Küche. Tabletts mit Tequila standen herum, und mechanisch trank Eva das eine oder andere Gläschen, was ihre Laune hob. Schließlich tauchten ein paar Bekannte auf: ein ehemaliger Kommilitone von ihr, eine junge Frau, die in einer Buchhandlung in Soho gearbeitet hatte, ein paar Schulfreunde, die sich im Lauf der Jahre mit Lukes Freunden vermischt hatten. Sie unterhielt sich kurz mit einer Pariser Ex von Luke – »Wie *geht's* Luke?«, sagte sie –, und Eva lächelte nichtssagend, als man ihr »gratulierte«, weil sie und Luke mittlerweile zusammenwohnten. Gegen elf ließ der Regen etwas nach, und Eva wurde klar, dass sie Luke seit einer Weile in der Menschenmenge nicht mehr gesehen hatte. Sie verloren sich gewöhnlich auf Partys aus den Augen und fanden sich nur phasenweise wieder.

Sie quetschte sich bis in den Hof hinter dem Pub durch, um ein wenig frische Luft zu schnappen. An einem windschiefen Maschendrahtzaun lehnten bereits andere Gäste oder thronten auf einem schimmligen Picknicktisch und benutzten das Skelett eines rostigen Grills oder leere Blumentöpfe aus Terrakotta als Aschenbecher. Vom Hof blickte man auf eine düstere, von grauen Apartmenthäusern gesäumte Gasse, die links in die Old Compton Street und rechter Hand in eine schmalere Straße mit einer Reihe heruntergekommener Läden mündete. Da Eva keinen Luke sah, trat sie an den Zaun, zufrieden, ein Fleckchen auf der Party zu finden, wo sie durchatmen konnte. Auf dem Gehweg band ein älterer Glatzkopf seine Schnürsenkel, und ein Teenager legte den Arm um ein Mädchen in einem lila Velours-Jogginganzug, als sie auf ein blinkendes Döner-Schild zuhielten. Über dem Apartmentkomplex gegenüber sah sie zwei Baukräne – einer rot, der andere silbrig –, die sich über Soho beugten, als verspeisten sie einige der kleineren Häuser. Ein Flugzeug flog über sie hinweg, und Eva fragte sich, wohin es unterwegs war. Auf der Hauptstraße kicherten zwei betrunkene Frauen, ein Streifenwagen fuhr langsam vorbei, und ein großgewachsener Mann in Hot Pants bückte sich, um vor einer Türschwelle Zigarettenkippen aufzuheben. Als Eva den Blick über eine Reihe schäbiger Läden zu ihrer Rechten schweifen ließ, sah sie zwanzig Meter weiter auf der anderen Straßenseite Lukes vertraute hängende Schultern. Er drehte dem Pub den Rücken zu, und eine Frau in einer roten Jacke wandte sich genau in diesem Augenblick mitten im Gespräch von ihm ab. Da Luke sie fast ganz verdeckte, sah Eva nur einen roten Ärmel und blondes Haar um die Straßenecke verschwinden.

Sie ertappte sich oft dabei, dass sie Luke beobachtete, wie er auf Partys »intensive« Gespräche mit anderen

Frauen führte. Sie zogen ihn in ruhige Ecken, in Flure oder Innenhöfe und gestanden ihm Dinge. Weil Luke ein wenig seltsam aussah, dachten Frauen, sie fänden ihn nicht attraktiv, und waren später verwirrt, weil er es doch war. Sie gestanden ihm ihren heimlichen Kinderwunsch oder Probleme mit ihren Müttern, und er hörte immer aufmerksam zu, worauf sie verunsichert gingen.

Eva spähte durch das Halbdunkel in Richtung Straßenecke. Luke stand reglos im Sprühregen. Die Luft roch nach nassem Rost, und Eva wölbte den Fuß über der Sohle ihrer Stilettos. Sie beobachtete ihren Freund. Vor Luke hatte Eva noch nie eine Beziehung geführt, die länger als ein halbes Jahr gehalten hatte; sie hatte mit Männern in Bahnhöfen und vor Bibliotheken Schluss gemacht, auf Kirchentreppen und spätnachts über Milchshakes bei McDonald's gebeugt. Vor Luke hielt sie sich für begabt darin, Menschen und Orte zu verlassen. Das erste Lächeln einer Affäre war hauptsächlich Erwartung und pure Hoffnung, doch beim Abschied wusste man, woran man war: Man wusste, dass Fehler sich in nichts auflösen, Türen sich öffnen würden und dann alles wieder möglich wäre. Sogar während sie Luke liebte – während sie gerade das Gefühl von Liebe verspürte –, ertappte sie sich häufig dabei, dass sie über ihre spätere Trennung nachdachte. Erst das Ende, behauptete Eva, verlieh einer Geschichte Bedeutung.

In drei Jahren hatte sie zweimal versucht, Luke zu verlassen, war aber beide Male auf unterschiedliche Weise gescheitert. Sie hatte zwar problemlos mit ihm Schluss machen können, aber keine Trennung war von Dauer. Kaum war er weg, hatte sie eine unerwartete Panik überfallen: Sie wollte zwar nicht mit ihm zusammen sein, doch er fehlte ihr. Sie konnte zig Gründe aufzählen, warum sie ihn verlassen musste: Sie war nicht bereit für eine so feste Bindung, er trug immer zueinander passende Strümpfe (sogar wenn er morgens Milch kaufen ging), und zu seinem neunundzwanzigsten Geburtstag hatte er seine Mutter um ein Set Kochtöpfe gebeten. Sie lasen nicht dieselben Bücher. Sie las Romane und gelegentlich eine historische Biographie, um sich als Intellektuelle zu fühlen, während er ausschließlich juristische Fachliteratur las oder trocken aussehende gebundene Bücher mit griffigen Titeln wie *Die Belagerung von Kohima 1944 – Die Geschichte des letzten großen Gefechts des Empires.* Er hatte eine Leidenschaft für gutes Essen, während Eva mit einem getoasteten Sandwich zufrieden war. Er aß den ganzen Tag nichts, wenn er wusste, dass er abends in ein gutes Restaurant ging, und dass Eva dort das Brot aß und anschließend kein Interesse mehr am Hauptgang hatte, trieb ihn in den Wahnsinn. Er kleidete sich gut, und Eva kleidete sich schlecht. Er war ein geselliger Typ, Eva nicht. Er arbeitete selten weniger als zwölf Stunden täglich, Eva hatte einen Job in einem Verlag, wo sie den größten Teil der Woche damit verbrachte, geistesabwesend aus dem Fenster zu schauen. Er brachte sich in die Welt ein. Sie tat das überwiegend – und dezidiert – nicht. Er faltete alles auch nur ansatzweise Faltbare, manchmal sogar ihre Höschen, wenn Eva sie herumliegen ließ, während ihre Klamotten einen Wust auf dem Fußboden bildeten, wo sie aus ihnen herausgestiegen war. Er mochte Feuerwerk. Für sie bedeutete es, dass man die Grippe bekam. An jedem fünften November, in der Guy Fawkes Night, schleppte er sie bei Eiseskälte auf den Primrose Hill, wo sie knatternde Farben am Himmel betrachteten, während sie murrte und nach Hause ins Warme wollte. Oft beobachtete sie ihn auf Partys oder am Wohnzimmertisch, wenn er Zeugenaussagen las, und empfand nur eine schwache Verbindung zu ihm, als wäre er jemand, den sie eigentlich kennen müsste, aber nicht recht einordnen konnte.

Natürlich musste es einige Gemeinsamkeiten zwischen ihnen geben, sonst wären sie nicht so weit gekommen. Beispielsweise konnten sie beide in einer halben Sekunde den Scrabblewert eines jeden Wortes nennen. Doch für ein ganzes gemeinsames Leben war das ein wenig dürftig. Sie waren (auf einmal, wie es Eva vorkam) in dem Stadium angelangt, wo alle um sie herum weitreichende Entscheidungen trafen, zu Menschen mit Hypotheken, Eheringen und Zehnjahresplänen mutierten, doch Eva wusste nicht recht, ob sie schon bereit war, sich von der Vorstellung zu lösen, alles tun und sein zu können, was sie wollte. Während sich auf dem Kaminsims Hochzeitseinladungen bedrohlich vermehrten und sich Gespräche zwischen Freunden immer öfter um die Preise von Häusern drehten, musste Eva unwillkürlich daran denken, dass sie gern noch einmal Tabula rasa machen, den Adrenalinschub eines Neubeginns erleben würde, ehe es dann »für immer« hieß.

Doch nachdem sie drei Jahre lang mit dem Gedanken gespielt hatte, ihn zu verlassen, war sie nicht nur immer noch mit Luke zusammen, sondern stand auf der Verlobungsparty, beobachtete ihn aus der Entfernung und empfand etwas, das Sehnsucht glich. Eva wandte sich von ihm ab und betrachtete kurz einen Terrakottatopf voller Schlamm, einen Regentropfen, der sich nicht von der metallenen Rückenlehne eines Stuhls lösen mochte, eine junge Frau in einem Minikleid, die sich jeden Moment in einen Blumenkübel übergeben würde, und als Eva wieder zur Straßenecke schaute, war Luke nicht mehr da. Sie machte auf dem Absatz kehrt und ging zur Gartentür des Pubs, um ihn zu suchen. Die jüngere Eva wäre von dieser Stagnation angewidert gewesen.

Eva reckte sich am Rande der Menge auf die Zehenspitzen, als Luke durch die Vordertür von der Straße hereinkam. Wenn er dachte, dass niemand ihn beobachtete, sah er häufig schrecklich traurig aus. Am liebsten wäre sie in seinen Kopf geklettert, hätte seine Probleme durchkämmt und bei ihm aufgeräumt. Sie winkte über die Menschen hinweg, doch er guckte starr in eine andere Richtung. Er arbeitete sich nach hinten in den Gastraum vor, wo die Pappteller mit Spanferkel verteilt wurden. Eva hörte auf zu winken und befand, er werde sich schon denken, wo sie war – weg von den vielen Leuten –, und sie finden.

»Hallo, Fremde«, sagte er, als er fünf Minuten später vorbeikam, genau wie erwartet, in den Händen einen schlaffen Pappteller mit Spanferkel und Apfelmus. Er küsste sie auf den Mund, und sie lächelte, froh, ihn zu sehen.

»Amüsierst du dich?«

»Geht so«, sagte Luke. Sie schwiegen.

»Ist ein Spanferkel ein ganzes Schwein?«, fragte Eva, dachte aber eigentlich an das weghuschende Rot und Blond an der Straßenecke.

»Gewöhnlich ein junges Schwein«, sagte er und schob sich einen Happen in den Mund. Lukes Eltern hatten sich scheiden lassen, als er sechs war. Sein Vater ging nach Devon und kaufte eine kleine Farm mit Schlachthaus, während Lukes Mutter einen Investmentbanker heiratete und nach Chelsea zog. Seltsam war, dass seine Mutter und sein Vater überhaupt geheiratet hatten, doch in ihrer kurzen Zeit miteinander brachten sie glücklicherweise Luke zustande. Er hatte die großen Hände seines Vaters – Metzgerhände – und dessen kantigen Kiefer, doch sie unterschieden sich im Auftreten. Luke hatte die Eleganz und den schwarzen Humor seiner Mutter. Eva hatte Lukes große Hände immer gemocht.

»Was ist der beste Teil eines Schweins?«, fragte Eva. Einen Sekundenbruchteil lang sah sie Lukes abgearbeiteten Vater auf dem Markt von Smithfield vor einem Stand mit zerteiltem Tierfleisch stehen, wo er ihr bei ihrer ersten Begegnung ein Schweineherz zeigte. »Es ist genauso groß wie ein menschliches Herz«, hatte er stolz verkündet und den Klumpen aus lila Muskelfleisch in Evas hohle Hände gelegt.

»Ich persönlich mag die Schulter.« Luke kaute,

schluckte, beugte sich zu Eva und leckte unvermittelt ihre nackte Schulter. Er blickte nachdenklich drein und schmatzte mit den Lippen wie ein Weinverkoster oder ein Jurymitglied bei einer Kochsendung im Fernsehen. Er tat, als schmecke er Evas Haut. »Die ist aber ein bisschen salzig. Schmutzig im Abgang.« Im Dunkeln stieg ein Schwarm Fledermäuse von dem Apartmenthaus in der Straße hinter dem Garten auf und verschwand.

»Saurer Regen«, sagte Eva. »Ich bin kein Bioprodukt.«

»So ein Schweinebauch hat das am vielseitigsten verwendbare und zarteste Fleisch. Das zusätzliche Fett bedeutet, dass man es stundenlang braten kann, ohne die Struktur des Fleisches zu verderben. Das Fett garantiert eine gewisse Elastizität, die dem Braten eine herrlich knusprige Haut verleiht.« Während er sprach, schlüpfte Eva halb aus einem ihrer Schuhe und drückte den schmerzenden Fuß dann wieder gegen die Sohle.

Sie verspürte den Drang, die Konturen von Lukes zerklüftetem Gesicht zu berühren. »Der Schweinsfuß wird häufig weggeworfen, doch mittlerweile kreieren viele Köche Rezepte damit«, fuhr Luke fort. »Es ist Fleisch für Zeiten der Wirtschaftskrise. Angesagt und billig. Holen wir uns noch was zu trinken?«

»Lass uns bald aufbrechen«, sagte Eva.

»Nur noch einen Drink, und dann nach Hause? Noch einen Song?«, sagte Luke, obwohl er offensichtlich fix und fertig war. »Ich bring die Getränke nach draußen.« Eva reagierte nicht, ließ nur zu, dass er sie küsste und sich abwandte; in Gedanken war sie schon halb zu Hause, wich von Markisen fallenden Regentropfen aus, winkte den Fahrern von Minicabs ab, fuhr mit den Fingern über die Kanten ihrer Schlüssel in der Tasche.

Luke verschwand im Partygewühl. Eva wartete im Freien auf ihn. Eine Frau kam und begann ein Gespräch über die Geschichte des Glam Rock, und Eva nickte eine Zeitlang dazu, warf gelegentlich eine Frage über David Bowie ein. Eine andere junge Frau, die früher in Evas Verlag gearbeitet hatte, tauchte im Garten auf und diskutierte mit der Glam-Rockerin darüber, wo man in London am besten Flitter fürs Gesicht kaufen könne. Zehn Minuten später war Luke immer noch nicht wieder da, also entschuldigte sich Eva und stapfte durch den Garten, zurück Richtung Party.

»Hast du Luke gesehen?«, fragte Eva einen seiner Freunde. Während Eva sich im Garten aufgehalten hatte, waren offenbar noch eine ganze Menge mehr Leute gekommen, und alle tanzten. Man sah es förmlich über ihren Köpfen dampfen.

»Ob er vielleicht vorn ist?«, bekam sie zur Antwort, und Eva schob sich durch die tanzenden jungen Frauen mit ihren weit aufgerissenen Augen und die Männer, die nur darauf warteten, sich auf sie zu stürzen. Durch die vorderen Kneipenfenster sah Eva, dass Luke draußen auf der Straße vor dem Pub stand und sich den Boden einer Bierflasche an die Lippe hielt. Grüppchen standen herum und rauchten oder versuchten, ein Taxi anzuhalten, doch Luke war allein, und sein Blick war finster. Eva hielt kurz inne, ehe sie zu ihm hinausging. Sie beobachtete, wie er die Flasche wegnahm und ein glänzender Blutfleck auf seiner Lippe sichtbar wurde.

Wenn Luke nüchtern war, würde man nie meinen, dass er je in Kneipenschlägereien geriete – anständig, gepflegt, beherrscht, wie er war –, aber betrunken, hielt er sich oft zur falschen Zeit am falschen Ort auf. Seit Eva Luke kannte, hatte sie ihm bei mehreren Gelegenheiten irgendwann Eiswürfel und mit einem Antiseptikum getränkte Watte auf Hände oder Kopf gepresst, während er versicherte, er habe bei der Schlägerei schlichten wollen, habe mit der Schlägerei nichts zu tun gehabt, sich nicht schlagen wollen.

»Was ist passiert?« Eva trat aus der Tür des Pubs, beunruhigt, und Luke fuhr zusammen.

»Irgendein tanzender Besoffener hat mich am Tresen mit dem Ellenbogen am Mund getroffen«, sagte Luke.

»Wer war es?«, fragte Eva und drehte sich zu dem Knäuel tanzender Männer mit Halbmonden und Dreiecken aus Schweiß unter Armen und auf Rücken. Sie ging zu Luke und musterte den Riss, etwa so groß wie eine Kaulquappe. Sie küsste ihn auf die Wange. »Tut es weh?«

»Irgendein Jägermeister trinkender Idiot«, sagte Luke. »Scheiße.«

»Gehen wir heim«, sagte Eva und legte ihm eine Hand auf die Schulter.

Eva begegnete Luke zum ersten Mal zwei Jahre, bevor sie ein Paar wurden. Er kam auf Empfehlung eines gemeinsamen Bekannten, um sich das zu vermietende Zimmer in Evas Wohnung anzusehen. Sie hatten sechs Uhr abgemacht, doch als Luke schließlich klingelte, war es halb zehn am Abend, und um ihrem Unmut Ausdruck zu verleihen, öffnete Eva die Tür in einer schlabbrigen Pyjamahose und alten Hotelpantoffeln, als wolle sie jeden Moment ins Bett gehen. Da der Türöffner kaputt war, musste sie Luke unten hereinlassen. Er kam offensichtlich direkt aus dem Büro und trug einen schicken grauen Anzug, aus dessen Sakkotasche die Spitze eines grauen Seidentüchleins hervorschaute. Sein Gesicht zeigte keinerlei Regung, als wisse er, dass dies ein Pokerspiel war, das er gewinnen würde. Eva fielen mehrere fast unsichtbare Narben über seiner rechten Augenbraue und am Rand des Kiefers auf. Hinter ihm, in der Gasse, sah Eva einen schwarzen Wuschelkopf, einen Lippenstiftstrich, einen engen Rock, der sich dehnte und wieder zusammenzog, als die absatzbewehrten Schuhe der jungen Frau wütend über die Pflastersteine schritten. Sie schrie in ihr Handy: »Das sind nicht die Fotos, die ich verlangt habe – das ist so peinlich, das ist eine Katastrophe, eine Katastrophe, eine Katastrophe. Du musst die neuen per Fahrradkurier bringen lassen.«

»Ich bin wegen des Zimmers hier. Entschuldige die Verspätung«, sagte Luke mit leiser, gleichförmiger Stimme zu Eva, ohne die schreiende Frau hinter sich zu beachten; stattdessen legte er den Kopf schräg und musterte interessiert Evas karierte Pyjamahose.

»Kommt sie mit rein?«, fragte Eva. Die Frau auf der Straße hatte jetzt einen Fuß mit Stilettoabsätzen hinter dem Oberschenkel angehoben. Auf einem Bein balancierend, glich sie einem tropischen Tier, das Gesicht im Halbdunkel, den langen Hals nach hinten gebogen – einem Flamingo vielleicht.

»Nein, sie hat gerade eine Krise«, sagte Luke, als die Frau in dem knappen Rock ihm mit langen Fingern rasch zuwinkte. Im gelben Licht der Straßenlaterne sah man mandelförmige Augen und einen breiten Mund mit übergroßen Zähnen. Ihr schwarzer Pony hing ihr stumpf geschnitten in die Stirn wie bei einer teuren Puppe und stand ein wenig ab, weil die Haare so kraus waren. Auf den ersten Blick war sie eher linkisch als hübsch, und Eva konnte keinen zweiten Blick auf sie werfen, da die junge Frau das Kinn von der Tür abwandte und sich wieder dem hitzigen Telefonat widmete. »Wenn sie so drauf ist, lässt man sie besser in Ruhe«, sagte er. »Ich bin Luke.«

»Eva«, sagte sie. Luke folgte ihr die vier mit Teppichboden ausgelegten Treppen nach oben in ihre Wohnung. Noch ehe er eintrat, wusste Eva, dass er das Zimmer in ihrem mottenbefallenen Soho-Apartment mit seinen schokoladenbraunen Sesseln und Siebziger-Jahre-Flokatis nicht mieten würde.

»Waschmaschine«, sagte Eva zu Beginn ihrer Führung, drehte sich von ihm weg und zeigte auf das ächzende Gerät.

»Soll die so viel Lärm machen?«, fragte er, und Eva antwortete nicht. Sie befand, dass ihr dieser Typ mit seinen teuren Klamotten gestohlen bleiben konnte. Wortlos stieg sie die Treppe hoch, vorbei an der von ihrer Großmutter stammenden Sammlung kleiner Ton- und Porzellanäffchen auf dem Fensterbrett des ersten Treppenabsatzes. Eva wollte dauernd umdekorieren, doch in Wahrheit fand sie die Affenfigürchen, Art-déco-Lampen und Zauberkünstler-Erinnerungsstücke tröstlich. Als Kind war Eva mit ihren Eltern achtmal umgezogen, in vier Ländern, doch die Sommerferien verbrachte sie immer am Silver Place. Als sie fünfzehn war und ihre Eltern nach Singapur zogen, durfte sie endgültig bei ihrer Großmutter einziehen.

Auf halber Höhe änderte die staubige Treppe die Richtung um hundertachtzig Grad – noch sieben Stufen bis zur nächsten Etage, wo Luke die Stirn runzelte, als er das schrille Houdini-Plakat sah. Eva wies auf die winzige, direkt an die Treppe anschließende Kochnische. Die grünen Bodenfliesen waren geborsten, und überall lagen Cola-light-Dosen und Pizzakartons herum.

»Küche«, sagte Eva und sah einer Motte nach, die Richtung Flurlicht flog. In dieser Wohnung hatte es immer Motten gegeben. Im Lauf der Jahre waren sie bei etlichen peinlichen Gelegenheiten aus Evas Haaren oder Kleidungsstücken geflogen – einmal in der U-Bahn während des Berufsverkehrs, woraufhin eine junge Mutter mit entsetztem Blick ihren Kinderwagen bis ans andere Ende des Waggons schob, einmal während einer Vorlesung über viktorianische Spannungsromane am University College London, und einmal bei ihrem ersten Date mit einem Jungen, dessen Name Eva entfallen war, weil er natürlich nie wieder anrief, nachdem Eva in seinem Auto sexy ihre langen Haare gelöst hatte und ihm eine Motte ins Gesicht geflogen war.

Luke gab vor, die Motte nicht zu bemerken, und Eva verfolgte sie nicht. Er schaute zurück in das Wohnzimmer, aus dessen großem Fenster man nach unten in die Gasse und gegenüber in die Fenster anderer Leute sah. Eva und Luke hörten beide das Klack, Klack der Highheels auf dem Kopfsteinpflaster unter ihnen. Aus dem Fenster sah Eva, dass die junge Frau eine Zigarette rauchte, die sie auf Armeslänge vom Körper abhielt, um auf die Straße zu aschen. Als sie sich wieder zu Luke umdrehte, musterte der gerade missbilligend ihre nikotinverfärbte Blümchentapete.

»Das ist das Zimmer von Ben, der nächste Woche auszieht«, sagte Eva und öffnete die Zimmertür rechts von der Treppe. Als sie jünger war, hatte sie es bewohnt, doch ihre Teenagerwelt aus Büchern und Museumspostkarten war jetzt kaum wiederzuerkennen. Bens Bett und den Fußboden bedeckte immer ein Sumpf aus Boxershorts, Sonnenbrillen, Computerspielen, Papierkram und Flugtickets. Er war älter als Eva und arbeitete als »Planungsdirektor für Schwellenländer« bei MTV, hielt sich also den größten Teil seines Lebens in Flugzeugen auf, die nach Osteuropa flogen oder von dort kamen. »Ben ist beruflich viel auf Reisen, also kaum hier. Ich habe ihn seit Wochen nicht gesehen«, sagte Eva.

»Wahrscheinlich legen sie da drin ihre Eier«, sagte Luke in Richtung des verblichenen mottenzerfressenen Teppichs unter seinen Halbschuhen. »Den solltest du mal austauschen.«

»Ich habe ihn letztes Jahr von Kammerjägern reinigen lassen – trotzdem danke«, erwiderte Eva.

Als Luke nicht reagierte, merkte Eva, dass er nicht mehr hinter ihr stand. Er hatte die vierte Tür am Ende des kurzen Korridors geöffnet, die in Evas Schlafzimmer führte.

»Das ist mein Zimmer«, sagte sie rasch. Sie folgte Luke, der ohne Einladung das niedrige Zimmer betrat, das viel zu klein für ihn zu sein schien. Überall lagen Kleidungsstücke herum, quollen aus dem Schrank und aus Schubladen – ein zerknittertes Sommerkleid, eine Jeans mit Zahnpastaflecken, ein zerknülltes T-Shirt in Übergröße zwischen Decken auf einem ungemachten Bett. Nur hier hatte Eva nach dem Tod ihrer Großmutter halbwegs renoviert. In einem Secondhand-Laden hatte sie einen roten Teppich gekauft, einige Bilder an die Wand gehängt, ein paar gerahmte Fotos auf Schreibtisch und Frisierkommode gestellt. Luke machte noch einen Schritt hinein, und sie hielt ihn nicht auf, wünschte aber, sie hätte nicht ihren Schlafanzug an. Im Kräfteverhältnis zwischen ihnen war sein Anzug ihrer karierten Baumwollpyjamahose und den Pantoffeln haushoch überlegen. Außerdem hatte der Gummibund ihrer Hose an Elastizität eingebüßt, und Eva musste ständig aufpassen, dass sie nicht rutschte. Vielleicht hätte es sie unter normalen Umständen nervös gemacht, dass ein fremder Typ aus der Londoner City in ihrem Schlafzimmer stand, doch sowohl sein Aufzug als auch sein Gesicht waren ein wenig absurd. An Evas Schreibtisch angekommen, blickte er auf ihre Notizen für ein Essay über Beowulf, doch auf dem Bildschirm des Laptops war peinlicherweise ein Scrabblespiel geöffnet. Eva hatte gerade das Wort »WASCH-

BÄR« auf zwei rosa Felder mit doppeltem Wortwert legen wollen, als Luke klingelte.

»Waschbär«, sagte Luke, zog seine schweren schwarzen Augenbrauen hoch und machte einen selbstzufriedenen Eindruck. »Du hast die Buchstaben für Waschbär.«

»Ja, ich weiß«, sagte Eva in einem Tonfall, der eisig klingen sollte, was aber nicht recht gelang, schließlich hatte er sie soeben dabei ertappt, dass sie an einem Freitagabend im Internet Scrabble spielte, also konnte sie nicht übermäßig arrogant auftreten. Eva verengte die Augen zu Schlitzen und dachte, dieser grauäugige und makellos gekleidete Mann gehörte bestimmt zu denen, die ohne zu fragen ihre Füße auf anderer Leute Möbel legten.

»Damit wäre die Führung wohl beendet«, sagte Eva und hoffte, damit das Stichwort für seinen Abgang zu geben, doch er ignorierte den Wink und blieb mitten im Zimmer, während sie am Rand herumstand. Er betrachtete ein Foto der zwölfjährigen Eva, auf dem sie mit ihren Eltern neben einem Flugzeug stand. Die drei wirkten auf der Rollbahn unsicher, im Hintergrund waren Palmen zu sehen.

»Du guckst auf dem Foto genauso böse wie jetzt gerade«, sagte Luke, was eindeutig kein Kompliment sein sollte. Evas Gesichtsausdruck auf dem Kindheitsfoto war rastlos und traurig, die Haare hingen weit den Rücken hinunter, ein Haarreif hielt sie aus dem sommersprossigen Gesicht zurück. Zu Evas Rechten hatte ihr Vater die Arme vor dem Brustkorb verschränkt, sein finsterer Blick aus grünen Augen nach oben auf eine Stelle direkt über der Kamera gerichtet, als stelle er sich schon die enorme Erleichterung beim Abheben vor. Er war gern in der Luft, gern in Bewegung. Er trug die schicke Uniform eines Piloten der Singapore Airlines und hielt die Mütze in der Hand, so dass man den Anstieg seiner Stirnglatze sah. Eva konnte noch nie so recht glauben, dass sich ihre Eltern an einem so ruhigen und soliden Ort wie einer Gemeindebücherei in Essex kennengelernt hatten (wo ihre Mutter ehrenamtlich arbeitete und ihr Vater, der in der Nähe an einem Lehrgang teilnahm, *Eine illustrierte Enzyklopädie der Jagdflieger und Bomber* suchte. Als Eva zur Welt kam, hatten beide schon eine tiefe goldene Bräune von Jahren in Laos und Thailand. Eva wurde im Bangkok International Hospital geboren und wuchs an allen möglichen Orten auf – Peking, Bali und Hongkong, wo ihr Vater gerade beschäftigt war. Es war zwar nicht nötig, dass er so regelmäßig umzog, doch ihre Eltern hielten sich nicht gern zu lange irgendwo auf. Auf dem Familienfoto warf Evas Mutter ihrem Mann einen besorgten Seitenblick zu.

»Dein Dad ist also Pilot?«, sagte Luke.

»Ja«, antwortete Eva knapp, weil das auf dem Foto wirklich nicht zu übersehen war. Luke wandte sich von dem Bild ab und schaute aus dem Schlafzimmerfenster nach unten in die Gasse, wo seine Begleiterin wartete. Er führte die rechte Hand ans Gesicht und rieb sich die Augen. Wenn er die Stirn runzelte, bildeten sich zwischen den Brauen tiefe Furchen. Jemand hatte Eva einmal erzählt, sie hießen »Trauerfalten«, und Darwin habe entdeckt, dass Affen und Menschen ein ähnliches Mienenspiel hätten, wenn sie traurig waren. Man bekam einen Vorgeschmack darauf, wie Luke aussehen würde, wenn er alt war.

Eva fröstelte. Eben noch war er ein Großstadttyp von der Sorte, denen sie in Bars und Pubs am liebsten aus dem Weg ging, im nächsten Moment stand er in ihrem Schlafzimmer und war neugierig und gab sich übertrieben vertraut. Die Sonne ging gerade unter, und Lukes Umriss zeichnete sich vor dem Fenster ab. Seine Schultern waren nach vorn gebeugt, und das Tüchlein in seiner Tasche hing schlaff herab. Dann setzte er sich auf Evas Bett, und sein Jackett warf um die Arme Falten. Eva fand es anmaßend, dass er sich setzte, zumal aufs Bett statt auf den Stuhl am Schreibtisch, sagte aber aus unerfindlichen Gründen nichts. Man hätte meinen können, er wäre langsam geschmolzen, seit er acht Minuten zuvor an Evas Haustür aufgetaucht war, und als wäre sein Kopf nun zu schwer für die Schultern.

»Wird sich deine Freundin da unten nicht allmählich ein bisschen langweilen?«, gab ihm Eva ein Stichwort.

Ein Weilchen sagte er gar nichts.

»Sie ist meine Schwester«, erwiderte er schließlich mit einem kurzen Blick zum Fenster. Eva war ins Zimmer getreten, an dem sitzenden Luke vorbeigegangen und stand jetzt neben dem Fenster. Sie betrachtete Lukes Schwester, die am Laternenmast stand, ihr BlackBerry in den Händen haltend, und über irgendetwas grinste, das sie gerade eintippte.

»Es stimmt aber, ich sollte gehen«, fügte Luke hinzu.

Er erhob sich. Es war kein großes Zimmer, aber Eva und Luke befanden sich am jeweils äußersten Ende. Eva hatte sich fast bis ans Fenster zurückgezogen, und er stand an der Tür. Er schaute verunsichert Richtung Fenster.

»Vermutlich ist das nicht die passende Wohnung für dich«, sagte Eva.

Es gab eine lange Pause, in der er seine großen Hände ansah, und dann wieder Eva, die von einem Fuß auf den anderen trat, und auch wenn er ihr wegen seiner abgespannten Miene leidtat, wünschte sie, er wäre schon weg oder gar nicht erst gekommen. Er hatte etwas latent Aggressives an sich, als müsse er sich beherrschen. Er machte sie nervös.

»Du möchtest nicht vielleicht irgendwann mal mit mir essen gehen, oder so was? Vielleicht eine Runde Scrabble spielen?«, sagte er dann. »Gegen mich statt deinen Computer?«

»Ich habe einen festen Freund«, sagte Eva – was stimmte, allerdings ging die Beziehung gerade zu Ende; Evas Beziehungen waren die meiste Zeit im Begriff zu enden.

»Verstehe«, sagte er. »Tja, *okay*. Okay.«

»Okay«, sagte Eva.

»Entschuldige die Verspätung. Ich wäre zeitiger gekommen, wenn ich es gewusst hätte.«

»Was gewusst hätte?«, sagte Eva.

»Dass du an einem Freitagabend um neun bettfertig bist?«, sagte er nach kurzer Pause.

»Halb zehn«, korrigierte ihn Eva.

»Stimmt«, sagte er. »Tja. Hat mich gefreut.«

Eine Minute später waren sie in dem kleinen Flur der unteren Etage, wo die Waschmaschine die Holzdielen zum Vibrieren brachte. Eva öffnete ihm die Tür, und als er sich an ihr vorbeischob, verspürte sie einen Schauder, eine Art Nervosität, die sie für eine Folge von Abneigung hielt.

»Ein schönes Wochenende wünsche ich«, sagte sie höflich, dann ließ sie ihn allein hinuntergehen, während sie sich wieder zu ihrem Scrabble und ihrem Englisch-Essay an den Computer setzte.

»Was hältst du davon, wenn wir uns heute Abend so richtig betrinken?«, hörte Eva unter ihrem Fenster Luke zu seiner Schwester sagen.

»*Perfekt*«, sagte die Schwester.

Zwei Jahre später machte sich Eva in der Küche einer Freundin in der Nähe von King's Cross ein Sandwich, um der Musik im Nebenzimmer zu entkommen. Eva war zwar noch nicht lange da, plante aber bereits ihren Abgang. Wollte man von einer Party verschwinden, war es von zentraler Bedeutung, dass man kein Aufhebens darum machte und nicht gesehen wurde. Man verdrückte sich heimlich, still und leise, damit der Gastgeber das Gefühl hat, man wäre viel länger geblieben, als es tatsächlich der Fall war. Während Eva auf den richtigen Zeitpunkt wartete und gerade Butter auf ein nicht mehr ganz frisches Brötchen schmierte, kam ein großer, breitschultriger Mann mit Igelfrisur in die Küche und begann, sich auch ein Sandwich zu machen. Eva erkannte ihn nicht und strich weiter Butter aufs Brötchen, schnitt dann eine Tomate in Scheiben. Der Mann entnahm einer Packung ein Hamburgerbrötchen und holte sich einen Teller aus dem Geschirrschrank über Evas Kopf.

»Gibst du mir bitte ein Messer?«, hatte der Mann Eva gefragt, als er den Teller abstellte. Sie öffnete eine Schublade und reichte ihm ein Messer. Dabei fiel ihr auf, dass er Narben am Kinn hatte und ihr außerdem irgendwie bekannt vorkam, doch sie konnte ihn nicht einordnen, daher widmete sie sich wieder ihrem Sandwich.

»Tomate?«, fragte sie ihn kurz darauf und bot ihm die andere Hälfte an.

»Danke. Gib mir mal das Hähnchenfleisch – ist das Hähnchen?«, fragte er. Sie gab ihm von einem fettigen Teller das restliche Grillhähnchen, musterte ihn genauer und war sich sicher, dass sie ihn von irgendwoher kannte. »Und, wen kennst du auf dieser Party?«, fragte er.

Sie machten Sandwiches und setzten ihr stockendes Gespräch fort, bemüht, einander in der kleinen Küche nicht zu berühren. Sie spürte, dass er sie beobachtete, und warf ihm immer wieder Seitenblicke zu, um dahinterzukommen, wer er war. Sie fühlte sich in seiner Gegenwart seltsam wohl, was daran liegen mochte, dass sie ihm schon einmal begegnet war, doch in dem Moment erschien es ihr komplizierter. Sie hatte nichts dagegen, dass er sie nicht aus den Augen ließ. (Er behauptete später, als er sie sah, habe er genau gewusst, wer sie war, »das Scrabble-Mädchen«, doch sie fragte sich, ob das stimmte.) Der total eigenartige Kuss fand statt, als sie

Tomatenketchup aus dem Kühlschrank nahm und er die Butter zurücklegen wollte; als Eva sich ein wenig drehte und ihre Münder plötzlich dicht nebeneinander waren. Einen Moment lang bewegte sich keiner von ihnen.

Sie hatten kaum fünf Sätze miteinander gewechselt, und dann, als ihre Gesichter nur wenige Zentimeter voneinander entfernt waren, fiel Eva endlich der ungehobelte Anwalt ein, der auf ihrem Bett gesessen, ihre Familienfotos betrachtet und ihr gesagt hatte, sie solle ihre Teppiche häufiger reinigen lassen. Er lächelte sie unsicher an, dann wurde aus einem Kuss auf ihren Mundwinkel für einen Moment ein richtiger Kuss, ehe der sich wieder in ein zögerndes Lächeln verwandelte. Das Ganze dauerte gerade einmal fünfzehn Sekunden.

»Du schmeckst nach Coca-Cola«, sagte Luke. Sie rückten gleichzeitig voneinander ab – Eva trat beinahe rückwärts in die offene Kühlschranktür, er auf ein herumliegendes Stück Tomate. Aus dem Wohnzimmer nebenan drang laute Musik. Beide wandten den Blick ab.

Später im Nachtbus, als London unter ihr weghuschte – Euston Road, Gower Street, sich heimwärts schlängelnd –, stellte Eva sich vor, wie sie mit diesem neuen Fremden auf einer Veranda war, aus irgendeinem Grund möglicherweise in Spanien, außerordentlich kalten Weißwein trank und ihm sagte, sie könne nicht mehr bei ihm bleiben. In ihrem Tagtraum trug er ein verblichenes T-Shirt und eine dunkle, lange Leinenhose, und die Sonne knallte ihm von der Seite ins Gesicht, während ihre imaginäre Beziehung mit Pauken und Trompeten zu Ende ging. Eva schloss die Augen und sah Lukes Kiefermuskeln zucken, als würden sie jeden Moment reißen. Vor Anstrengung, keine Reaktion zu zeigen, schien sich sein Gesicht zu verziehen, was Eva an Menschen erinnerte, die gerade in der Öffentlichkeit gestürzt sind, eine Mischung aus verletztem Stolz und gespieltem Gleichmut. Eva kannte Luke kaum, als sie ihn zum ersten Mal küsste, und sie war schon gar nicht in ihn verliebt, dennoch erfand sie unwillkürlich eine Geschichte darüber, wie es wohl wäre, sich von ihm zu *entlieben*.

EVA: Ich liebe dich nicht mehr.
LUKE: Gibt es einen anderen?
EVA: Nein.
LUKE: Es liegt also an mir?
EVA: Es tut mir so leid.
LUKE: Tut dir leid, dass du mich nicht mehr liebst oder dass du meine Zeit vergeudet hast? Wie lange planst du das schon?
EVA: Seit unserem allerersten Kuss.
LUKE: Aber ich war glücklich.
EVA: Ich will nicht mein restliches Leben neben dir aufwachen –
LUKE: Hast du mich je geliebt?
EVA: Ja.

Eva kam der Gedanke, dass mit ihr womöglich etwas nicht stimmte, weil sie schon ganz am Anfang so oft an das Ende dachte. Während der Bus an ihrer Haltestelle in der Nähe der U-Bahn-Station Tottenham Court Road zum Stehen kam, sann sie über tolle Anfänge in bedeutenden Romanen nach, jenen zeitlosen Katalysatoren von Romantik, nach Blicken, die sich trafen, quer durch einen überfüllten Raum.

Der große Gatsby? Wie Gatsby Daisy zum ersten Mal begegnet war, wusste Eva nicht mehr. Doch ihr fiel ein, dass Nick zu Gatsby »Ich rufe Sie an«, gesagt hatte. »Tun Sie das, alter Junge«, sagt Gatsby. »Ich nehme an, dass Daisy auch anrufen wird.« Aber natürlich ruft Daisy nie an. Wann sieht der Ich-Erzähler in Frühstück bei Tiffany Holly zum ersten Mal? Eva erinnerte sich nicht, wusste aber genau, wie Holly ihren Kater zwischen Mülleimern aussetzt. »Hau ab!«, sagt Holly. Gleich darauf kommt sie zurück und ruft: »Du. Kater. Wo bist du? Hierher, Kater.« Doch das ist inzwischen sinnlos. Natürlich kommt im Film der Kater wieder, und Audrey küsst den namentlich nicht genannten Erzähler im Regen – was viel darüber verrät, was die Menschen von einem Ende erwarten, aber nicht viel über die Kunst des Schlussmachens.

In den August dieses völlig verregneten Sommers zu Beginn ihres Zusammenlebens fiel Evas vierter Jahrestag bei Echo Books. Sie hatte bei dem kleinen unabhängigen Verlag angefangen, nachdem sie ihren Abschluss in Englisch gemacht hatte und sich nicht entscheiden konnte, was sie mit ihrem Leben anfangen sollte. Zuerst war sie

Assistentin für Presse- und Öffentlichkeitsarbeit, wurde aber Lektorin, weil sie in PR nicht gut war und dazu neigte, wichtigen Leuten ruppige E-Mails zu schicken. Echo Books veröffentlichte Liebesromane in Hochglanzeinbänden, und in den Büroräumen im Londoner Ortsteil Fitzrovia gab es so viele unverkaufte Bücher, dass Eva sie benutzte, um ihre Fenster und Türen offen zu halten, um die wackligen Möbel zu stützen, ja sogar um damit auslaufendes Wasser unter der undichten Spüle aufzusaugen. Es sollte nur ein Übergangsjob sein, damit sie irgendwie über die Runden kam, bis sie herausfand, was sie wirklich machen wollte. Doch mit dem Ergänzen von Kommata, dem Setzen von i-Tüpfelchen und all den anderen Details des Redigierens war mehr und mehr Zeit vergangen. Der Job war gar nicht so übel: Sie hatte ein Fenster, aus dem sie schauen konnte, wenn sie sich langweilte, Zeit für sich, und die gleichmäßige Präzision beim Lektorieren wirkte beruhigend auf sie.

In den Verlagsräumen roch es nach Heizstrahler und beißendem Bücherstaub. Die Bücher, die sich in ihrem kleinen Büro im obersten Stock stapelten, trugen klingende Titel wie *Der Hunger von Fremden* oder *Ophelias Garten*, doch ihre Seiten waren gewellt von Feuchtigkeit und vergilbten. Durch ein Oberlicht im Flur tröpfelte es bei Regen auf den Teppichboden. Mit Eva und dem kaputten Oberlicht teilten den obersten Stock der Verlagsbuchhalter und eine Abstellkammer, wo der Drucker hauste, unbegreiflicherweise oben auf einem uralten Aktenschrank, so dass jeder, der nicht mindestens einsachtzig groß war, auf einen Bibliothekshocker klettern musste, um an das Papier zu kommen. Außer ihm gab es dort noch mehrere alte Drucker: nutzlose Plastikwesen mit lädierten Gehäusen und rissigen Kabeln, von Staubschichten überzogen. In manchen Ausgabeschächten hingen noch zerknitterte Origamireste gelblichen Papiers, im Augenblick des Todes erstarrt. Im Verlag hatte es einmal eine Putzfrau gegeben, die Staub saugte und die Papierkörbe leerte, doch sie war vor einem Jahr gegangen und nicht ersetzt worden. Seitdem trafen die Mitarbeiter Autoren und Journalisten lieber in Cafés, um ihnen den Anblick von Mäusekot und Eimern mit Regenwasser in den Fluren zu ersparen. Tag für Tag las Eva anderer Leute Liebesphantasien und korrigierte die Grammatik ihrer ottomanischen Sultane, Klempner und Konditoren, und die Zeit verging. Sie las über Tropeninseln und Nonnenklöster. Sie fand heraus, dass Apostrophe und Kommata während Sexszenen besonders chaotisch gesetzt wurden, und sie berichtigte, dass Brustwarzen zu einer einzelnen Frau gehörten statt zu mehreren, lockerte atemlose Absätze wenigstens gelegentlich mit einem Komma oder Punkt auf und sorgte dafür, dass das Tempus nicht wechselte, während Helden und Heldinnen ihren sexuellen Höhepunkt erreichten. Sie war Königin der Grammatik, eine pedantische Direktorin der Gossensprache.

Zwischen Seiten, manchmal sogar zwischen Absätzen (und mit den Jahren immer häufiger zwischen Sätzen) schaute Eva geistesabwesend aus dem Fenster auf die Goodge Street unter ihr und sah zu, wie die Welt vorbeizog. Gegenüber saß ein Obdachloser auf einer Bank und gab Passanten Ratschläge: *Hütet euch vor Müllwagen! Eine Frau sollte sich nie ohne Hut zeigen! Haltet den Rücken gerade! Das Ende der Welt fällt auf einen Dienstag!* Eva mochte ihn inzwischen ganz gern, diesen Propheten mit seinem roten Schirm bei Regen, seiner kaputten Sonnenbrille, wenn die Sonne schien, und seinem Einkaufswagen voller Plastiktüten bei jedem Wetter. Ein- oder zweimal in der Woche kaufte sie ihm Sandwiches, und er sagte ihr immer, sie solle mehr lächeln. Hinter seiner graubemantelten Gestalt sah man die rosa Fassade eines Cupcake-Ladens, eine Oxfam-Filiale, eine chemische Reinigung, einen Friseursalon und ein Restaurant, das mit chinesisch-thailändischem Büfett für drei Pfund fünfzig warb. Zwischen Friseur und Chinarestaurant befand sich eine rote Tür, die ein durchgeschmortes Neonschild à la fünfziger Jahre darüber als Eingang zum Scorpio Club auswies, und vor der – soweit Eva sehen konnte – immer ein Mann mit Bürstenhaarschnitt im Freien saß. Sein Gesicht sah aus, als wäre es aus Knete geformt und dann zwischen zwei Fingern zusammengedrückt worden, die breite Nase berührte fast die feuchte Oberlippe. Die Beziehung zwischen dem osteuropäischen Türsteher und dem obdachlosen Propheten war kompliziert. Manchmal teilte der Türsteher seine Zigaretten mit ihm, dann wieder zischte er beleidigend klingende Dinge auf Russisch oder Polnisch oder welche Sprache er sprechen mochte, doch meist ignorierten die beiden Fixpunkte von Evas Blickwinkel in die Goodge Street einander.

Das Scorpio war angeblich ein Lapdance-Club, doch

außer dem Osteuropäer mit Bürstenhaarschnitt hatte Eva noch nie jemanden rein- oder rausgehen sehen. Vermutlich war dort zwischen neun und fünf Uhr nachmittags keine Hauptgeschäftszeit, daher kam das nicht überraschend. Seltsam war allerdings, wie gewissenhaft dieser Türsteher während dieser Stunden die Tür bewachte. Der Club zog sich über drei Etagen aus grauem Backstein, und auf jeder Ebene gab es zwei Fenster, alle mit grüngrauen Vorhängen versehen, die selten geöffnet wurden und hinter denen kaum je Licht brannte. Auf einigen Fensterbrettern konnte man eine Topfpflanze erkennen, die eine oder andere Tasse oder Zeitschrift, einen Aschenbecher oder ein Weinglas, die darauf hindeuteten, dass es in dem Haus Leben gab. Eva hatte nur ein einziges Mal miterlebt, und zwar noch zu Beginn ihrer Laufbahn im Verlagswesen, dass jemand den Club verließ, als nämlich einmal ein weißes Kaninchen mit schwarzen Pfoten aus der Tür und auf den Gehsteig hoppelte. Verblüfft beobachtete Eva aus ihrem Bürofenster, wie das Tier auf der Straße anhielt, sein gedrungenes Köpfchen mit einem dümmlichen Ausdruck auf dem pelzigen Gesicht erst nach links und dann nach rechts drehte, wie um zu entscheiden, welche Richtung die bessere wäre. Während das Kaninchen noch überlegte, schaufelte der Türsteher das Tier lässig vom Gehsteig in seine muskulösen Arme und reichte die unterlegene Kreatur durch die Tür nach drinnen. Im Hausflur sah Eva kurz eine füllige ältere Frau, um den Kopf ein rotes Tuch gebunden. Sie verbarg das strampelnde Haustier in den Falten ihrer Kleidung und wandte sich vom Licht ab.

Bald nach dem Fluchtversuch des Tieres erhaschte Eva ihren ersten Blick auf ein Mädchen mit langem, knochigem Gesicht und tiefliegenden Augen in der obersten rechten Ecke des Clubs. An einem für die Jahreszeit zu sonnigen Herbsttag, als Kinder Laub durch die Gegend traten und die arbeitende Bevölkerung sich während ihrer Mittagspause draußen in dicken Schals und Mützen auf Bänken über Suppen oder belegte Brote beugte, hob Eva den Blick von irgendeinem Manuskript, an dem sie gerade arbeitete, und sah einen Schatten durch den Spalt zwischen zwei Vorhängen direkt gegenüber ihres Bürofensters spähen; sie trug ein Top mit Leopardenmuster und Spaghettiträgern. Es war nicht die ältere Frau, die das Kaninchen genommen hatte, diese hier war viel jünger. Sobald Eva aufschaute, fuhr sie sich mit allen Fingern einer Hand durch die dünnen blonden Haare und verschwand.

Das zweite Mal sah Eva sie mitten im Sommer, als gerade ein Trupp Hare-Krishna-Anhänger durch die Goodge Street kam, die das Maha Mantra sangen, diese beruhigend gelallten Silben, mit ihren kahlen Köpfen nickten und Broschüren an Frauen verteilten, die Zigaretten rauchend vor dem Tesco-Supermarkt und vor Oxfam standen. Eva beobachtete die lächelnden Hare Krishnas, dann schaute sie gedankenverloren auf, in Richtung der verdunkelten Fenster des Scorpio Clubs, wo sich das Mädchen mit dem knochigen Gesicht direkt gegenüber auch auf die singende Schar konzentrierte. Eva lächelte. Sie schien Evas Präsenz zu spüren und schaute auf. Als sie Evas Blick bemerkte, hob sie wieder die ganze Hand wie einen Kamm über den Scheitel, schob sich die Haare aus dem Gesicht, wandte sich ab und trat vom Fenster zurück. Eva lächelte weiter durch das Doppelfenster und die aufsteigende Wolke sommerlichen Smogs, doch die Vorhänge hatten sich schon gesenkt und waren wieder halb geschlossen, dahinter blieb es dunkel.

Wenn Eva nicht gerade Grammatik korrigierte oder aus dem Fenster guckte, las sie oft unverlangt eingesandte Manuskripte aus dem gemeinerweise »Misthaufen« genannten Stapel. Sie war jedes Mal aufgeregt, wenn sie einen Umschlag öffnete, doch wenige Minuten später überflog sie seitenlange Sätze ohne Interpunktion über unzüchtige Dienstmädchen mit einem Herz aus Gold und Nonnen in Seidenstrümpfen. Häufig lagen den Manuskripten Begleitschreiben über das Liebesleben oder die schwierige Vorgeschichte des Autors oder der Autorin bei. Eva nahm an, dass es sich nicht schickte, die emotionalen Probleme anderer Menschen von ihrer literarischen Produktion abzuleiten, doch ihrer Erfahrung nach schrieben trockene Alkoholiker die langweiligsten Sätze der Welt, dicht gefolgt von ehemaligen Heroinsüchtigen. Missbrauchsopfer schienen recht poetische Gemüter zu sein, selbst für das Genre kitschiger Liebesromane. Manisch-Depressive waren sprunghaft. Buchhalter waren verrückt. Manche Autoren legten ihren Manuskripten Geschenke bei: einen Kaugummistreifen, eine selbstgedrehte Zigarette. Manche schickten bizarre Fotos mit; eine halbnackte junge Frau mit aufgespritzten Lippen in einem New Yorker U-Bahn-Waggon war Evas Lieblingsfoto, gleich danach kam ein als Weihnachtsmann verkleideter Kerl, der über einer Toilette kauerte und dessen Gesicht dieselbe Farbe hatte wie seine heruntergelassene Hose. Eva wusste nicht recht, was daran überzeugend sein sollte, zumal Echo Books nur Liebesromane für Frauen veröffentlichte, in glänzenden Schutzumschlägen und dezent erotisch.

Zum dritten Mal sah sie das Scorpio-Mädchen Anfang August, als sie sich gerade für eine Buchpräsentation umzog. Gelegentlich reichte ihre Chefin eine ihrer Einladungen weiter, eine zweiundsiebzigjährige Frau mit langen, leuchtend weißen Haaren, die alle mit BBC-Akzent »my dear« nannte, »meine Liebe«. Doch von Zeit zu Zeit wurde Eva auch direkt von irgendeiner Presseabteilung angeschrieben, die eine Veranstaltung auffüllen wollte. Dann trabte Eva an, um eine halbe Stunde lang Leute zu beobachten und gratis Weißwein zu trinken – oft ohne mit jemandem ein Wort zu wechseln.

Sie trug gerade in der Nähe ihres Bürofensters Lippenstift auf und bekam dabei den letzten Rest Sonnenschein ab, der durch das Kettenhemd aus Regen fiel. Draußen war es pitschnass und grau. Während sie noch die Lippen schürzte, schaute sie vom Spiegelbild ihres Mundes im Deckel des Puderdöschens auf und sah gegenüber wieder das Mädchen, das diesmal statt des Tops mit Leopardenmuster einen fadenscheinigen Morgenmantel trug. Es war etwa sechs Uhr nachmittags, und zwischen den beiden Häusern regnete es in Strömen, so dass Eva nicht viel mehr als eine Silhouette mit hoher

Stirn, tiefliegenden Augen und einem winzigen, verkniffenen Mund erkennen konnte. Das Scorpio-Mädchen sah Eva direkt an. Die wartete darauf, dass sie sich abwandte, stattdessen hätte Eva schwören können, dass ihr Gegenüber den Mund öffnete, um etwas zu sagen. Das Mädchen schaute unverwandt geradeaus, genau auf Eva, und ihr Mund bewegte sich offensichtlich. Vielleicht unterhielt sie sich gerade mit jemandem, auf den Eva die Sicht durch die Vorhänge verdeckt war, oder sie sang vor sich hin. Was auch immer das Scorpio-Mädchen am Fenster machte, es ging schnell. Eva blinzelte, und als sie die Augen wieder öffnete, war die Gestalt am Fenster auf der anderen Straßenseite verschwunden.

Nach diesem dritten Blickkontakt fühlte sich Eva, als wäre sie im Park an einer einzelnen Elster vorbeigekommen oder von einer schwarzen Katze angesehen worden. Unwillkürlich beschlich sie ein ungutes Gefühl, obwohl sie wusste, dass Elstern, schwarze Katzen und Mädchen an Fenstern harmlos waren. Daher war Eva schon angespannt, als sie später an diesem Abend auf der Buchpräsentation in der St. James Street erschien. Sie fand in einem Herrenclub namens Brooks's statt, in Räumen mit kunstvoll verzierten Zimmerdecken und einer Geschichte aristokratischer Ausschweifungen, die in Flecken von Verschüttetem und Körperausscheidungen auf dem Teppichboden fortlebten. An den Wänden hingen Porträts, vor den großen Fenstern schwere Samtvorhänge. Vorgestellt wurde das Buch eines Klatschreporters, der alle seine Kolumnen in einem Buch mit dem Titel *Auswärtige Eskapaden* gesammelt hatte. Die Einladung, auf deren Umschlag Evas Name ausdrücklich vermerkt war, hatte drei Tage auf ihrem Schreibtisch gelegen, doch sie sah niemanden, den sie kannte. Auf der Präsentation tummelten sich überwiegend betrunkene Journalisten aus einer vergangenen Epoche. Die Frauen hatten einbalsamierte Gesichter – gestraffte Augen und geglättete Stirnen. Doch diese Mumien sahen besser aus als die anderen mit der hoffnungsfroh aufgetragenen, doch inzwischen in feine Risse zersprungenen Grundierung. Eva hielt sich am Rand der Party auf. Rechts hing das Bildnis eines knollengesichtigen Mannes mit Richterperücke, faltigem Mund und Augenbrauen, die weit über die Augenhöhlen herausragten. Die Männer, die vor ihr in einem Kreis zusammenstanden, ähnelten dem Gemälde, nur die Perücke fehlte. Einer hatte auf den Wangen ein Geflecht kaputter Kapillaren, das sich bis auf die dünne Haut seiner Nase erstreckte, ein anderer hatte dicke Tränensäcke unter den Augen. Sie alle grinsten und tranken.

Eva nippte an ihrem Wein und bemerkte eine jüngere Frau, die neben einem mit Büchern beladenen Tisch stand. Offenbar kannte die Frau den Autor und unterhielt sich angeregt mit ihm. Ihr Lippenstift hatte denselben rosa Farbton wie die Blumen auf ihrem langärmeligen Kleid, und sie trat nervös von einem Fuß auf den anderen, schob sich die Haare hinter die Ohren und strich das Kleid über den Oberschenkeln glatt. Ihr dichtes blondes Haar war akkurat gescheitelt, so dass es beinahe metallisch glänzend über eine Seite des Gesichts fiel. Hätte man sämtliche Blicke, die in diesem Raum herumschwirrten, als Linien auf einem Stück Papier festhalten können, hätten sie sich alle an derselben Stelle getroffen, nämlich dort, wo sich die Frau mit dem Autor unterhielt. Heimliche Blicke streiften sie und wanderten weiter, flüchtig, nahmen jedes Mal ein wenig mehr wahr: eine Schulter, die Wölbung einer Brust, eines Fußes, bis jeder Gast ein Puzzle ihres Körpers und von ihrem Gesicht mit nach Hause nehmen konnte.

Eva warf einen Blick auf ihr Handy. Halb acht. Vielleicht kam Luke ja früher aus der Kanzlei, und sie konnten das Scrabblespiel fortsetzen, das sie, verkatert, letzten Sonntag angefangen hatten, nachdem sie Regina im Park hatten fliegen sehen. Sie hatten sich angewöhnt, Wochen dauernde Scrabblepartien zu spielen; dazu ließen sie das Brett auf dem Couchtisch im Wohnzimmer stehen, bis einer von ihnen einen Moment Zeit hatte. Er war ein taktischer Spieler, ein Freund hoher Buchstabenwerte, die in mehreren Wörtern Verwendung fanden, während Eva wenn irgend möglich ein ganzes Wort legte, auch wenn das weniger Punkte einbrachte. Als Nächstes wollte sie »RUMPELN« legen (dreizehn Punkte), worauf sie sich freute. Sie wusste, wenn sie ihn verließ, würden ihr die gemeinsamen Scrabblespiele fehlen.

Eva stellte ihr leeres Glas auf einer fleckigen Tischdecke in der Nähe ab und trat den langsamen Rückzug in Richtung Garderobenständer in Toilettennähe an.

Auf den Damentoiletten im Brooks's Club gab es braune Wandfliesen, die von einer einzigen hellen Neonröhre an der Decke beleuchtet wurden. Eva war allein und kramte aus den Tiefen ihrer Handtasche einen Lippenstift hervor, zupfte zuerst ein paar Fusseln von dessen fettiger Spitze, ehe sie sich halb auf dem Waschbecken sitzend dem Spiegel näherte. Dabei bemerkte sie, dass die Klokabine hinter ihr verriegelt war, dann ertönte von dort ein Seufzen.

»Er liebt mich nur *manchmal*, hat er gesagt«, hörte sie eine Stimme aus der Kabine. »Wie kann er nur so was zu mir sagen? Bei ihm klingt alles so anstrengend. Aber ich muss Schluss machen«, sagte die Stimme. »Ich muss zurück auf diese grässliche Party.«

Eva hörte auf, sich die Lippen nachzuziehen, steckte die Kappe wieder auf den Stift, ging in die abgelegenste Toilettenkabine, zog die Tür geräuschvoll zu und hüstelte, um ihre Anwesenheit kundzutun, damit die Stimme ihr Gespräch vielleicht außerhalb des Klos und außer Hörweite fortsetzte. Es blieb still. Eva pinkelte.

»Aber er hat zu Silvester *beim* Sex mit mir Schluss gemacht, hab ich dir das erzählt? Buchstäblich beim Sex, als er in mir war«, fuhr die Stimme fort. »Er lag auf mir, und dann hörte er plötzlich auf, guckte auf mich runter und sagte, er könne ›das nicht mehr machen‹. Darauf sagte ich so was wie ›keine Bange, wir haben beide was getrunken‹, darauf er, ›nein, ich meine das hier, *uns*, ich kann nicht mehr so tun, als wäre ich mit dir glücklich‹.«

Eva runzelte die Stirn und fragte sich, wie sie aus dieser Situation am besten herauskam.

»Es war ziemlich erniedrigend«, sagte die Stimme. »Aber dass er sagt, er liebt mich nur *manchmal*, meine Güte.« Die Stimme verstummte. »Na gut, na gut. Hör zu, ich seh dich später. Ich muss wirklich zurück auf diese blöde Party. Ich warte auf jemanden.«

Es gab wieder eine Pause, die so lange dauerte, dass Eva um zu fliehen nichts anderes übrigblieb, als die Spülung zu betätigen und ihre Strumpfhose hochzuziehen, wobei ihr eine Laufmasche am Knöchel auffiel, und dann in den Vorraum hinauszutreten. Während sie sich die Hände wusch, kam auch die andere Frau aus ihrer Kabine und sah Eva im Spiegel etwas erschrocken an. Die Frau, die Blondine mit den glänzenden Haaren, die Eva neben dem Autor gesehen hatte, fasste sich rasch wieder und schenkte ihr ein trauriges, entschuldigendes kleines Lächeln. Sie hielt ihre Schuhe in den Händen und war deshalb kleiner, als sie zuvor gewirkt hatte – vielleicht einen Meter sechzig –, kleiner als Eva. Ihre Augen waren jetzt von Emotionen gerötet, und auch wenn sie nicht richtig weinte, war das Make-up doch verschmiert. Sie stellte ihre Stöckelschuhe auf den Boden und schob die Füße hinein, so dass sie fast wieder Evas Größe erreichte.

»Sie wollen doch nicht etwa *gehen*, oder?«, sagte die Frau rasch und sprach dabei eher zum Spiegel als zu Eva. »Die Party hat doch gerade erst angefangen. Ich hab Sie da drin nicht mal gesehen. Sie dürfen auf gar keinen Fall gehen. Wir brauchen Sie zur Senkung des Durchschnittsalters.«

»Tut mir leid«, sagte Eva, lächelte verkniffen in den Spiegel und wusch sich die Hände.

»Ich muss einfach mit ihm Schluss machen, mehr nicht«, sagte die Blonde und nickte dabei Richtung Klokabine, um sich auf das darin geführte Gespräch zu beziehen. »Er sagt, er liebt mich nur *manchmal*. Ist das nicht grässlich?«

»Vielleicht war er nur ehrlich. Keiner ist permanent in jemanden vernarrt.«

»Schon möglich«, sagte die Frau und legte den Kopf schräg. Sie berührte ihre feuchten Augen, wischte aber die verschmierte Schminke nicht weg. »Wie heißen Sie?«

»Eva.«

»Grace«, die Frau lächelte und deutete ein Nicken an, und während sich Eva unter dem Heißluftgerät die Hände trocknete, wusch sich Grace ihre und übertönte den Krach des Trockners: »Am nächsten Abend – am Neujahrstag, nachdem er mit mir Schluss gemacht hatte … Das war letztes Jahr, ist also schon eine Weile her, klar? – hab ich ihn aus der Wohnung geworfen, und er schlief auf einer Parkbank, wo er sich eine leichte Lungenentzündung holte, und seine Zähne klapperten, als er an meine Tür klopfte, und er brachte mir Blumen, und ich hatte ein Bücherregal, das ich im Wohnzimmer aufgebaut haben wollte, worauf eins zum anderen führte, und wir erwähnten diese Episode nie wieder. Einer von uns hätte vor Ewigkeiten gehen sollen. Er war eigentlich nie der Richtige. Verstehen Sie? Wir alle haben unsere Zweifel. Ich weiß *alles* über Zweifel.« Grace wischte Feuchtigkeit unter ihren Augen weg, wobei sie ihr Make-up nur noch mehr verschmierte. Die langen Ärmel ihres Kleids umschlossen mit enggeknöpften Aufschlägen zerbrechlich wirkende, zierliche Handgelenke. »Seine Zweifel werfe ich ihm nicht vor«, ließ Grace nicht locker, »aber wenn er ständig seine Meinung ändert, wär's mir lieber, wenn er seine Zweifel für sich behielte. Verstehen Sie?«

Eva schlenkerte die letzten Wassertropfen von den Händen und hob ihre neben dem Waschbecken abgestellte Handtasche auf. »Hoffentlich wendet sich das alles für Sie zum Besten«, sagte Eva mit einem gezwungenen Lächeln, machte einen Schritt Richtung Klotür und sah sich nach Grace um, diesmal nicht gefiltert durch den pockennarbigen Spiegel. Sie hatte ein elfenhaftes, wie mit einem sehr weichen Bleistift gezeichnetes Profil. Seit Eva sie vorhin auf der Präsentation gesehen hatte, waren ihre rosa Lippen ein wenig verblasst, doch an den Rändern war noch ein bisschen Farbe zurückgeblieben. Sogar in dem gleißenden Toilettenlicht war ihre Haut zart gebräunt und glatt.

»Ich mache die PR für *Auswärtige Eskapaden*. Sind Sie Journalistin?«, fragte Grace, obwohl Eva schon die Hand auf der Türklinke hatte und gerade gehen wollte.

»Ich bin Lektorin bei Echo Books«, sagte Eva, während eine der einbalsamierten Frauen an ihr vorbei auf die Toilette ging.

»Die haben wir alle auf der Schule gelesen!«, rief Grace lächelnd. »*Todeskuss* war ein Echo-Buch, das weiß ich noch, genau wie *Unaufhaltsame Liebe*.«

»Viel Glück mit der Präsentation.« Eva verließ den Raum durch die noch immer offene Tür.

»Ich hasse es, von einer Party wegzugehen«, sagte Grace,

die Eva folgte. »Ich denke immer, kaum bin ich weg, passiert etwas Umwerfendes. Auf Dinnerpartys habe ich so eine nervige Angewohnheit – Justin kann das nicht ausstehen –, ich schnappe mir Tasche und Mantel und bestehe darauf, mit jedem noch ein letztes, vertrautes Gespräch zu führen.« Sie lachte ein wenig zu laut, als müsse sie sich dazu zwingen. »Justin sagt, ich lungere auf jeder Party die Hälfte der Zeit in Mantel und Schal herum.« Im Flur erwiderte Eva Graces Lächeln. Sie stand neben der Treppe, Grace blieb am Eingang zum Veranstaltungsraum stehen und schaute Eva an.

»Tschüss, einen schönen Abend noch«, sagte Eva. Sie wandte sich zur Treppe, ohne sich umzusehen, ob die Fremde mit den großen Augen ihr immer noch nachschaute. Sie atmete aus, sobald sie Grace hinter sich gelassen hatte und die Haustür sah.

Nach diesem Abend bei Brooks's kam es Eva vor, als hätten sie und eine schwarze Katze einander fest in die Augen gesehen. Sie nahm an, dass es mit dem Mädchen am Fenster des Scorpio Clubs zusammenhing. Auf dem Heimweg von Green Park nahm Eva einen durchnässten *Evening Standard* vom Gehsteig mit: die St. James Street hoch auf den Piccadilly Circus, dann durch das schmale Labyrinth von Sohos Straßen, vorbei an überquellenden Kneipen und glänzenden Pfützen, an dem chinesischen Kiosk mit roten Papierfächern und Drachenmasken im Fenster, dem Pornobuchladen, dem trendigen Frozen-Joghurt-Laden, der im letzten Jahr aufgemacht hatte. Auf der Titelseite des *Standard* war ein Foto der herabstoßenden Regina. »VOGELFREI«, lautete die Schlagzeile. »Hunderte Londoner versammelten sich, um zu beobachten, wie sich der prominente Zoo-Vogel Regina am dritten Tag in Folge der Gefangennahme entzog.« Eva riss die Seite heraus und steckte sie sich in die Jackentasche. Sie legte den Kopf in den Nacken, als würde sie jeden Moment Regina mit ihrem gebogenen Schnabel und dem starren Blick sehen, wie sie verächtlich ihre Kreise über London zog. Eva stellte sich vor, wie Regina zwischen Häusern auf dem Smog segelte, Babys in Kinderwagen angriff oder ihre Krallen in Liebespaare schlug, die gerade Hand in Hand durch den Abend schlenderten. Ohne am Silver Place anzuhalten, setzte Eva ihren nächtlichen Spaziergang noch ein wenig fort, Richtung Charlotte Street, Ecke Goodge Street. Dort hielt sie zwischen einem Fotogeschäft und einem verrammelten Pub an, in dessen Eingang der obdachlose Prophet tief und fest schlief, sein schmutziges Gesicht halb von Decken und Pullis verborgen. Der Türsteher des Clubs saß vor der roten Tür still auf seinem Hocker, Kette rauchend. An diesem Abend wirkte sein gequetschtes Gesicht nachdenklich. Eva ging ein paar Schritte weiter, bis sie noch fünf Türen vom Verlag entfernt war, und schaute mit gerunzelter Stirn nach oben zu dem verlassenen Fenster des Scorpio, sah aber hinter den schäbigen Vorhängen nur unruhige, formlose Schatten, sonst nichts. Wie immer war es jenseits der Vorhänge stockfinster.

Zehn Minuten lang bewegte sich hinter dem Glas gar nichts, also trat sie einen Schritt näher und schaute aus zusammengekniffenen Augen, bis die diffusen Schatten Gestalt annahmen: Kaninchen, Qualm, Vögel, Finger? Als es mit Evas Großmutter zu Ende ging, richtete sie sich manchmal in ihrem Bett im University College Hospital auf, wurde ungehalten und bestand darauf, dass sie wünschte, »nicht mehr hier zu sein«, oder »nicht mehr zusammengeflickt zu werden«, oder »meinen Abgang zu bekommen«. »Ich bin völlig ausgelaugt, meine Liebste«, sagte sie zu Eva und legte die runzlige Stirn noch mehr in Falten. »Sehne mich jetzt nach der Freiheit, Kleines, ich will endlich zum Ende kommen, bitte, mein liebes Mädchen, bitte.«

May Elliott, Evas Großmutter väterlicherseits, war eine drahtige Frau, die nichts von Depressionen oder Müdigkeit hielt, die während des gesamten Zweiten Weltkriegs in Munitionsfabriken arbeitete und auf dem linken Ohr nichts mehr hörte, seit auf den Lebensmittelladen neben ihrem Wohnhaus eine Bombe gefallen war. Ihr Mann war in der Royal Air Force und fiel im Herbst 1940, als seine Frau gerade schwanger war. Evas Großmutter zitierte Gedichte mit dem Aplomb einer Universitätsprofessorin, obwohl sie kaum Schulbildung genossen hatte; sie erzählte herrliche Geschichten, konnte aber keinen Witz zu Ende bringen, weil sie sich noch vor der Pointe kaputtlachte. Eva hatte eine annehmbare Beziehung zu ihren Eltern, doch ihre Großmutter bedeutete ihr am meisten. Statt des Nomadenlebens, das Eva mit ihren Eltern führte, hätte sie ihre Kindheit lieber in Soho verbracht, eingekuschelt im Bett gelegen und Geschichten erzählt bekommen: von Chufu und den Zauberern, König Salomo aus dem alten Israel, der klugen Aja vom Volk der Aschanti in Ghana, den Abenteuern Merlins. Wenn Eva schlafen wollte, dachte sie – auch jetzt noch – manchmal an das Wachskrokodil, das sich in ein lebendiges Reptil verwandelte, wenn es Sünde roch; an den Flötenspieler, der die Prinzessin bezauberte; an den König, der seine Geliebte, eine Zauberin, so lange tanzen ließ, bis sie tot war, weil sie es gewagt hatte, seine Gedanken zu lesen. Bei manchen Lieblingsgeschichten May Elliotts handelte es sich um »wahre« Geschichten aus Zeitungsartikeln oder den Biographien von Zauberern: Künstler wurden bei Auftritten von Tigern angegriffen, ein Zuschauer bekam während eines Tricks einen Herzinfarkt, teuflische Hypnotiseure pflanzten in die Köpfe von Freiwilligen falsche Erinnerungen ein.

Als Eva zu den Fenstern hinaufschaute, fiel ihr die Geschichte von Sophia ein, der schönen Assistentin eines Zauberers, die, laut Evas Oma, eines Sommers Anfang der sechziger Jahre während einer Zaubershow in Las Vegas in einer Rauchwolke verschwand. Sophia und ihr Geliebter, Dante, hatten von Kindesbeinen an die Welt bereist und waren gemeinsam aufgetreten. Der Trick mit der »verschwindenden Assistentin« war schlicht eine Sache von Spiegeln und Verrenkungen, nur dass in diesem Fall Sophia nie wieder auftauchte und Dante der Geheimnisvolle vor Trauer, Schuldgefühlen und Sehnsucht verrückt wurde. Die Leute erzählten sich, Sophia sei mit einem Zaubererrivalen durchgebrannt, doch das mochte Dante nicht glauben. Stattdessen verbrachte er sein restliches Leben damit, die Welt nach einem Ort abzusuchen, von dem ihm andere reisende Zauberkünstler im Flüsterton Schauergeschichten erzählt hatten: einem übernatürlichen Wartezimmer, wo all die glamourösen und verbannten Assistentinnen, halb durchsichtigen weißen Tauben, gespenstisch-dussligen Kaninchen, Goldmünzen und übergroßen Spielkarten auftauchten, nachdem sie aus Zaubershows auf der ganzen Welt verschwunden waren.

Zwar fand Dante in May Elliotts Gutenachtgeschichten die schöne Sophia nie, doch als Eva zu den Fenstern des Scorpio Clubs hinaufschaute, stellte sie sich vor, dass es vielleicht Sophia war, die gelegentlich dort oben ans Fenster trat. Hinter diesen Vorhängen gab es keine eingeschmuggelten jugoslawischen Teenager, nur ein Zimmer, in dem Requisiten und Assistentinnen von Zauberern im selben Moment auftauchten, in dem sie anderswo von der Bühne verschwanden. Manchmal steckten die Gegenstände und Lebewesen im Nirgendwo fest oder wurden dorthin verbannt und nahmen nie wieder den ihnen zustehenden Platz in der Wirklichkeit ein, weshalb Sophia mit den eingefallenen Wangen immer noch im Scorpio saß und darauf wartete, dass ihr zaubernder Liebhaber sie rettete. Die Schatten, die keine menschlichen Formen hatten und die Eva hinter den Vorhängen über ihr schweben sah, waren Tigerjungen aus dem Las Vegas des einundzwanzigsten Jahrhunderts oder Tauben von Geburtstagsfeiern in Gemeindesälen, die alle mit Sophia dort eingeschlossen waren. Eva lächelte und sah dabei den Türsteher an, der gegenüber auf seinem Hocker saß. Der Mann lächelte nicht zurück, sondern zog nur lange an seiner Zigarette und musterte dann böse den von Kaugummis gesprenkelten Gehsteig zu seinen Füßen.

Eva schloss kurz die Augen und dachte daran, wie es war, ein Kind zu sein und den startenden Flugzeugen nachzuschauen. Sie dachte daran, wie Fernseher schwarz wurden, Autos von Steilküsten fielen und wie Humphrey Bogart in *Casablanca* den Satz *»Uns bleibt immer noch Paris«* in Ingrid Bergmans fades, rehäugiges Gesicht nuschelt (wenn man ihr ganz genau in die Augen schaut, sieht man beinahe, wie sich ihre Liebe in Nostalgie verwandelt). Eva dachte daran, wie verwirrt ihre Großmutter in den Tagen vor ihrem Tod ausgesehen hatte, und an Paul Simons »Fifty Ways to Leave Your Lover«, in dessen Refrain nur sieben Arten erwähnt werden, wie man die Geliebte verlässt. Sie stellte sich vor, wie Reginas ruderblattartige Schwingen über dem Regent's Park schwebten, wie Bonnie und Clyde einander am Ende von Arthur Penns Film ansahen, ehe es Maschinengewehrkugeln regnet, und an Lukes Gesicht, wie es jeden Morgen vom unteren Ende der Treppe am Silver Place nach oben schaute, wo Eva stand und zum Abschied winkte.

Man kann einen anderen Menschen niemals ganz verstehen bis zu dem Augenblick, in dem man ihn verlässt. Vor diesem allerletzten Moment ist alles noch im Fluss.

Immer, wenn Eva glaubte, Luke zu kennen, erhob eine neue Version von ihm den Kopf, und von dieser Diskrepanz wurde ihr übel, es verursachte ihr Juckreiz. Wenn er spät nach Hause kam, immer noch randvoll mit den Debatten des Tages und nach Adrenalin riechend, beschlich sie gelegentlich das Gefühl, ein Fremder ginge durch ihre Wohnung. Während er sich spätabends vom »ehrgeizigen Anwalt« in ihren »festen Freund« verwandelte, schien er gar kein Mensch zu sein, sondern nur ein erschöpftes Gesicht und ein Anzug. Vielleicht verhinderte Evas natürliche Unruhe, dass sie Luke verstand, aber vielleicht war Luke auch wirklich schwer zu verstehen. Jedenfalls war er nicht gut darin, über Dinge zu reden, die er nicht kontrollieren konnte. Er hatte Geschichte studiert und eifrig Geschichtsbücher gelesen, doch die Feinheiten und Unzulänglichkeiten seiner eigenen Geschichte schienen ihn nicht zu interessieren. Er lebte im Hier und Jetzt und hatte die Zukunft fest im Blick.

In der ersten Nacht, die sie mit Luke verbrachte, lieferte sie ihm ihre Lebensgeschichte: welche Schulen sie besucht hatte, eine Liste der Freunde, die sie bisher hatte, die Länder, in denen sie gelebt hatte – dass sie mit vier Jahren Bangkok verließ, Peking mit acht, Indonesien mit zehn Jahren. Sie beschrieb die Straße in Kuta, an der identische moderne Villen standen, die alle ein wenig geschrumpft aussahen, als hätten die Architekten von jeder Oberfläche ein paar Zentimeter weggenommen und gehofft, dass es keinem auffiel. Sie erzählte ihm von ihrer riesigen Puppensammlung und was sie damit spielte: Spielzeugsoldaten versuchten den Heiligen Gral aufzuspüren, Barbies gingen auf die Suche nach Töpfen voller Gold, Cindy beherrschte mit übernatürlichen Kräften die Welt. Eva erzählte ihm auch, dass sie Landkarten und Pläne gesammelt hatte, die ihr Vater aus allen Gegenden mitbrachte, in die er flog: Meda und Kuching, Phuket und Hanoi. In einer Schachtel unter dem Bett bewahrte sie gefaltete laminierte Stadtpläne auf, Fliegerkarten, Weltkarten, Karten von Bus- und U-Bahn-Netzen, politische Karten, Straßenkarten und Klimakarten. Ihr Vater hatte früher gescherzt, sie würde einmal Entdeckerin werden, wenn sie groß war. Doch ihr gefiel einfach die Präzision der Kartographie, welche die gewaltige Größe der Welt in sorgfältigen und präzisen Zeichnungen zusammenfasste.

Sie versuchte sogar, Luke ihr Interesse an Enden jeglicher Art zu erklären, daran, wie etwas aufhörte. Er stützte sich auf beide Ellenbogen und musterte sie mit einem Ausdruck so völliger Klarheit, dass sie spürte, wie sie sich versteifte, wie sich unter seinem Blick Fasern in ihr lösten. Sie erzählte ihm, wie sie aus Peking wegzog in der kindlichen Annahme, dass alle Wolkenkratzer und die Luftverschmutzung einfach aufhören würden zu existieren, sobald ihre Augen sie nicht mehr sahen. Sie und ihre Mutter hatten am Fenster ihres Kinderzimmers gestanden und sich von der Stadt verabschiedet. »Adieu Fahrräder«, hatte ihre Mutter gesäuselt, während Eva schluchzte: »Adieu Hinterhof, adieu Taxis, adieu Nachbarn, adieu Wäscheleine, adieu Katze des Vermieters.« Als sie ihr Gepäck in das Auto eines

Freundes luden und zum Flughafen fuhren, hörte das Mietshaus auf zu existieren; als das Flugzeug abhob, wurde die ganze hoch aufragende Stadt von Evas Erdboden getilgt.

»Wirst du mich verlassen?«, hatte Luke gefragt und sie auf den Bauch geküsst.

»Nicht jetzt gleich«, hatte Eva lächelnd geantwortet. »Aber denk nur mal an das Ende von *Casablanca*. Das Ende fasst den ganzen Film zusammen: ›Uns bleibt immer noch Paris‹ ist das Beste daran. Oder an Hitchcocks *Die Vögel*, wenn Melanie und Mitch in den Sonnenuntergang fahren, umgeben von einem Schwarm Vögel.«

»Ich glaube, mir ist die Mitte von Filmen lieber.«

»*Keiner* mag die Mitte von Filmen lieber«, hatte Eva lachend entgegnet. »Die Mitte bringt einen doch nur ans Ende. *Chinatown*: ›Vergiss es, Jake, wir sind in Chinatown.‹ In *Das Schweigen der Lämmer* hat Hannibal Lecter ›ein Festessen mit einem alten Freund‹. Bei Geschichten geht es vor allem ums Ende.«

»›Spiel's noch einmal, Sam‹«, sagte Luke. »Das ist in der Mitte von *Casablanca*.«

»Du zitierst es falsch. Es heißt: ›Spiel es ein Mal, Sam. Zur Erinnerung an damals.‹ Wenn es der letzte Satz des Films wäre, würdest du dich richtig erinnern.«

Als Luke aufstand, um ihre Weingläser zu füllen, warf Eva einen beiläufigen Blick auf die Bücherregale rechts von seinem Bett und ermittelte seinen Geschmack: Geschichtsbücher, juristische Fachliteratur, ein wenig Hemingway, Steinbeck, Ballard. In der unteren rechten Regalecke entdeckte sie ein Fotoalbum mit abgegriffenen

Kanten und warf zuerst einen Blick Richtung Tür, ehe sie es in die Hände nahm. Damals kannten sie einander seit einem Monat. Sie wusste zwar, dass er zu Missgeschicken neigte, freundlich, witzig und intelligent war, kannte aber kaum Details aus seinem früheren Leben. Da stand sie, nur mit ihrem Höschen bekleidet, und blätterte das Album durch bis zu einem Foto des dreizehnjährigen Luke mit Kassengestell und Pickeln, einen ernsten Blick im narbigen Teenagergesicht, als löse er insgeheim und zum Zeitvertreib Matheaufgaben im Kopf. Der zehnjährige Luke, wie er auf einer Schulveranstaltung einen Preis überreicht bekam. Ein Foto seiner hübschen Mutter mit einer »Mutti-ist-die-Beste«-Tasse; Luke und sein Vater auf einem Campingausflug.

Sie betrachtete ein Foto von Luke in kurzen Hosen und Fußballtrikot auf einer Holzbank, den Arm schützend um die Schultern eines Mädchens mit dicken roten Haaren gelegt, die wie zwei Gardinen über einem ängstlichen sommersprossigen Gesicht hingen. Ihre Augen waren tiefgrün, wie kleine Strudel. Sie hatte ein blaues Kleid und passende Ballerinas an.

Als Luke wieder ins Zimmer zurückkam, hielt ihm Eva nervös lächelnd das Album unter die Nase.

»Die erste Liebe?«

Er blieb kurz auf der Türschwelle stehen. Sie dachte, er wäre vielleicht wütend, weil sie sich die Fotos angesehen hatte. Er wandte sich von Eva ab und stellte die beiden Weingläser auf den Nachttisch zwischen Bücher und Kulis.

»Ja, sie war meine Freundin – Mary.« Als er die Weingläser losließ, stieß er eins beinahe über die Tischkante.

»Sie sieht auf diesem Bild nicht sehr glücklich aus.«

»Sie war wohl auch nicht immer glücklich.«

»Wie alt ist sie auf diesem Foto?«

»Sechzehn?«

»Sie sieht jünger aus.«

Hinter der Bank auf dem Foto spielten Kinder in einem eingezäunten Spielfeld Fußball fünf gegen fünf, und ein Junge mit einem Basecap rannte mit hochgereckter Faust Richtung Kamera, als boxe er den Himmel. Das Bild war dermaßen überbelichtet, dass die Sonne eher einer explodierenden Bombe glich, die jeden Moment das Liebespaar treffen würde. An diesem gemeinsamen Abend nahm Luke Eva das Album aus den Händen, ehe sie das Ende erreichte. Er klappte es zu und schob die Hand zur Ablenkung unter den Bund ihres Höschens.

»Hör auf herumzuschnüffeln«, sagte er, küsste sie und gab ihr dann ihr Glas. Einen Moment lang waren Eva und Luke gleichzeitig Kinder, Teenager, Erwachsene: Versionen ihrer selbst, kurzzeitig im Einklang miteinander.

Hätte Eva den präzisen Zeitpunkt nennen sollen, an dem für sie in jenem regnerischen Sommer nach Lukes Einzug am Silver Place die Lage kippte, so wäre es nicht in der grellbeleuchteten Toilette bei Brooks's gewesen, als sie sich die Probleme einer Fremden anhörte, oder die gemeine Postkarte, die Luke erhielt, sondern als sie zwei Wochen nach ihrer ersten Begegnung mit Grace in Chinatown am Fenstertisch eines Restaurants saß und auf die Gerrard Street schaute. Eva hatte gerade ein Mottenbekämpfungsset gekauft, bereit, wieder einmal Krieg gegen einen Trupp Larven zu führen, die sie in einer Ecke ihres Wohnzimmerteppichs entdeckt hatte. In einer Tüte zu ihren Füßen steckten ein giftiges Sprühmittel und ein Päckchen dreieckiger gelber »Fallen«, die angeblich den Duft weiblicher Motten-Pheromone abgaben, um die Mottenmännchen in einen klebrigen Tod zu locken und so den Paarungszyklus zu beenden. Sie saß da und schaute aus dem schmierigen Fenster hinaus auf Leute, die auf der anderen Seite der nassen, mit Kopfsteinen gepflasterten Straße unter einer Markise Melonen, Jackfrüchte und Guaven kauften, während Zeitungen feucht wurden und im Wind davonflatterten. Fettige Entenkadaver hingen an den Beinen vor Evas Gesicht im Fenster, Tauben schubsten draußen auf der Straße etwas Essbares hin und her. Eva dachte an das Vergnügen, das es ihr später bereiten würde, wenn die Mottenlarven im Staubsauger verschwanden. Sie könnte nach Hause gehen und sich sofort daranmachen; sie musste nicht warten. Sie kannte die Leute nicht mal, auf die sie wartete, jedenfalls nicht gut genug, dass es ihr etwas ausmachen würde, sie zu versetzen. Als Grace zum ersten Mal im Büro bei Echo Books anrief, hatte Eva ein Weilchen gebraucht, um sie einzuordnen. »Wissen Sie noch bei Brooks's? Die Frau, der Sie auf dem Klo begegnet sind? Ich hab Ihre Büronummer aus dem Internet«, sagte Grace. »Wenn Sie zu tun haben, sagen Sie einfach, ich soll Sie in Ruhe lassen, aber ich bin heute Abend in Soho und hab gesehen, dass Ihr Büro gleich um die Ecke ist, und dachte mir, ich versuch mal mein Glück. Haben Sie Lust auf einen Drink?«

Spontan entgegnete Eva, sie mache Überstunden, doch in der nächsten Woche rief Grace wieder an: Sie treffe sich am Nachmittag in Soho mit einem Kunden und habe Appetit auf chinesisches Essen, ob nicht vielleicht Eva und ihr Freund Lust hätten, mit ihr und ihrem Freund essen zu gehen?

Eva wartete mit Motten-Pheromonen zu ihren Füßen im Restaurant, knabberte an ihrem Daumennagel, zupfte an der Nagelhaut und beobachtete zwischen hängenden Entenkadavern hindurch, wie Grace draußen vor dem Restaurant auftauchte, zehn Minuten zu spät, in Overknee-Stiefeln und einem schwarzen Regenmantel mit Gürtel, die Haare mit einem Seidenband zu einem glatten, blonden muschelförmigen Dutt wie in den fünfziger Jahren gewunden. Breit lächelnd schwebte sie in das Restaurant, zog den Regenmantel aus und gab den Blick auf ein figurbetontes schwarzes Kleid und bunte Armreifen an ihren Handgelenken frei. Die Reifen hüpften, als Grace die Hände bewegte, um eine lose Haarsträhne hinter ihr Ohr zu schieben. Wie auf der Buchpräsentation bei Brooks's musterte jeder im Raum sie verstohlen. Graces Art, sich zu kleiden, war trashig und elegant zugleich. Einige Schritte hinter ihr stand ein gutaussehender, adrett gekleideter Mann von Ende dreißig mit aschblondem Haar und einer Brille mit verchromtem Gestell, die auf seinem Nasenrücken ruhte. Sein dunkler Teint war ein wenig ausgeblichen und fahl, die breiten Schultern wirkten eingefallen, als wäre er bei Sonnenschein und Grillfleisch großgeworden, dann aber von den Londoner Wintern wieder ausgelaugt worden.

»Justin, Schatz, das ist meine neue Freundin Eva, von der ich dir erzählt habe«, sagte Grace, als sie an dem runden Fenstertisch Platz nahm.

»Freut mich sehr, Eva«, sagte Justin, löste seine Essstäbchen voneinander und lächelte.

»Kommt dein Freund auch zum Essen?«, fragte Grace, legte sich schwungvoll eine Serviette auf den Schoß und schlug die Speisekarte auf.

»Ich habe ihm gesagt, wo wir sind. Er versucht, nach der Arbeit vorbeizukommen, hat aber eine harte Woche«, sagte Eva.

»Was macht er?«

»Rechtsanwalt.«

»Ah ja. Wohnt ihr in der Nähe?«, fragte Grace.

»Ja, nicht weit von der Lexington Street.«

»Justin arbeitet in der Nähe von Soho«, sagte Grace. »Bei Bluetone Productions am New Burlington Place. Bestimmt bist du tausendmal dran vorbeigegangen. Er macht gerade einen Dokumentarfilm über die Geschichte des Sonnenscheins – vom Urknall bis zum Hautkrebs. Ist doch richtig, oder?«

»Wir drehen gerade eine Episode über Sonnenanbeter. Von den Azteken bis zu Sonnenbänken.«

»Er ist dieses Jahr viel gereist«, sagte Grace. »Chinesische Mythologie, Sonnenmythen bei afrikanischen Stämmen…«

»Was machst du, Eva?«, fragte Justin und musterte sie dabei unverwandt.

»Ich bin Lektorin.«

Sie bestellten genug Wein, knusprige Pfannkuchen und Dim Sum für den Fall, dass Luke noch auftauchte, doch am Ende aßen sie an diesem Abend nur zu dritt. Eva schickte ihm eine SMS und fragte, ob er noch käme, doch er antwortete nicht, daher nahm sie an, er habe immer noch zu viel zu tun, so wie schon die ganze Woche. Eva, Grace und Justin unterhielten sich über Romane und wie man Stars tröstete, über Londoner Museen, Bürostühle, den Regen und alles andere, worüber weitgehend Fremde bei chinesischem Essen an einem feuchten Freitagabend beschwipst plaudern. Grace und Justin hatten sich auf einer von seiner Produktionsfirma organisierten Weihnachtsfeier kennengelernt. Sie hatte ihm einen Martini gebracht, und seitdem waren sie zusammen, lebten seit einem Jahr gemeinsam unter einem Dach. Wie sich Graces Mund wölbte, hatte etwas Überreiztes, ihr Lächeln wirkte irgendwie aggressiv. Justin hingegen strahlte eine beinahe irritierend yogische Ruhe aus. Seine Stimme war verbindlich, aber nicht aufdringlich, und Gefühle – Lächeln, Stirnrunzeln – fanden nur langsam den Weg in sein Gesicht.

»Wollen wir ›zwei Wahrheiten, eine Lüge‹ spielen?«, sagte Grace, wartete aber die Antwort nicht ab, sondern starrte nur auf die Reste ihrer knusprigen Pfannkuchen und dann auf Eva, die Wein trank und gegen den Drang ankämpfte, an ihrem Daumennagel zu knabbern. »Ich war heute Morgen bei einem Wahrsager, der mir sagte, Geheimnisse für mich zu behalten sei schlecht für meine Gesundheit«, fing Grace an. »Ich habe einmal einen kleinen Eiffelturm aus Streichhölzern gebaut. Ich bin an fünf Stellen sehr gelenkig.«

»Hmm. Ich halte dich nicht für einen sehr geduldigen Menschen. Ich bezweifle, dass du je einen Eiffelturm aus Streichhölzern gebaut hast«, sagte Eva nach kurzer Bedenkzeit. »Das ist die Lüge.«

»Du bist sehr gelenkig«, sagte Justin.

»Ich bin aber nur an *drei* Stellen sehr gelenkig«, sagte Grace lächelnd. »Das müsstest du wissen, Justin, Schatz.« Grace und Justin musterten einander.

»Buddhas acht Jahre alte Reinkarnation hat letztes Jahr in Indien mein iPhone geklaut«, sagte Justin. »Ich habe Angst vor dem Meer. Grace hat heute Abend kein Unterhöschen an.«

»Sie trägt eine Strumpfhose«, sagte Eva. »Und ich glaube nicht, dass du dich vor Wasser fürchtest.«

»Du bist so was von *versaut*, Justin«, sagte Grace und rutschte ein wenig auf ihrem Stuhl herum. Eva wünschte sich, Luke wäre da, um ein Gleichgewicht herzustellen. Wäre er da gewesen, hätte sie unter dem Tisch seinen Fuß berührt und ihn angelächelt. »Niemand will was von meinem Höschen wissen, Liebling.«

»Sie hat Strümpfe an«, stellte Justin mit einem leichten Lächeln in Richtung Eva klar und rückte seine Brille zurecht. Eva wandte den Blick von ihm ab.

»Ich habe gestern Abend meinen Orgasmus vorgetäuscht«, sagte Grace und trank ihr Glas leer. »Ich habe in einem Werbespot für Burger King mitgespielt. Ich habe mir einmal den Kopf rasiert, um meine Mutter zu ärgern.«

»Wir hatten gestern Abend zwar keinen Sex, aber ich würde ihr zutrauen, beim Masturbieren einen Orgasmus vorzutäuschen. Sie ist ein durch und durch theatralischer Mensch«, sagte Justin. »Dass sie sich den Kopf rasiert hat, stimmt auch, dem Vernehmen nach war sie ein ungezogenes Kind, das seine Mutti gern wütend gemacht hat.«

»Du solltest das nicht beantworten, *Liebling*«, sagte Grace zu Justin, während sie zerstreut den Arm ausstreckte und Evas Hand berührte, eine warme Spur auf deren Mittelfinger hinterlassend.

Überrascht versuchte Eva, nicht mit dem Finger zu zucken, und verspürte den starken Wunsch, nicht mehr bei diesen beiden Menschen zu sitzen, die sich vor ihr produzierten. Lieber wäre sie draußen im Regen und würde auf dem Heimweg von Chinatown nach Soho bei einem Straßenverkäufer erworbenen Mondkuchen essen, oder den Scorpio Club beobachten und über Zauberer nachdenken. Grace spielte mit der Fingerspitze zwischen zwei von Evas Fingerknöcheln herum und fuhr dann die Senke zwischen zwei Sehnen hinunter Richtung Handgelenk.

»Ich wünschte, du würdest mich nicht ›Liebling‹ nennen«, sagte Justin zu seiner Freundin, ohne auf Graces Hand zu blicken, die noch auf Evas lag. »Das verwendest du ausschließlich sarkastisch.«

»Wir wollen nicht streiten.« Grace lächelte Eva an. »Findest du nicht, dass Eva hübsch ist? Sie hat so grüne Augen.«

»Klar«, sagte Justin unverbindlich, ohne Eva oder Grace anzusehen. Er schob sich halbherzig eine letzte Gabel gebratenen Reis in den Mund.

»Aber wirst du eigentlich je wütend?«, wollte Grace von Eva wissen. »Du wirkst irgendwie so entrückt. Fast ein wenig apathisch?«

»Nicht, Grace«, sagte Justin und schüttelte den Kopf. »Lass sie in Ruhe.«

»*Was* nicht, Justin? Soll ich Eva keine Fragen stellen? Sie wirkt ein wenig zugeknöpft. Ich würde sie gern aus der Reserve locken. Gefühlsmäßig betrachtet.«

»Ich möchte momentan lieber nicht aus der Reserve gelockt werden. Es wird spät«, sagte Eva.

»Natürlich nicht, Liebes«, sagte Grace. »Ich wollte dich nicht vergrätzen.« Graces Armreifen klapperten, als sie erneut die Hand ausstreckte und als versöhnliche, entschuldigende Geste einen Finger in der Nähe des Handgelenks auf Evas Arm legte. Eva bewegte ihre Hand auf dem gebleichten weißen Tischtuch nicht. Als Grace ihre Hand wegnahm, spürte sie dort immer noch ein leichtes Brennen.

Chinatown sah vor dem Restaurant im diesigen Nieselregen verschwommen aus: Goldene Pagoden blinkten im Zwielicht, es tropfte von roten Papierdrachen. Es war ein Regen von der Sorte, der sogar dann einen Feuchtigkeitsfilm auf der Haut bildete, wenn man einen Schirm aufgespannt hatte. Erleichtert überließ Eva Grace und Justin ihrem Gezänk und dachte, den Stock des aufgespannten Schirms an die Schulter gelehnt, an den ersten Jungen, den sie verlassen hatte. Er hieß Timothy, und es geschah in einem McDonald's in der Nähe der Victoria Station, als sie beide fünfzehn waren.

»Du wirst nie wieder einen wie mich finden«, hatte er gesagt.

»Ich weiß«, hatte Eva erwidert, verwirrt, wie er darauf kam, dass sie das wollte, angesichts der Tatsache, dass sie gerade dasaß und versuchte, mit ihm Schluss zu machen.

Dann schmiss er seinen Stuhl um, beugte sich vor und spuckte in ihren Milchshake. Als sein Speichel in ihrem Getränk verschwand, sah Eva dem Jungen nach, wie er sich mit seiner tiefhängenden Hose und im Teenagertrott aus dem McDonald's schlängelte. Fast wäre sie ihm gefolgt, um ihm zu sagen, wie seltsam großartig sie sich fühlte, als sie ihn gehen sah: Die Klarheit dieses Augenblicks war viel intensiver als jede Intimität, die sie zuvor mit ihm erlebt hatte. Am liebsten hätte sie ihm gestanden, dass sie sich ihm nun viel näher fühlte, da er zur Erinnerung verblasste. Es war ein fast ekstatisches Gefühl, eine Mischung aus Nervosität und Behagen, das ihr einen langen Schauder den Rücken hinunterschickte. Es war die Erregung, die man spürte, wenn man aus einem Flughafen in einem exotischen Land hinaus in die heiße Luft tritt oder nach tagelanger Traurigkeit unerklärlicherweise glücklich aufwacht. Das Gefühl war viel interessanter, als den Jungen zu küssen oder auf seine Anrufe zu warten.

Das nächste Mal machte Eva mit siebzehn Schluss, mit einem gewissen James, vor einer Bäckerei in Wales. Sie waren ein Jahr lang zusammen gewesen, hatten miteinander geschlafen, sich gestritten, all das gemacht, was Erwachsene in Beziehungen tun, doch er fehlte ihr nicht, wenn er nicht da war, und wenn er da war, wäre sie oft genug lieber allein gewesen. Beide aßen gerade mit Marmelade gefüllte Donuts und warteten auf den Zug um 10.50 Uhr zurück nach London, als Eva ziemlich geschäftsmäßig, mit dem noch nach Himbeermarmelade schmeckenden Mund, sagte, sie glaube nicht, dass sie sich in ihn verlieben werde. Es war seltsam, dachte sie, dass zu den ersten beiden Trennungen ihres Lebens ein so intensiver Zuckergeschmack gehörte – kindisch und unvermittelt. Sie erinnerte sich genau an die Ruhe und Erleichterung, die sie empfand, sogar als sich James' blaue Augen weiteten und er sie »emotional verkümmert« nannte. Er schien sich vor ihren Augen zu verwandeln, wieder ein Fremder zu werden, während sie mit zuckrigen Händen am Bahnhof standen. James schrumpfte ein wenig und schien ihr eine halbe Sekunde lang nah zu sein – kurz war es, als ob sie ihn auf ihrer Haut spürte, in ihr drin, als er sie aus aufgerissenen Augen anstarrte –, doch dann wurden seine Augen wieder schmaler, nahmen ihre normale Form an, und er entfernte sich von ihr.

Wenn sich manche Menschen am Flughafen verabschieden, werden sie noch während der Umarmung zu

Fremden, denken schon an etwas anderes, an den Wodka-Tonic, den sie im Flieger trinken, an die Tabelle, die sie bei der Landung fertiggestellt haben werden. Andere wiederum zögern den Abschied hinaus und drehen sich noch um, während sie die Bordkartenkontrolle passieren.

Eva konnte stundenlang Menschen auf Flughäfen beobachten. Als sie nach London zog, nahm sie nach der Schule manchmal die U-Bahn nach Heathrow und trank Kaffee in der Nähe des Eingangsbereichs zu den Abflugsteigen, wo sich Reisende von ihren Familien verabschiedeten und zu den Sicherheitskontrollen gingen. Eva fehlten damals Vater und Mutter, auch wenn sie das nie zugegeben hätte, und Flughäfen erinnerten sie an ihre Eltern. In dem dort herrschenden Trubel und der Geschäftigkeit fühlte sie sich zu Hause, und als sie mit James Schluss machte, erinnerte sie das an die Abflüge in Heathrow: ein wenig theatralisch, aber trotz allem bewegend. Sie schien vor der Kluft zwischen ihnen beiden Angst gehabt zu haben, bis sie einfach über diese Kluft sprang, die danach völlig bedeutungslos wurde. Nachdem James sie »emotional verkümmert« genannt hatte, sah er Eva eine ganze Weile an, wirkte gekränkt. Er verschwand vor ihren Augen, noch ehe er in ein Taxi sprang. Als er davonfuhr, aß sie in Ruhe ihren Donut auf, ehe sie den Zug zurück nach London bestieg. Wie schon bei der Trennung im McDonald's fühlte sich Eva eher befreit als traurig. In einem Abschied lag ein so großes Potential. Er war viel aufrichtiger, und während man sich voneinander entfernte, verschwanden einfach alle Fehler, die man gemacht, und alles, was man mit dieser Person zusammen geworden war, so dass man neu anfangen und das sein konnte, was man sein wollte.

Als Eva durch die Haustür am Silver Place kam, nahm sie die Post von der Matte, blätterte ängstlich Rechnungen und Kontoauszüge durch, sah aber nichts Ungewöhnliches. Beim Treppensteigen öffnete sie einen braunen Umschlag mit einer Hochzeitseinladung von einer Schulfreundin, die sich in die größer werdende Sammlung auf dem Kaminsims einfügen würde. Vielleicht müsste sie sogar einen Hut kaufen, dachte sie mit Schaudern.

Luke beugte sich in einem alten T-Shirt und Jeans über den Wohnzimmertisch, Klaviermusik vom Plattenspieler. Sein wichtiger Fall im August drehte sich um eine Autowaschanlage in East London und Mechaniker, die angeblich für einen Drogenhändler Geld wuschen. Lukes Unterlagen waren um ihn herum auf dem Tisch verteilt: eidesstattliche Erklärungen, Excel-Tabellen, Fotos von seinem Mandanten Andrew Alves, dem Waschanlagen-Geschäftsführer mit dem teigigen Gesicht. Evas und Lukes Scrabblespiel lag auf dem Couchtisch vor dem Sofa. Nach der Buchpräsentation bei Brooks's hatte sie RUMPELN gelegt. Es folgten DUETT, MAST, DURST, und sie überlegte, das U von DURST für das Wort URNE zu verwenden.

Eine Motte flog aus dem Flur herein, verweilte im schummrigen Licht des Fernsehschirms und taumelte dann, drehte sich in der Luft, näherte sich dem Sofa. Als sie noch etwa einen Meter entfernt war, sprang Eva vorwärts, um den geisterhaften Mottenkörper zwischen ihren Handflächen zu zerquetschen. Luke schaute auf. Das durchs Fenster fallende Licht war weiß von den Straßenlaternen mit einem rosa Schimmer von der Bar am Ende der Gasse Richtung Lexington Street. Eva wischte sich die Motte an der Jeans ab und beugte sich vor, um Luke zu küssen. Er hatte graue Ringe unter den Augen, seine Haut war gespenstisch bleich. Die bei Catherines Verlobungsparty aufgeplatzte Haut an seiner Lippe war zu einer Narbe verheilt, die Eva küsste, als er sein Gesicht zu ihr empordrehte.

»Wie war dein Tag?«, fragte Eva.

»Ich hab mich mit Andrew getroffen, dem Geldwäscher.«

»Netter Kerl?«, fragte Eva. Den Fotos nach zu urteilen eindeutig nicht.

»Nein«, sagte Luke. »Ich glaube aber trotzdem nicht, dass er's war. Er wirkte nicht besonders geschäftstüchtig. Als ich ein paar Einzelheiten mit ihm durchgehen wollte, wusste er nicht mal genau, was ›Eigenkapital‹ hieß.«

»Ich weiß auch nicht genau, was Eigenkapital heißt«, sagte Eva.

»Dich beschuldigt man auch nicht des Betrugs in Millionenhöhe.«

»In diesem Quartal konzentriere ich mich auf die Mottenzucht.«

»Wofür du ein Riesentalent zu haben scheinst.«

»Das liegt wohl an deinem ganzen Kaschmirzeug«, sagte Eva.

»Klar, meine Schuld.« Er hob kurz die Hände in einer Geste der Kapitulation. »Eigentlich wollte ich auf die Kolonie da drüben kochendes Wasser gießen, dachte aber, ich warte, bis du kommst.«

Eine kurze Pause entstand.

»Du wolltest dann doch nicht chinesisch essen?« Eva stand vom Boden auf.

»Ich war unterwegs, aber mir ging's nicht besonders«, sagte Luke. Er markierte einen Satz in der vor ihm liegenden Akte.

»Und wie geht's dir jetzt?«, fragte Eva.

»Ganz gut.«

»Es war irgendwie nett.« Eva musterte Luke aufmerksam. »Die Frau, Grace, ist ein wenig … anstrengend, aber interessant.«

»Ist sie interessant, oder gefällt sie dir?«

»Mir gefällt, dass sie interessant ist.«

»Das ist ein klassischer Eva-Grund, um sich mit jemandem anzufreunden: *interessant*. Verrätst du mir noch mal, wo du sie kennengelernt hast?«

»Auf einer dieser grauenvollen Buchpräsentationen«, sagte Eva. »Ich glaube übrigens, dir würde sie gefallen.«

»Ach ja?«

»Natürlich«, sagte Eva. »Sonst hätte ich dich nicht eingeladen mitzukommen. Du fändest sie auch interessant.«

»Manchmal glaube ich, du magst keine Menschen – nur gelegentlich wirst du bei Charakterzügen neugierig, die du nicht verstehst.«

Eva schwieg. Sie ging in die Küche, stellte den Wasserkessel auf den Herd und kam mit heißem Wasser und dem Staubsauger wieder, dessen Mündung sie auf dem Rand der wachsenden Motteninsel platzierte.

»Dass ich kaum neue Freundschaften schließe, heißt noch lange nicht, dass ich Menschen nicht vernünftig beurteilen kann«, sagte Eva. Sie machte den Staubsauger an, woraufhin ein lautes Sauggeräusch ertönte und die Larven samt einer Menge Fasern vom Teppich gerissen wurden. Als Eva fertig war, sah der Teppich kahl aus. Nur um sicherzugehen, kippte sie kochendes Wasser darüber, setzte sich dann vis-à-vis von Lukes Arbeitsplatz auf den Boden, den Rücken an die Wand gelehnt und die Ellenbogen auf die Knie gestützt.

»Ich halte nun mal ›interessant‹ für keine gute Basis, um Freundschaften zu schließen«, sagte Luke. »Wirst du sie wiedersehen?«

»Wahrscheinlich nicht, nein. Was hast du denn heute Abend?«

»Gar nichts, mir geht's nur nicht besonders gut.«

»Luke? Was ist mit dir?«

»Ich hatte vorhin einen *kleinen* Anfall – nur einen kleinen, also reg dich nicht auf –, als ich von der Arbeit nach Hause kam.« Er demonstrierte, wie klein der Anfall war, indem er zwischen Daumen und Zeigefinger zwei Zentimeter andeutete. »Ich hab wohl nicht so gut geschlafen. In der Kanzlei war es hektisch – vielleicht macht mir dieser Fall zu schaffen.« Luke sah hinab auf seine Unterlagen, nicht auf Eva.

»Warum hast du mir nicht gesagt, dass du dich nicht

wohl fühlst?«, sagte Eva leise, während Ärger und Besorgnis ihre Gesichtsmuskeln anspannten, so dass ihre Augen zu Schlitzen wurden und ihre Zunge gegen den Gaumen drückte.

»Ich hab's dir doch gerade gesagt«, entgegnete Luke, der sie immer noch nicht ansah.

Dass er Epileptiker war, fand Eva nur durch Zufall heraus, als ihre Beziehung schon ein Jahr alt war: noch ein Beispiel für Lukes Zurückhaltung, was private Informationen betraf. Er hatte nicht ein einziges Mal erwähnt, dass er daran litt, und so war es für Eva ein ziemlicher Schock, als er eines Sonntagmorgens in der Küche umkippte. Er war über Nacht geblieben, und sie kam gerade aus der Dusche, als sie hörte, wie im Nebenzimmer Geschirr zerbrach. Das darauf folgende Geräusch glich eher einem dumpfen Aufschlag. Luke war ungeschickt und machte häufig etwas kaputt, daher kam es nicht überraschend. Andererseits war er auch sehr ordentlich und machte anschließend einen Mordsaufstand, besorgt, rasch sauberzumachen.

»Luke?«, fragte Eva durch die Trennwand zwischen Bad und Küche. Als Luke nicht antwortete, öffnete Eva, eingewickelt in ihr fadenscheiniges graues Handtuch, die Badezimmertür und tappte die zwei Schritte durch den Flur, nasse Fußabdrücke auf Fliesen und Teppichboden hinterlassend. Sie spähte durch die Tür und sah Luke mit dem Rücken zu ihr auf dem Küchenboden liegen, mit einer blaukarierten Pyjamahose bekleidet, den zerbrochenen Teller neben der ausgestreckten Hand. Lukes Hals war nach hinten gedehnt, und als Eva noch einen Schritt weiterging, sah sie Schaum und Erbrochenes um seinen Mund mit den fest zusammengebissenen Zähnen. An seinem Hals wölbten sich blaue Adern, und sein durchgedrücktes Rückgrat schaukelte den Kopf hin und her. Eva kniete sich neben ihn auf den Boden, griff ihr auf der Anrichte zwischen Einkaufstüten und Kaffeetassen liegendes Telefon und wählte den Notruf 999. *4D Silver Place. Augen offen. Schaum vor dem Mund, bebender Körper, angespannte Muskeln. Scheint mich nicht zu sehen.*

Evas Magen verkrampfte, und sie nahm auf einmal alles überdeutlich wahr. Alles wurde heiß. Zuerst dachte sie, er hätte einen Schlaganfall. Es war noch gar nicht so lange her, dass sie das Wohnzimmer am Silver Place betreten und ihre Großmutter in einem Zustand vorgefunden hatte, in dem sie keine Kontrolle mehr über Gesichts- und Armmuskeln besaß; drei Wochen später war sie tot. Während Eva mit dem Notruf telefonierte, stöhnte Luke, und ein feuchter Fleck breitete sich von seinem Schritt über die Pyjamahose und auf dem Fußboden aus. Aus der Tiefe seines Rachens drang ein Gurgeln, und jeder Muskel seines Körpers schien versteinert zu sein – sogar seine nackten Füße und Fingerknöchel ähnelten denen von Marmorskulpturen. Wie benebelt wiederholte Eva ständig seinen Namen, doch er stierte nur geradeaus auf den Staub unter den Küchenschränken. Eva war sich nicht sicher, ob es ein Schlaganfall war.

Ihr zweiter Gedanke war, dass er etwas Unsauberes genommen hatte. Zeitungsschlagzeilen schossen ihr durch den Kopf: »VERUNREINIGTES ECSTASY TÖTET ANWALT«

Sie wusste noch, wie sie ihre Freundin Amy beobachtet hatte, nachdem die eine – vermeintliche – Linie Kokain gezogen hatte, was sich später als Ketamin herausstellte. Den Rest des Abends hatte sie auf ihre Schuhe gesabbert. Doch jetzt war es Samstagmorgen um elf, das konnte es also nicht sein – oder doch? Luke war erst gegen ein Uhr nachts von der Arbeit nach Hause gekommen, hatte sich hingesetzt und mit Eva das Ende eines Films angesehen. Er hatte nach Schweiß und Kaffee gerochen, nicht nach Alkohol.

»Luke«, sagte Eva immer wieder, während er zuckend auf dem Fußboden lag. »Alles wird gut, Luke.« Aber minutenlang reagierte er gar nicht. Nur seine blutunterlaufenen Augen weiteten sich, und Eva konnte die kleinen Wellen zählen, in denen sich die Muskeln um seine Wirbelsäule krampften. Dann wurde das Zittern schwächer und hörte schließlich ganz auf. Luke wirkte verwirrt und sah sich blinzelnd um, schaute dann mit ausdrucksloser Miene Eva an.

»Luke?«, sagte Eva. Er schien verängstigt. »Ist schon okay, Luke, alles wird wieder gut.«

»O Scheiße«, sagte er schließlich.

»Die Frau von der Notrufzentrale glaubt, du hattest vielleicht einen Anfall.«

»Die Notrufzentrale? Du hast einen Rettungswagen gerufen?«

»Er ist unterwegs.«

»O Scheiße«, sagte er wieder und versuchte sich aufzurichten.

»Nicht«, sagte Eva, doch er saß schon, daher half sie ihm, sich an die Küchenschränke zu lehnen, die nackten Füße auf den Fliesen. Er bemerkte die nasse Stelle auf seiner Hose und wischte sich mit dem Handrücken Erbrochenes und Speichel vom Mund. Es roch nach Krankheit. Eva holte Luke ein Glas Wasser und kauerte sich neben ihn, doch Luke hielt das Glas schlaff in der Hand und trank nicht. Er schloss die Augen und schlug sie wieder auf, das Gesicht weiß. Sie nahm ihm das Glas ab und stellte es auf den Boden, damit er es nicht fallen ließ.

»Nein«, sagte er und schlug sich die Hände vors Gesicht. »Scheiße.«

»Alles wird gut, Luke, der Krankenwagen wird jeden Moment hier sein.«

»Ich brauche keinen Krankenwagen«, sagte er. »Es ist jetzt vorbei.«

»Du brauchst einen Krankenwagen.«

»Es ist Epilepsie«, sagte er. »Hab ich mir den Kopf gestoßen oder was?«

»Keine Ahnung. Ich hab gehört, wie ein Teller kaputtging. Ich war gerade unter der Dusche. Du warst eine ganze Weile weggetreten.« Eva hielt inne, sah auf ihr Telefon und merkte, dass sie den Notruf erst vor neun Minuten verständigt hatte. »Du bist Epileptiker?«, sagte sie.

»Ja, von Kindesbeinen an.«

»Das ist also schon früher passiert?«

»Ja«, sagte er. Dann klingelte es an der Tür, und Eva merkte, dass ihre Haare klitschnass waren und sie nichts anhatte. Ihr Handtuch lag irgendwo bei der Tür – offenbar hatte sie es fallen lassen, als sie Luke auf dem Boden liegen sah. Jetzt fing auch noch das Telefon an zu klingeln. Sie stand auf und ging ran, während sie sich auf dem Weg aus der Küche das Badelaken schnappte.

Eva drückte auf den Türöffner und lotste den Sanitäter in den vierten Stock. Er hatte einen blauen Overall an und eine rote Plastiktasche umhängen.

»Er ist eben zu sich gekommen und sagt, es sei Epilepsie«, murmelte Eva, ohne den Mann zu begrüßen, und zeigte Richtung Küche. »Weiß auch nicht. Er sagt, ihm geht's gut. Vielleicht hat er sich den Kopf gestoßen.«

»Sehen wir doch mal nach, einverstanden?«, sagte der Sanitäter.

Luke schien keine Gehirnerschütterung oder dergleichen zu haben, musste also nur eine Weile kürzertreten und sollte im Krankenhaus anrufen, falls er sich irgendwann in den nächsten Tagen unwohl fühlte. Luke duschte, während Eva seine Schlafanzughose in die Wäsche steckte, und dann krochen beide wortlos ins Bett und schliefen noch einmal vier Stunden. Eva wachte zuerst auf, mit dem Rücken zur Wand und der Nase fast an Lukes Schulter, ungewöhnlich nah. Sie schlug die Augen auf und betrachtete ihn.

Als Erstes verspürte sie ein überwältigendes Gefühl

von Erleichterung, von Wärme, dann erfasste sie plötzlich eine unkontrollierbare Wut, als wäre ihr gerade erst wieder eingefallen, dass er mit einer anderen Frau geschlafen hatte. Häufig reagierte Eva auf Ereignisse nicht so, wie sie reagieren sollte, am liebsten verbarg sie ihre Gefühle, doch diesmal nicht.

Sie richtete sich im Bett auf und griff nach dem Wasserglas auf dem Nachttisch. Sie trank und schaute auf Luke hinab. An seiner Atmung merkte sie, dass er nur im Halbschlaf war, dass sein Bewusstsein gerade aus dem Schlummer kletterte, und bald gähnte er mit geschlossenen Augen, den Mund weit aufgerissen wie ein Bär, und kurz darauf setzte er sich hin, und Eva reichte ihm das Glas.

»Wie geht's dir?«, fragte Eva.

»Gut. Wie lange haben wir geschlafen?«

»Stunden. Du hast mir Angst gemacht.«

»Das tut mir leid.«

Luke spielte mit dem Glas herum, sah Eva nicht in die Augen.

»Dir ist nie der Gedanke gekommen, mir zu erzählen, dass du Epileptiker bist?«, fragte Eva. »Sollte ich sonst noch etwas wissen?«, fuhr sie fort, sie konnte nicht anders. »Irgendwelche Erbkrankheiten? Bist du in den letzten zehn Jahren am offenen Herzen operiert worden? Hast du noch alle inneren Organe?«

»Jetzt übertreibst du aber, Eva«, sagte Luke. Er wirkte immer noch fix und fertig, und Eva bemühte sich, ihre Wut zu bremsen, doch ihr ganzer Körper war noch voller Adrenalin.

»Du hättest es mir sagen können.«

»Du stellst dich an, als hätte ich auf meinem Versicherungsformular gelogen. Ist es jetzt ungültig?«

»Ich finde nur, du hättest es vorher erwähnen können, damit ich nicht fast einen Herzinfarkt kriege, wenn ich meinen Freund auf einmal zuckend und mit Schaum vor dem Mund auf dem Boden liegend finde.«

»Es geht also um dich, stimmt's?«, sagte er, stellte das Glas zurück auf den Nachttisch und setzte sich im Bett gerade hin. »Gefällt mir, wie du das gedreht hast.«

»Es geht aber doch um *uns,* oder etwa nicht? Um dich, um mich, Körper, Küchenfußböden, eine mögliche Zukunft, in der wir uns eventuell einen Küchenfußboden teilen und du mir nicht unversehens an einem Samstagmorgen chronische Gesundheitsprobleme gestehst.«

»Heißt das, du möchtest deine Zukunft nicht mit jemandem verbringen, der auf deinen Küchenboden pinkelt? Wenn dir das lieber wäre, könnte ich nämlich versuchen, Anfälle nur im Bad zu kriegen. Ganz ehrlich, du solltest mir danken, dass ich's nicht auf dem Teppich gemacht habe.«

»Nein, ich versuche nicht, meine Bodenbeläge zu schonen«, sagte Eva. Beide saßen jetzt aufrecht, so weit voneinander entfernt, wie es das Bett zuließ.

»Du führst dich echt auf, als hätte ich irgendeinen Vertrag gebrochen«, sagte Luke und drehte die Schultern in ihre Richtung.

»Ich sage nur, du bist ein Wichser, mir so was nicht zu sagen, mehr nicht«, fuhr Eva ihn an, zog die Beine dichter an ihren Körper und dröselte mit den Fingern den Saum ihres Kissens auf.

»Ein Wichser?«, fragte er mit gerunzelter Stirn.

»Genau«, sagte Eva.

Luke verließ das Bett und begann, sich anzuziehen. Er stieg in eine Hose. »Ich hab's dir nicht gesagt, weil ich wusste, es würde dich *stressen* – so wie du jetzt bist, gestresst.«

»Ich bin gestresst, weil ich Angst hatte.«

»Das musst du nicht. Mir geht's gut.« Er fummelte am Knopf seiner Hose herum, sah dann ein wenig benommen aus und setzte sich auf den Bürostuhl neben den geschlossenen Vorhängen. Eva schwang die Beine aus dem Bett. »Ich will nur nicht, dass ich dir leidtue«, sagte er. »Ich komm damit schon mein ganzes Leben lang klar.«

»Du tust mir nicht leid. Ich finde, du bist ein Arsch«, sagte Eva.

Luke lachte. »Danke«, sagte er. »Das ist doch besser als ein Wichser, oder?«

»Ich mein's ernst. Es ist ungerecht. Ich liebe dich. Das war das Furchtbarste, was ich je gesehen habe.«

Er schaute auf seine Hände, die Füße, dann wieder auf Eva.

»Ich liebe dich auch«, sagte er, und beiden wurde klar, dass sie das noch nie ausgesprochen hatten. »Tut mir leid. Ich hätte es dir sagen sollen«, fuhr er rasch fort, die Worte »Ich liebe dich« klangen noch nach. Er lehnte sich im Stuhl zurück und legte die Beine auf den Schreibtisch. Eigentlich verstand sie nicht, warum er es ihr verschwiegen hatte – wahrscheinlich so ein Männerding, nur keine Schwäche zeigen –, doch es ergab trotzdem keinen Sinn.

»Ich reagiere allergisch auf Penicillin. Und auf Potpourris, diese duftenden getrockneten Blütenblätter«, sagte Eva in versöhnlichem Ton, da sie mittlerweile ebenso sehr an den Satz »Ich liebe dich« wie an den epileptischen Anfall dachte.

»Potpourris?«, sagte er, der immer noch auf dem Bürosessel saß.

»Nur wenn man sie mit heißem Wasser mischt, weil man Parfüm herstellen will – was ich mit elf probiert habe, anschließend schwoll meine Zunge auf die doppelte Größe an, und ich bekam keine Luft mehr.«

»Verstehe«, sagte er. »Gut zu wissen. Ich möchte, dass deine Zunge ihre jetzige Größe behält.«

»Und auf Penicillin. Das ist wichtiger. Kein Penicillin.«

»Solltest du nicht ein Armband oder so was tragen?«

»Solltest du das nicht tun?«

Wieder schwiegen sie. Eva kratzte sich am Knie.

»Penicillin. Achtzehn Punkte«, sagte Luke.

»Besorgt. Elf Punkte«, sagte Eva.

»Also, nach dem Zwischenfall mit dem Hund auf Dads Farm bekam ich Anfälle, die sich auf ein Hirntrauma zurückführen lassen. Das war ein ziemliches Ding, der Hund hat mich echt zerfetzt. Als ich jünger war, hatte ich schwerere Anfälle. In den letzten zehn Jahren hatte ich nur vier, was gar nicht übel ist, wenn man bedenkt, dass ich früher andauernd welche hatte.«

»Das ist *gut*? Es sah aus wie die Todesszene in *Terminator*.«

»Danke, Eva«, sagte Luke. »Normalerweise passiert

so was, wenn ich betrunken, übermüdet oder gestresst bin.«

»Aber du bist doch *immer* übermüdet«, sagte Eva. Luke musterte sie finster, und da wurde ihr klar, dass es wahrscheinlich an dem panischen Unterton in ihrer Stimme lag, dass er es ihr nicht gesagt hatte. Er blieb gern lange auf, arbeitete schwer und trank Espresso. »Nimmst du Medikamente?«

»Kleine weiße Pillen, täglich.«

»Ist mir nie aufgefallen.«

»Ich hab's auch nie an die große Glocke gehängt, sie sind in meinem Badezimmer in Hackney.«

»Nimmst du sie auch regelmäßig?«

»Fang nicht damit an.«

Eva verstummte kurz. »Ich hab Croissants gekauft. Möchtest du frühstücken? Ich bin zwar sauer auf dich, mach dir aber trotzdem Frühstück.«

»Mitleidsessen?«

»Jawoll.«

»Krieg ich danach einen Mitleidsfick?«

»Unwahrscheinlich.«

»Na schön«, sagte er. »Ich begnüg mich mit dem Frühstück.«

Später saßen sie einander am Wohnzimmertisch gegenüber, aßen Croissants und Rührei, tranken süßen Tee. Sie schwiegen eine Zeitlang, und Eva konnte nicht anders, sie lächelte Luke immerzu an. Sie hatte ein seltsames Gefühl in der Magengrube und musste sich ständig zurückhalten, um nicht die Hand auszustrecken und ihn anzufassen.

»Wusstest du, dass Timothy McVeigh – der damals in Oklahoma die Bombe gezündet hat – als Henkersmahlzeit einen Liter Minzeis mit Schokostückchen hatte?«, sagte Luke.

»Minzeis mit Schokostückchen? Er hätte alles haben können und nahm Minzeis mit Schokostückchen? Wahnsinn«, sagte Eva, doch in Wirklichkeit dachte sie: *Mist, ich glaube, ich liebe ihn. Ich glaube, ich habe mich in ihn verliebt – gerade eben, vor einer Minute.*

»Ronnie Lee Gardner hat sich Apfelstrudel mit Vanilleeis bringen lassen. Das stand erst vor ein paar Wochen in der Zeitung, oder?«, sagte Luke.

»Ich erinnere mich nicht«, sagte Eva. Sie hatte schon andere Menschen geliebt, aber so als würde man zornig werden und sich danach ausgebrannt fühlen. Sie hatte geliebt – aber nicht so wie jetzt.

»Das wäre ein gutes Henkersmahl«, sagte Luke und aß ein Stück Croissant.

»Falls du je wegen Mordes verurteilt wirst«, sagte Eva, »bring ich dir weiße Trüffel, Filet Mignon und irgendeinen überteuerten Rotwein.«

»Sollte ich je wegen Mordes verurteilt werden, lasse ich wohl lieber jemand anderes meinen Wein aussuchen«, sagte Luke.

»Ein echtes Vertrauensvotum«, sagte Eva.

»*Überteuert* ist aber auch kein maßgebliches Kriterium, wenn man einen erlesenen Wein aussucht.«

»Solltest du in Kürze auf dem elektrischen Stuhl landen, würde ich ein wenig recherchieren.«

»Tja, falls du je wegen Mordes verurteilt werden solltest, bring ich dir einen Käsetoast mit einem Riesenklacks Ketchup und einen miesen Eiskaffee.«

Am Dienstag nach dem Essen mit Grace und Justin in Chinatown verbrachte Eva den Vormittag in einem Café an der Charlotte Street mit der Autorin eines Romans, der den Titel *Entfesselter Alptraum* trug, einer leise sprechenden Biologielehrerin an einer Jungenschule, die gern mit ihren Border Collies lange Strandspaziergänge unternahm und handfeste Sexszenen über Frauen im viktorianischen England schrieb, die von ihren fleischlichen Begierden nach Gespenstern vollkommen verändert wurden. Sie hatte ein ausgesprochen abstraktes Verhältnis zur Grammatik, und *Entfesselter Alptraum* zu lektorieren war ein echter Horror gewesen. Als Eva erfuhr, dass das zweite Buch bereits fertig war, verfiel sie in Depressionen. »Verwenden Sie Kursivierungen nur sparsam zur Hervorhebung; der Genitiv wird auch possessiv eingesetzt«, meldete sich die Stimme des *Oxford Style Guide* in Evas Kopf, während sie die erste Seite des Manuskripts durchsah, voller »man hörte der Hausfrau ihr *Stöhnen* auf Küchentischen, Münder *sabberten* und Körper *zuckten* wie weißglühendes Metall«.

Während Eva die Seiten durchblätterte, hörte sie sich Geschichten über das nicht existierende Liebesleben der Autorin an. »Mein letzter fester Freund war nicht besonders *schlimm*, verstehen Sie«, sagte die Autorin und warf Zuckerwürfel in ihre Teetasse. »Manchmal hat er mir Blumen gekauft. Doch es war das Unheil«, sagte sie. »Da lag das Problem.« (Unheilvoll, dachte Eva: zwanzig Punkte). »Wenn ich ihn ansah, spürte ich jedes Mal ein Gefühl drohenden Unheils. Ich wusste, er war nicht der Richtige, aber ich werde so ungeduldig.«

Eva sah unauffällig auf die Uhr (ein Uhr nachmittags) und dann zu einer Bank auf der gegenüberliegenden Straßenseite, wo sich zwei Jugendliche stritten. Das Mädchen hatte die Hand geballt und hielt dem Jungen den Zeigefinger mehrmals vors Gesicht. Der drückte mit seinen Händen den Finger wiederholt nach unten, doch sie ließ nicht locker. Kurz darauf klopfte es an die Scheibe des Cafés vor Evas Gesicht, und sie richtete ihren Blick auf die unerwartet aufgetauchte Grace zwei Zentimeter vor der Fensterscheibe – ihr breites Lächeln ein wenig schief und die Augenbrauen hochgezogen. Sie trug einen dunklen Hosenanzug und ein weißes Hemd mit großem Kragen. In einer Hand hatte sie einen Schirm, und ihr Mantel hing locker über den Schultern, der Gürtel offen. Auch wenn Eva das später niemandem gestand, fühlte sie sich geschmeichelt, weil Grace nicht lockerließ: dass dieses schillernde Wesen mit dem wilden Blick sie darum bat, Zeit mit ihr zu verbringen.

»Ich bin gleich wieder da«, sagte Eva zu der Autorin.

»Oh, ich sollte ohnehin aufbrechen.« Die Frau schob ihren Stuhl zurück. »Kann's kaum erwarten zu hören, was Sie von *Die lüsterne Debütantin* halten.«

»Ich freue mich auf die Lektüre«, sagte Eva.

Vor dem Café drückte Eva Grace einen flüchtigen Kuss

auf die Wange. Grace sagte, sie sei auf dem Rückweg von einem Kunden bei Echo Books vorbeigekommen und habe beschlossen zu fragen, ob Eva mit ihr zu Mittag essen wolle. Jemand im Verlag habe die Tür geöffnet und ihr den Weg zum Café gewiesen.

»Ich habe noch nie einen so gelangweilten Menschen gesehen wie dich da drinnen«, sagte Grace.

»Autoren von Erotikbüchern sind eine aufregende Truppe.«

Ohne groß nachzudenken, ging Eva mit Grace davon und beriet mit ihr über mögliche Essensvarianten: Sushi oder Burritos, die Vorzüge von Suppen gegenüber Sandwiches. Sie kamen an italienischen Feinkostläden, spanischen Restaurants und schmierigen Cafés vorbei, während Grace eine Zigarette nach der anderen rauchte. Eva musste bei Graces Anblick lächeln, wenn sich ihr langer Hals senkte, weil sie sich die nächste anzündete.

»Musst du wieder zurück ins Büro?«, fragte Grace.

»Leider ja.«

»Hast du eine Stunde Zeit? Dann nehme ich dich in einen Laden mit, wo es den besten Eisbecher gibt. Versprochen. Von diesen Eisbechern krieg ich unweigerlich gute Laune.«

Eva folgte Grace durch Soho Richtung Piccadilly Circus, dann zwischen zwei weißen schulterhohen Löwenstatuen in ein durch die flimmernden Rechtecke von Glücksspielautomaten erhelltes Kasinofoyer. »Rainbow Riches!«, blinkte ein Gerät, »Number Runner!«, »Gold Digger!«, »Lucky Dip!« Grace grüßte einen Türsteher mit Pferdeschwanz, der neben einem riesigen, wandgroßen Spiegel stand, und einen kleinen Mann in schweißnassem blauen Hemd mit rotem Namensschild, der hinter einem Tischcomputer stand. »Nur zu«, sagte der und winkte sie vorbei. Der blecherne Klang fallender Münzen lag in der Luft, obwohl offensichtlich niemand an den Automaten spielte.

An dem Aufzug klebte ein »Außer-Betrieb«-Schild, daher folgte Eva Grace drei Treppen nach oben, vorbei an einer geschlossenen Garderobe und in das kitschige Rampenlicht eines kleinen Kasinos in der obersten Etage. Der Teppichboden war rot und gelb, von der niedrigen goldfarbenen Decke hingen Lampen, die fast an die Scheitel der größeren Spieler kratzten. Für einen Dienstagnachmittag war es erstaunlich voll, Croupiers verteilten Karten an Tischen, vor denen sich junge, biertrinkende Asiaten drängten, Touristen mit »Ripley's-Believe-It-Or-Not«-T-Shirts und kleine Chinesinnen, die ihre Handtaschen an sich drückten oder ihre Chips zählten. Tische für Bakkarat, Blackjack, Roulette und Texas-hold'em-Poker trieben wie Schiffe in der Mitte des Raumes, an den Wänden standen Glücksspielautomaten, und eine Reihe künstlicher, mit Lichterketten behangener Topfpflanzen trennte ein kleines Restaurant vom Kasinobereich ab. Graces Haut und der fest gewundene Dutt reflektierten die Kasinobeleuchtung, was sie wie eine Skulptur wirken ließ.

»Ich komme manchmal hierher, wenn ich traurig bin«, sagte sie und schlängelte sich zu der mit Holz furnierten Bar, wo sie eine laminierte Speisekarte in die Hand nahm, ohne einen Blick darauf zu werfen. »Könnte es daran liegen, dass alle anderen noch trauriger sind?«

»Gratis Schadenfreude zu jedem Eisbecher«, sagte Eva. In ihrer Nähe spielte eine junge Slawin mit ihren Ohrringen, ein gehetzt wirkender älterer Mann stapelte seine Chips, eine schwer übergewichtige Frau mit zu viel Eyeliner sprach in ihr Handy.

»Zum Leute Beobachten gibt es in ganz London keinen besseren Ort«, sagte Grace. Sie wandte sich an den Kellner hinter dem Tresen. »Zwei Spezialeisbecher, bitte, mit extra viel Schokosauce.«

Eva folgte Grace zu einem Tisch, von wo aus sie durch die Plastikblätter einer Kunstpflanze einen Roulettetisch beobachten konnten. Eva wohnte seit zwölf Jahren in Soho und bog immer noch um Ecken in sich ständig verändernde Gassen, die ihr völlig unbekannt vorkamen, sah ihr unbekannte Türen, die offenbar in Bars führten, die sie nie zuvor gesehen hatte. Dasselbe galt für dieses Kasino, das ihr noch nie aufgefallen war, obwohl sie bestimmt hundertmal daran vorbeigegangen war. Grace entnahm ihrer Tasche ein Stück Blisterfolie mit Pillen und drückte eine in ihre Hand.

»Willst du?«, fragte sie.

»Was ist das?« Eva musterte das Päckchen in Graces langen Fingern.

»Nur Dexedrine, falls man sich ein bisschen matschig fühlt. Mein Morgen war grauenhaft. Hab Kaffee auf den Computer meines Chefs geschüttet, mich mit Justin gestritten.«

»Ich möchte keine«, sagte Eva.

Grace schluckte die Tablette ohne Wasser. Beide drehten den Kopf so, dass sie den gehetzten Mann im mittleren Alter dabei beobachten konnten, wie er seine Chips auf Rot setzte. Er schob sie mit der resignierten Miene von jemandem hinüber, den das Glück verlassen hat, und nippte an seinem Glas.

»Meine Tante sagte immer, die Ehe ist nichts als ein Roulettespiel«, sagte Grace, als sich das Rad drehte. »Man heiratet den Typ, mit dem man zufällig zusammen ist, wenn man Kinder kriegen will. Wenn das passiert, rollt die Kugel nicht weiter, und wo man in dem Moment gerade ist, bleibt man auch.«

»Bleibt deine Roulettekugel bei Justin liegen?«, fragte Eva, als Grace ihr volles Haar löste, so dass es ihr ins Gesicht fiel.

»Das bezweifle ich«, sagte Grace. »Ich liebe ihn, aber ich verstehe ihn nicht wirklich. Er ist von Dingen besessen, die nicht real sind – alter Kram, Museen, Sternbilder.« Sie klang ernst. »Außerdem hab ich vor ein paar Wochen in seinem Drucker eine ziemlich aufreizende E-Mail von einer Arbeitskollegin gefunden. Die nicht mal gut geschrieben war.«

»Dumm von ihm, sie rumliegen zu lassen«, sagte Eva.

»Unaufrichtig *und* doof«, sagte Grace. »Tödliche Kombi.«

»Findest du es wichtig, dass du ihn nicht vollkommen verstehst?«

»Ich versteh mich ja selber nicht vollkommen, schätze ich«, sagte Grace. In einer Ecke des Raumes gewann jemand, und um den Tisch breitete sich eine kleine Woge der Freude aus. Doch schon Sekunden später senkten sich alle Köpfe wieder, das Spiel ging weiter.

Bald darauf brachte man die Eisbecher in geeisten Retrogläsern mit langen silbernen Löffeln.

»Probier's«, sagte Grace. »Nimm von allen Schichten ein bisschen auf den Löffel.«

Es schmeckte süß und nach Chemie, die Schokosauce schmolz mit Vanilleeis und Streuseln auf ihrer Zunge, während der Lärm klimpernder Münzspiele und gemurmelter Gespräche den fensterlosen Raum füllte, erinnerte sie sich an Tage auf dem Rummelplatz oder Süßigkeiten auf Geburtstagsfeiern.

»Sind deine Eltern noch zusammen?«, fragte Grace.

»Juristisch gesehen schon«, sagte Eva. »Sie leben in Singapur und geben sich Mühe, nicht miteinander zu reden.«

»Heftig«, sagte Grace.

»Nein, meine Mutter hat Singapur in eine Art Essex verwandelt, und Dad ist die meiste Zeit nicht da. Er arbeitet für eine Fluggesellschaft und reist viel. Sind deine zusammen?«

»Katholisch, sie kommen also nicht voneinander los. Wir haben wohl ein ganz gutes Verhältnis, obwohl sie natürlich von mir enttäuscht sind. Familiäre Schuldgefühle, katholische Schuldgefühle, das summiert sich. Ich fühle mich schuldig wegen der Glücksgefühle, die mir dieser Eisbecher bereitet, dabei bin ich noch nicht mal fertig.« Grace leckte ihren Löffel ab, dabei blieb Schokolade auf ihrer Lippe zurück, die sie am Rücken eines Fingers abwischte. Am Rouletterad außerhalb des Restaurantbereichs legte sich ein Mann die Hand vor den Mund und riss die Augen auf, bis sie beinahe aus den Höhlen traten. »Du siehst mir wie ein Einzelkind aus«, sagte Grace. »Autark.«

»Glaubst du, ich teile meine Wachsmalstifte nicht mit anderen?«

»Teilst du sie mit deinem Freund?«

»Einige schon, schätze ich.«

»Wolltest du je eine Schwester oder einen Bruder haben? Warst du einsam? Ich komme aus einer großen Familie – drei Geschwister, jede Menge Anhängsel, Pflegekinder und was weiß ich, immer haufenweise Leute in der Küche.«

»Ich glaube nicht, dass ich meine Malstifte je teilen wollte«, sagte Eva.

»Sie alle zu teilen ist nie eine gute Idee.« Grace nickte, als sei das eine allseits bekannte Tatsache. »Was glaubst du, würde dein Freund dich je betrügen? Hattest du ihn mal in Verdacht?«

»Das würde er wohl nicht tun«, sagte Eva, von dieser Frage ein wenig irritiert.

»Ich werd irre eifersüchtig, echt schlimm. Das ist ein furchtbares Gefühl.« Grace stützte den Kopf in eine Hand. Sie sah auf den Tisch hinab, dann durch ihre langen Wimpern auf Eva. »In letzter Zeit hab ich mir angewöhnt, nur schöne Männer zu daten«, sagte sie, »was echt ziemlich kontraproduktiv ist. Hässliche Menschen strengen sich mehr an. Sie sind bessere Liebhaber.«

»Du klingst wie eine Plantagenbesitzerin«, befand Eva.

»Und je besser sie aussehen, desto wahrscheinlicher ist es natürlich, dass sie einen betrügen.«

»Du glaubst also, dass Justin dich betrügt?« Jetzt klapperten tatsächlich irgendwo Münzen, doch Eva drehte sich nicht um.

»Ich weiß es wirklich nicht. Ich glaube aber, dass er mich verlassen wird. Übrigens will er mich heute Abend treffen. Es wird wohl auf *das* Gespräch hinauslaufen.« Eva fiel auf, dass sich eine unerwartete theatralische Träne in Graces Augenwinkel gebildet hatte. Sie wurde größer, und Grace wischte sie ab, ehe sie fiel. »Tut mir leid«, sagte sie. »Gott, wie lächerlich von mir, oder? Erst überrede ich dich zu einem Eisbecher, und dann fang ich an zu heulen.«

»Tut mir leid, dass es nicht so gut läuft.«

»Bestimmt bist du mit deinem Freund glücklich«, sagte Grace. »Bestimmt liebt er dich. Ich will nicht wieder allein sein. Ich bin nicht so autark wie du.«

Die beiden schwiegen wieder.

»Vor einer Weile habe ich ein paar Tagebücher aus meiner Teeniezeit gefunden mit einer Liste von Anforderungen an einen zukünftigen Boyfriend«, sagte Eva, um das Schweigen zu brechen, »und neben ›nettes Lächeln‹ und ›Sinn für Humor‹ wünschte ich mir, einen Jungen zu finden, der ohne weitere Erklärung wusste, dass ›in der Waterloo Station‹ unter der großen Uhr bedeutete, und ›bei Selfridges‹ in der Schreibwarenabteilung hieß, und der wusste, wenn beide im Kino auf die Toilette gingen, hatte er vor dem Damenklo zu warten, statt fortzugehen und mich vor dem Herrenklo warten zu lassen, wo ich mir die Frage stellte, ob er reingefallen war. Ich glaube, im romantischen Alter von fünfzehn Jahren erwartete ich von einem Liebhaber vor allem, dass man mit ihm *unkompliziert reisen* konnte.«

Grace lachte und hielt sich die Hand vor den Mund. »Vielleicht bedeutet Liebe schlicht, zu wissen, wo man den anderen findet, wenn die Apokalypse kommt. Wird er an einem so romantischen Ort wie der Millenium Bridge warten, oder im Supermarkt sein, um Vorräte zu kaufen?«

»Ich sollte wohl wieder an die Arbeit«, sagte Eva.

»Ich habe den Rest des Tages frei, vielleicht esse ich 'ne Nudelsuppe und spiel noch ein paar Runden Blackjack. Willst du auch bestimmt nicht bleiben? Ich bin richtig gut in Blackjack.«

Eva zögerte. Die Spielautomaten blinkten, und Spiegelwände täuschten unendliche Weite vor. Ohne Fenster fühlte es sich nicht wie Nachmittag oder irgendeine andere Tageszeit an. Das ganze Zimmer hätte ein Raumschiff sein können, das nie wieder auf der Erde landen musste – seine beleuchtete Hülle mit der goldenen Decke würde immer weiterrasen, ohne Ziel.

»Eine Runde Blackjack«, sagte Eva, nur damit Grace lächelte.

Zwei Stunden später war Eva zurück im Büro, schnippte einen Plastikchip in der Hand. Grace hatte fünfzig Pfund verloren und spielte immer noch, als Eva sich aus dem Kasino verzog. Als die allzeit vorsichtige Eva bei plus/

minus null angelangt war, hatte sie aufgehört. Die letzte halbe Stunde sah sie zu, wie Grace mit den Fingern auf den grünen Filzbelag des Tischs trommelte und mit ehrfürchtiger Neugier die vor ihr liegenden Karten musterte. Dann und wann hatte Grace Eva zugelächelt. Es war zwar ein gekünsteltes Lächeln, dachte Eva, aber ein verschwörerisches.

Sie spürte, wie ihr Herz ein wenig zu schnell schlug, deshalb ließ sie vor ihrem inneren Auge ein Bild Sophias entstehen, der hohlwangigen Assistentin des Zauberers aus der Geschichte ihrer Großmutter, wie sie auf der anderen Straßenseite gleich hinter den Vorhängen im Scorpio Club saß, vielleicht im Schneidersitz auf dem Boden mit einem Kaninchen auf dem Schoß oder schlafend, das schmale Gesicht auf den Knien, in der Ecke eines Zimmers voller Tauben und Blumen. Hin und wieder tauchten vielleicht um sie herum ein Gänseblümchen, eine Rose, eine Goldmünze oder eine Spielkarte auf. Manchmal erschien ein ganzer Strauß blühender roter Rosen vor ihren Füßen, oder eine Schlange, die Rolex eines Mannes oder ein Ehering. Oder eine Albinoratte oder ein Schwarm Schmetterlinge. Tauben materialisierten sich innerhalb von Sekunden in der Luft und flogen mit weißen Flügeln zu den Fenstern. Manchmal erschien sogar ein anderes Mädchen, verschreckt vom Verschwinden und Wiederauftauchen, löste die verdrehten Beine, dehnte den Hals, schlug in dieser neuen Zwischenwelt zögernd die Augen auf. Sie kamen aus Las Vegas, aus Marokko, aus Brighton und öffneten die Augen in Fitzrovia, London. Sophia musste die Situation erklären, wie sie ihr von anderen erklärt worden war: dass sie im Nirgendwo feststeckten, von ihren Liebsten oder ihren Wärtern vergessen.

Eva spürte, wie sich ihre Nackenhaare aufrichteten. Sie stellte sich das Innere des Scorpio Clubs vor, wo Sophia ihre gesamte Zeit damit verbrachte, an ihren Liebhaber, ihren Zauberer zu denken. Von Magie und Rosen umgeben, dachte sie so intensiv an ihn, dass ihr Hirn schmerzte, ihre Handflächen schwitzten und die Stelle brannte, wo ihre Augäpfel in der Augenhöhle steckten. Der Scorpio Club roch nach Vogelscheiße, Federn und roten Rosen. Tauben flogen gegen Wände, und Schlangen glitten vor Sophias Zehen dahin, doch Sophia bemerkte sie kaum. Er fehlte ihr, und sie spürte seine Abwesenheit wie Magenschmerzen.

Als Eva an diesem Tag von der Arbeit nach Hause kam, hörte sie auf ihrem Handy eine Nachricht von Luke ab: Er müsse heute länger arbeiten, weil er am nächsten Morgen wegen des Geldwäschefalls einen wichtigen Gerichtstermin habe. Erschöpft nach ihrer merkwürdigen Verabredung mit Grace, sah Eva sich im Fernsehen Regina in Nahaufnahme an, überdeutlich auf Lukes riesigem Flachbildschirm. Drei Wochen nach dem dramatischen Ausbruch des Adlerweibchens aus dem Londoner Zoo war es immer noch »flüchtig«, versteckt in Bäumen oder den Auftrieb über dem Regent's Park zu einem Flug nutzend. Als Regina aus dem Bild flog, schien am

Silver Place eine Motte ihrer Flugbahn zu folgen und startete hinter dem Fernseher in Richtung Zimmerdecke. Eva hatte überall in der Wohnung Mottenfallen platziert und hätte schwören können, dass es dort nun nicht mehr nur nach Mottenkugeln und Feuchtigkeit roch, sondern irgendwie merkwürdiger: aufdringlich und süßlich. Als die Kamera Regina heranzoomte, spähte das Adlergesicht erst nach links und dann nach rechts, mit einem Zucken des gefährlich hakenartig gekrümmten Schnabels. Regina schüttelte ihre Federn, um sie zu glätten und dann eindrucksvoll zu gähnen. Im Fernsehen wirkte sie stoisch und würdevoll. »In freier Wildbahn bleiben Paare ein Leben lang zusammen, das stimmt, und nutzen Jahr für Jahr denselben Nistplatz. Es werden großartige Balzrituale in der Luft vollführt«, erklärte ein Tierpfleger, dazu wurde Aufnahmen von Reginas Flügeln gezeigt, die sich wölbten, nicht schlugen, vielmehr sah man geballte Muskeln unter den Federn, dann strich sie so dicht über den Pfleger hinweg, dass es fast ein Angriff war. Mit einer kräftigen Bewegung ihrer Schwingen – sie genoss die Freiheit – erhob sie sich vom Boden und stieg in den Himmel.

Eva blätterte ein paar Zauberbücher ihrer Großmutter aus den Regalen durch, während sie Regina beobachtete; sie durchstöberte *Entfesselt! Das Leben großer Illusionisten und Wunderwirker und ihre Methoden*. Dann schlug sie das Buch *Magische Fesseltricks und Entfesselung* auf, in dem es Schwarzweißzeichnungen und Schritt-für-Schritt-Anweisungen für alle möglichen Tricks gab, so für den »Racheknoten« und den »Trompetenknoten«.

Eva fröstelte und nahm das Buch mit, um es im Bad zu lesen.

Sie setzte sich in die blaue Wanne, ohne sich zu bewegen, sich zu waschen oder das Buch ihrer Großmutter zu lesen, stattdessen betrachtete sie gedankenverloren ihren Körper. Die Nachrichtensprecherin im Fernsehen redete immer weiter von einer Gruppe Demonstranten, die erreichen wollten, dass man Reginas Partner, Goldie, aus dem Zoo freiließ. Dann berichtete sie über den Regen und über Kriege in Afrika und einen Bombenanschlag auf einen Bus in der Türkei. Eine Motte flog gegen eine der Fallen vor dem Bad und blieb mit dem Flügel an dem gelben Klebstoff hängen, zappelte noch eine Weile und erschlaffte dann. Andere Motten, vermutlich die wegen ihrer starken chemischen Konkurrenten ignorierten Weibchen, sprenkelten die Badezimmerwände oder lagen feucht und tot in den Ecken der Wanne. Es wäre schön, einfach stundenlang im Bad zu liegen oder, besser noch, so lange wie möglich zu schlafen. Bis Luke bei ihr einzog, war Eva nicht klar gewesen, wie ungern er schlief. Obwohl sie sich zwei Jahre lang alle paar Tage getroffen, gemeinsame Urlaubsreisen unternommen, sich für verbunden und zusammengehörig gehalten hatten, hatten sie die grundlegenden Verhaltensmuster des anderen nicht gekannt, ehe die Sache mit dem Rohrbruch ihn zu Evas Tür getrieben hatte. Kein Wunder, dass er Anfälle bekam, dachte Eva. Wenn sie so wenig schlafen würde wie Luke, hätte sie wahrscheinlich auch Anfälle.

»Schlafen kannst du, wenn du tot bist«, sagte Luke

gewöhnlich, jetzt, da sie zusammenlebten und Eva häufig ein Nickerchen machte.

»Aber dann kann man es nicht mehr genießen«, erwiderte Eva. Luke verstand das nicht. Eva lag gern im Bett, ihr gefiel der Luxus, langsam in einen Zustand des Nicht-Seins zu versinken. Sie genoss die unterschwellige Phase zwischen Wachsein und Schlaf, wenn Gedanken neue Formen annahmen und vergessene Ideen auf eine Art in ihr Bewusstsein stiegen, die sie nur halb kontrollieren konnte. Sie träumte gern, doch am liebsten war ihr der friedliche Zeitraum vor dem Schlaf, wenn man fast träumte. Im Gegensatz dazu blieb Luke gern wach, die glasigen Augen auf seinen Computerschirm oder den Fernseher gerichtet, bis die Finger vor Koffein und Erschöpfung zitterten. Er kam nur ins Bett, wenn er völlig übermüdet war – vielleicht hatte es damit zu tun, dass er Dinge nicht gern halbherzig anging: Er würde gern schlafen oder wach sein, nicht in irgendeiner Zwischenwelt. Oder vielleicht hatte er einfach keine Freude am Schlafen. Wenn er wach war, bewegte er sich pausenlos – was im Schlaf kaum anders wurde. Wenn er wach war, lief er herum, tippte, putzte, arbeitete. Im Bett wälzte und drehte er sich, nuschelte, träumte. Immer schien er überflüssige Energie loswerden zu müssen, die beständig in ihm erzeugt wurde. Er schlief tief und fest, doch manchmal wurde er in den frühen Morgenstunden abrupt wach, wurde ganz starr, und der große Körper richtete sich kerzengerade auf. Ein- oder zweimal dachte sie, er hätte wieder einen Anfall, doch es waren nur Alpträume. Wenn Eva die Hand ausstreckte, um ihn zu berühren, war er häufig in Schweiß gebadet, doch sie vermutete (mit schlechtem Gewissen), dass sie die meisten seiner Alpträume verschlief. Gelegentlich wurde sie wach und hörte Luke um drei Uhr morgens in der Küche oder sah ihn im Schlafzimmer umherwandern, auch wenn sie nicht wach genug war, um zu ermessen, wie beängstigend sein Traum gewesen war. Er war nicht der Typ Mensch, von dem man annehmen würde, dass ihn nächtliche Ängste heimsuchten – er sah so robust aus, hatte so unverrückbare Ansichten, hielt den Schirm so gerade über seinem Kopf, und doch waren seine Alpträume furchtbar.

Weil Eva vor ihm schlafen ging und er vor ihr wach wurde, gewöhnten sie sich in dem Sommer, als Luke einzog, an, mitten in der Nacht Sex zu haben, beinahe automatisch, stumm im Dunkeln, und es am nächsten Tag nicht zu erwähnen. Er wagte es nie, Eva zu wecken, wenn er spätnachts ins Bett kam, doch wenn Stunden später durch die Ebenen des Schlafs eine ausgestreckte Hand ihre Haut berührte, gefiel es ihr, und sie reagierte im Halbschlaf, drehte sich um oder hob den Körper ein wenig oder machte das, was gerade nötig war, um eine Position einzunehmen, in der sie endlich ineinanderpassten. Wahrscheinlich war es kein gutes Zeichen, dass der meiste Sex in diesem Sommer halb unbewusst stattfand.

Die Türklingel weckte Eva. Luke schlief tief und fest und schnarchte neben ihr. Eva wusste noch, dass sie Regina im Fernsehen gesehen und im Bett gelegen und über Adler und Motten nachgedacht hatte, erinnerte sich aber nicht, gehört zu haben, wie Luke nach Hause kam, sie musste also am frühen Abend eingenickt sein. Wieder klingelte es an der Tür – zweimal rasch nacheinander –, und sie ließ den kühlen Saum ihrer Bettdecke zwischen den Fingern hindurchgleiten. Luke bewegte sich, als sie sich vorsichtig aufsetzte und ihre Zehen auf dem Teppich bewegte. Sie fröstelte in Shorts und einem von Lukes alten T-Shirts, stapfte zur Gegensprechanlage.

»Hallo?«

»Ich hab zu viel getrunken«, drang eine Stimme durch den Lautsprecher. Eva zögerte, verwirrt. Sie rieb sich die Augen.

»Wie bitte?«, sagte Eva, ein wenig wacher. Durch die Wohnzimmertür sah sie Lukes ordentlich auf dem Tisch ausgebreiteten Unterlagen und Post-its, er hatte also offenbar noch gearbeitet, als er nach Hause gekommen war.

»Kann ich raufkommen?«, sagte die Stimme. »Ich finde nirgends ein Taxi, und es regnet. Justin und ich hatten einen Mordsstreit.«

»Es ist vier Uhr morgens«, sagte Eva. Sie erinnerte sich nicht daran, dass sie Grace ihre Adresse gegeben hatte, es war aber auch ein verwirrender Nachmittag gewesen.

»Nur fünf Minuten.«

»Mein Freund schläft, du musst also leise sein«, sagte Eva durch das Haustelefon. Sie drückte auf »öffnen« und hörte, wie sich Grace vier Etagen unter ihr durch die Haustür in das Treppenhaus zwängte.

Hinter Eva knarrte eine Holzdiele, und Luke tauchte in einer Jogginghose hinter ihr auf. »Wer ist das?«, fragte er verschlafen vom Türrahmen aus. »Es ist spät.«

»Tut mir leid«, sagte Eva. »Geh wieder ins Bett, ich komme in zehn Minuten nach.«

»Aber wer ist es denn?«

»Die Frau, mit der ich neulich abends essen war«, sagte Eva, als sie die weißen Stufen in ihrer Wohnung hinunterging. »Sie findet kein Taxi.«

»Die Frau, mit der du essen warst?«, wiederholte Luke. Das Treppengeländer knickte oben nach links ab, wodurch eine Art Balkon entstand, von dem aus Luke nach unten in die winzige Diele sehen konnte.

»Freitag letzter Woche.« Eva öffnete die Tür und wartete auf die wackligen Schritte von Highheels auf Teppichboden. Sie knipste Grace das Treppenlicht an. »An dem Abend, als du einen Anfall hattest«, sagte Eva und legte den Kopf in den Nacken, sah zu Luke hoch.

»Ich dachte, du würdest sie nicht wiedersehen?«

Eva zuckte die Achseln.

»Ich will sie nicht hier oben haben«, sagte Luke. »Sag ihr, sie soll gehen.«

»Aber sie kommt schon rauf … sie findet kein Taxi.« Graces tapsige Schritte waren auf dem Treppenabsatz einen Stock unter Eva angelangt. »Sie ist in zehn Minuten wieder weg – wir werden dich nicht vom Schlafen abhalten, versprochen. Leg dich einfach wieder hin, und beachte uns nicht.«

»Sag ihr, sie soll nach Hause gehen«, forderte Luke.

»Wieso?«, sagte Eva. »Sie ist betrunken. Ich ruf ihr nur ein Taxi.«

»Sie ist nicht deine Freundin. Schick sie nach Hause.«

Doch Grace war schon auf der Treppe zum vierten Stock, und Eva lächelte sie an. Grace war angezogen wie jemand, der den Untergang der Titanic überlebt hatte, in einem schwarzen paillettenbesetzten Kleid, an den Handgelenken die bunten Armreifen.

»Hi«, sagte Eva zu Grace, die ihre Haare in einem Dutt trug wie schon in Chinatown, allerdings war der Knoten ein Stück den Nacken hinuntergerutscht. In nassen losen Strähnen hingen Haarnadeln, und sie hatte sich Rotwein über die nackten Beine und beigefarbenen Schuhe gekippt. Ihr Make-up war völlig verschmiert.

»Tut mir so leid, dass ich dich geweckt habe«, lallte Grace und erreichte die verstaubte Glühbirne auf dem Treppenabsatz vor Evas Wohnungstür. »Ich weiß, eigentlich kennen wir uns kaum, aber ich dachte mir, weil wir miteinander Zeit verbracht haben –« Sie verstummte.

»Was ist passiert?«, fragte Eva, wohl wissend, dass Luke oben lauschte.

»Ich hab mich mit Justin getroffen, und ich hatte absolut recht. Er hat Schluss gemacht, und dann war ich auf ’ner Party, hab mich aber –« Grace hielt inne.

»Besoffen?«, schlug Eva vor, der Grace mit ihrem nassgeregneten, ruinierten Gesicht leidtat.

»Besoffen«, bestätigte Grace. »’tschuldige, dass ich hier so reinplatze. Es ist spät, ich weiß.«

»Mach dir deswegen keinen Kopf.« Eva ging rückwärts wieder in ihre Wohnung und ließ Grace an sich vorbei in den Flur. Luke war verschwunden. Grace folgte Eva nach oben. Dort lehnte Luke im Türrahmen des Wohnzimmers, sein BlackBerry in der Hand.

»Ich rufe ihr ein Taxi«, sagte er, ohne sich Grace vorzustellen oder darauf zu warten, dass Eva sie miteinander bekannt machte. Er würdigte sie kaum eines Blickes, drehte ihnen einfach den Rücken zu, während er ins Wohnzimmer ging.

»Er meint das nicht so«, sagte Eva ein wenig verwirrt und verteidigte seine Unhöflichkeit gegenüber ihrem Gast. »Er hat morgen einen wichtigen Prozess vor Gericht.« Mit einem müden Lächeln bedeutete sie Grace, ihr in die Küche zu folgen. Sie setzte den Kessel auf, während Grace sich bückte, um ihre Stilettos auszuziehen. Ihre Nase tropfte, und sie schniefte, als sie die Schuhe quer durch die Küche trat, dann die Zehen streckte und eine der leeren Tasse nahm, die Eva für den Tee hingestellt hatte.

»Das Taxi ist in fünf Minuten da«, sagte Luke aus dem Nebenzimmer, und im selben Moment fiel Grace die Tasse aus den Händen zu Boden, wo sie um ihre nackten Füße herum zersplitterte. Beide Frauen erschraken. Luke steckte den Kopf zur Küchentür herein.

»O Scheiße«, sagte Grace, lächelte aber. Luke schwieg.

»Das macht nichts«, sagte Eva.

»Tut mir leid, Liebes«, sagte Grace.

»Pass auf die Zehen auf«, sagte Eva, holte unter der Spüle Schaufel und Handfeger hervor und machte um Graces Füße herum sauber. Grace hatte Flusen zwischen den Zehen, vielleicht von einer schwarzen Strumpfhose, die sie früher am Abend ausgezogen hatte. Eva konnte ihre Freundin riechen – kürzlich des Nylons entledigte Füße, Alkohol, warme Haut. Grace wackelte mit den unlackierten Zehen und stand ansonsten ganz ruhig da, während Eva um sie fegte.

»Tut mir leid«, wiederholte Grace.

»Sie war hässlich«, sagte Eva. »Bin froh, dass ich die Tasse los bin.«

Als der Kessel dampfte, stand Eva auf. Sie holte noch eine Tasse, goss ihnen beiden Tee auf und fügte Milch hinzu. Grace fuhr sich mit den Fingern durch die Haare. Sie schniefte noch einmal und wischte sich die laufende Nase mit dem Handrücken ab, griff dann nach der Tasse.

»Ihr Taxi ist da«, sagte Luke, der wieder in der offenen Küchentür auftauchte. Sekunden später klingelte es an der Tür. »Ich finde, deine Freundin sollte gehen.«

»Aber sie kann doch kaum stehen«, widersprach Eva. »Lass sie ihren Tee trinken, dann rufe ich ihr in ein paar Minuten ein Taxi, wenn sie ein bisschen nüchterner ist. Sag dem Taxifahrer, wir brauchen ihn nicht.«

»Genau, Luke«, sagte Grace mit einem schiefen Lächeln in seine Richtung. »Wir sind auch mucksmäuschenstill«, flüsterte sie ihm zu. »Großes Indianerehrenwort.«

»Tut mir leid, aber ich habe morgen einen wichtigen Gerichtstermin«, sagte Luke. »Mir wäre es lieber, sie führe nach Hause.«

»Ich verspreche, dass ich keine Szene mache, wenn ich bleiben darf«, sagte Grace, deren Unterlippe sich vorwölbte, als schmollte sie. »Du hast deine Freundin gehört, ich bin zu betrunken, um nach Hause zu fahren. Wenn du mich heimschickst, bleib ich einfach bis zum Morgen auf eurer Türschwelle sitzen.«

Luke zögerte, dann machte er auf dem Absatz kehrt. Er ging nicht zurück ins Schlafzimmer, sondern ins Wohnzimmer. Grace, mit großen Augen, fing leise an zu kichern.

Eva ging ins Bad, um ihrem Gast etwas Klopapier für ihre Nase zu holen, die sie sich ständig an der Hand abwischte. Grace folgte ihr, hockte sich auf die Brille und pinkelte, während Eva sich abwandte, nicht recht wusste, wo sie hinsehen sollte. Zuletzt hatte jemand so etwas im Kindergarten vor ihr gemacht.

»Glaubst du, Luke würde sauer werden, wenn ich ein Bad nähme?«, fragte Grace, die immer noch pinkelte. »Das ist immer das beste Heilmittel, wenn man am Arsch ist.«

Eva sah über die Schulter Richtung Wohnzimmer, dann wieder auf Grace, als die ihr Höschen hochzog. »Beachte ihn einfach nicht«, sagte Eva. Sie streckte die Hand nach dem Wasserhahn aus, um das Badewasser einlaufen zu lassen, ging dann raus, um ein sauberes Handtuch zu suchen. Als sie zurückkam, streifte Grace einen Armreif nach dem anderen von ihren Handgelenken und stapelte sie im Waschbecken.

»Bleibst du kurz bei mir?« Grace stieg bekleidet in die halbvolle Wanne, während das Wasser noch lief. Knöcheltief im Badewasser stehend, zog sie ihr Kleid über Körper und Kopf und setzte sich. Das Bad wurde nur vom Licht der Straßenlaterne erhellt, und im Halbdunkel schimmerte Grace in dem bläulichen Wasser glatt wie ein Aal. Unter der gebräunten Haut zeichneten sich ihre Rippen deutlich ab, und sie hatte trockene Lippen.

»Macht es dir etwas aus, einfach nur bei mir zu sitzen?«, flüsterte Grace. »Ich mag dich. Wenn du da bist, werde ich ruhig. Nur eine Minute. Bald bin ich nüchtern.« Das Wasser lief über Graces Beine, und Eva setzte sich auf den geschlossenen Klodeckel, dachte an die von Schlangen und Tauben umgebene Assistentin des Zauberers im Nirgendwo. Sie verspürte eine gewisse Synergie, eine unerwartete oder unerwünschte Initimität.

»Also, was ist passiert?«, fragte Eva und knipste die Spiegelbeleuchtung an. Graces Pupillen waren unwirklich groß, nur ein schmaler brauner Streifen Iris umgab den schwarzen Fleck im Zentrum.

»Genau wie ich dachte. Er hatte die Nase voll. ›Es liegt nicht an dir, sondern an mir – aber eigentlich liegt's an dir.‹« Grace schaute weg, auf ihre Hände im Badewasser, sah sich dann um. »Du bist so witzig, du hast im Bad eine *London Review of Books*. Ich kann mir gut vorstellen, wie du in der Wanne liegst und liest«, flüsterte Grace. An der Wand, gegenüber des Wasserhahns, standen auf drei Regalbrettern zähflüssige Kosmetik und altes Make-up. Dort lag seit Ewigkeiten eine zerknitterte Ausgabe der *LRB*, am Rücken umgeknickt. »Ihr beiden seid schlampig«, sagte Grace und nahm die zerknitterte Zeitung von ihrem Platz.

»Ich bin schlampig«, sagte Eva. »Und ziehe Luke mit in den Abgrund.«

Grace blätterte durch die Seiten und machte bei den Kleinanzeigen halt. »New Yorkerin (klug, schön, humorvoll)«, las sie vor, »sucht Mann (klug, gutaussehend, humorvoll), der auch in New York lebt und *LRB*-Leser ist, mit dem sie all das tun kann, was Leute machen, wenn sie sich im Big Apple verlieben. Frau, 45.« Grace hielt inne. »Aktive, attraktive Lady (32)«, fuhr sie fort, »kurvenreich, aufgeschlossen, sehr kultiviert und gebildet, sucht aufmerksamen Gönner zur Verfolgung und Umsetzung von Projekten in beidseitigem Interesse.«

»Dickes Mädchen sucht Bargeld«, übersetzte Eva.

»Das werde später mal ich sein«, flüsterte Grace. »Ich habe letzte Woche meinen vierzigsten Geburtstag gefeiert, indem ich meine Sammlung von Vogelhäuschen katalogisierte. Nächstes Jahr hoffe ich auf alternative Aktivitäten. Und auf eine Torte. Schließen Sie sich mir auf meiner Einladungs-Mailingliste Nr. 6831 an. Mann, 65.«

»Sex *und* Torte ist einfach nur gierig«, sagte Eva.

»Wenn ich jetzt gerade an einem beliebigen Punkt in der Zeit sein könnte, wäre es der 17. Dezember 1972. Ich habe meine Gründe. Mann, 57. Postfach Nr. 1553.«

»Wo würdest du gern sein?«, fragte Eva.

»Keine Ahnung«, sagte Grace und ließ die LRB neben der Wanne zu Boden fallen. »Ich komm nicht damit klar, wie elend ich mich die ganze Zeit fühle. Solange ich von Leuten umgeben bin, geht's mir meistens gut, aber wenn ich allein bin, fühle ich mich so *traurig* – so schuldig. Wenn ich mir irgendeinen Zeitpunkt aussuchen könnte, wäre ich am liebsten immer noch ein Kind. Klein. Zehn

Jahre alt. Damals war ich glücklich. Damals waren wir alle glücklich.«

»Warum hast du Schuldgefühle?«

Ein Schulterzucken. Eva wunderte sich ein weiteres Mal darüber, wie durchscheinend Graces Haut in dem bleichen Licht aussah, das von den blauen Fliesen und dem schäumend blauen Wasser reflektiert wurde. Es kam ihr vor, als wäre Grace aufblasbar – die Wanne und das Wasser, Evas Kosmetika und Schwämme, aus allem ließe sich mit einem Nadelstich die Luft ablassen. Auch Grace würde in sich zusammensacken, wenn man ihr mit einer Nadel in den Mund über dem Wasserspiegel pikte.

»Hast du Netball gespielt?«, flüsterte Grace Eva nach der Pause zu. »In der Schule?«

»Ich war Torfrau.«

»Na klar. Ich war Center.«

»Na klar.«

»Im Bad die *London Review of Books* lesen und unsere Charaktereigenschaften anhand von Netball-Positionen während der Schulzeit definieren.« Grace lächelte und tauchte den Kopf ins Badewasser, die glänzenden Umrisse ihres Körpers hoben sich über die Wasseroberfläche und sanken wieder, als ihr Gesicht an die Luft kam und sie gähnte. Sie strich sich eine nasse blonde Haarsträhne hinters Ohr und sagte: »Was sind das für gelbe Dinger?«

»Mottenfallen«, antwortete Eva.

»*Natürlich*«, sagte Grace lächelnd und zog die Augenbrauen hoch. »Kann Luke nebenan hören, was wir sagen?«

»Nö, wir waren leise«, sagte Eva. »Keine Bange. Außerdem arbeitet er bestimmt. Er hat das Konzentrationsvermögen eines Buddha.«

»Ja«, sagte Grace, hielt inne. »Ich sollte mir jetzt wohl ein Taxi nehmen.«

»Du kannst gern im Gästezimmer schlafen, wenn du möchtest«, sagte Eva in der Hoffnung, Grace würde nicht annehmen, doch sie hatte genug Mitleid, um es ihr anzubieten.

»Es tut mir wirklich leid«, sagte Grace. »Alles tut mir so leid.«

»Das ist doch überhaupt kein Problem«, sagte Eva, und das meinte sie ernst. Graces Lippen waren aufgeweicht und hatten fast dieselbe Farbe wie ihre absolut geraden, zu großen Zähne. Sie wirkte wie eine gespenstische Version ihrer selbst, eine Zeichnung, in der die Farben noch fehlten.

»Du warst wirklich nett.«

»Gern geschehen.«

»Das Wasser ist ganz kalt«, sagte Grace. »Gibt's was Schlimmeres als kaltes Badewasser?« Ohne zu blinzeln, schaute sie zu Eva hoch. Der erste Lichtschimmer fiel durch das Fenster, und Eva sah das Haarbüschel zwischen Graces Beinen, die dunklen Höfe um ihre Brustwarzen wie die Oberfläche des Mondes und die trockene Haut ihres Halses.

»Rufst du mir ein Taxi?«, fragte Grace. »Ich komme raus aus der Wanne.«

»Klar.«

Eva ging ins Schlafzimmer, nahm ihr Telefon vom Nachttisch, setzte sich aufs Bett und lauschte, wie das

Badewasser durch die uralten Rohre des Hauses gluckerte. Gerade wollte sie ein Minicab rufen, als sie hörte, wie sich die Badezimmertür öffnete. Als ihre Freundin draußen im Korridor etwas sagte, stand sie vom Bett auf. Sie ging zur Tür und wollte Grace gerade bitten, ins Schlafzimmer zu kommen, doch im Flur stand Luke Grace gegenüber, die Eva den Rücken zuwandte.

Sie hatte gerade etwas zu Luke gesagt – es geflüstert –, und als Reaktion darauf packte er sie mit einer Hand grob am Oberarm. Der den ganzen Rücken hinunterreichende Reißverschluss ihres Kleides stand offen, ein schlabbriges Y, noch nicht fertig angezogen. Die Rundung ihres Hintern wurde nur knapp von dem glitzernden Stoff ihres Rocks bedeckt, der nach oben rutschte oder noch nicht richtig nach unten gezerrt war.

Eva konnte Graces Gesicht nicht sehen, nur Lukes starre Lippen und tiefliegende Augen, während seine Hand die nackte rosa Haut von Graces Arm umfasst hielt.

»Nimm deine Hand da weg«, sagte Grace. Als er losließ, stolperten ihre langen feuchten Beine ein paar Schritte rückwärts auf Eva zu. Dann fing sie sich wieder.

»Luke«, sagte Eva und ging auf die beiden zu. Grace wandte den Blick nicht von Luke; sie nahm ihre Schuhe, schlüpfte in ihren Regenmantel und zog den Gürtel um die Taille zu, dann eilte sie die Treppe hinunter. Sie verabschiedete sich nicht, rannte einfach so schnell wie möglich aus der Wohnung, während Eva oben stehen blieb. Zuerst knallte die Wohnungstür zu, dann die Haustür. Stille senkte sich herab, ein plötzlicher Energieverlust, und Eva hörte nur noch die letzten Badewasserreste durch die Rohre rauschen.

Wortlos ging Eva zum Wohnzimmerfenster und sah unten Grace auf wackligen Beinen davongehen, zuerst barfuß, dann schlüpfte sie in ihre Schuhe, gegen eine Straßenlaterne gelehnt. Es nieselte, ein feuchter Schleier dämpfte das frühmorgendliche Licht. Badewasserdampf und Regenwasser hatten Graces glattes Haar vorn kraus werden lassen. Wie sie kurz auf einem Bein balancierte, erinnerte sie Eva an einen Flamingo – und Eva fiel ein, dass sie denselben Gedanken schon einmal gedacht hatte. Ihr Atem ließ eine Stelle auf dem Glas des Wohnzimmerfensters beschlagen, die größer wurde und wieder schrumpfte.

»Sie ist eine alte Freundin aus Devon«, sagte Luke hinter ihr.

»Warum hast du mir das nicht in dem Moment gesagt, als sie reinkam?«, fragte sie leise und beobachtete, wie Grace in Soho verschwand.

»Ihren Eltern gehörte die Farm neben der Farm meines Dads, darum waren wir als Kinder und Jugendliche so was wie Freunde. Auf Catherines Verlobungsparty sind wir uns zum ersten Mal seit Jahren über den Weg gelaufen, und seitdem versucht sie ständig, Kontakt aufzunehmen.«

»War sie die Frau, mit der du dich vor dem Pub unterhalten hast, die in der roten Jacke?«

»Ja, stimmt. Du hast das gesehen?«

»Ja.«

»Warum hast du nichts gesagt?«

»Ich dachte, wenn es wichtig gewesen wäre, hättest du es erwähnt.«

»Es war nicht wichtig. Sie ist eine alte Freundin, mit der ich weder besonders gut zurechtgekommen bin noch gern reden wollte.«

»Es überrascht dich nicht, dass wir beide Zeit zusammen verbracht haben?«

»An dem Abend, als du mit ihr essen warst, stand ich vor dem Restaurant und sah euch durchs Fenster. Deshalb bin ich nicht reingekommen. Sie wollte, dass ich dort hereinspaziere und schockiert bin, diese Genugtuung sollte sie nicht haben.«

»Das hast du auch nicht erwähnt.«

»Ihr gegenüber schon. Ich habe ihr gesagt, sie solle uns in Ruhe lassen«, erzählte Luke, drehte die Handflächen nach oben und gestikulierte durch die Wohnung, als wäre Grace noch immer da, unsichtbar. »Sie war schon immer ein Alptraum. Ein Alptraum als Kind, ein Alptraum als Jugendliche.«

»Sie war bei dir, als du dir diese Wohnung zum ersten Mal angesehen hast«, stellte Eva fest. »Damals waren ihre Haare schwarz, nicht blond.«

»Daran habe ich gar nicht mehr gedacht.« Ein Achselzucken. »Wir sind in Kontakt geblieben. Mal mehr, mal weniger. Unsere Väter sind befreundet.«

»Du hast damals behauptet, sie sei deine Schwester.«

»Sie ist nicht meine Schwester«, sagte Luke, rang sich dann ein Lächeln ab. »Das sagte ich, um klarzustellen, dass sie nicht meine Freundin war. Damit du mit mir essen gehen würdest.«

»Warum hast du mir nicht gleich, als sie die Treppe raufkam, gesagt, dass du sie kennst?«

»Wegen dem ganzen *Aufriss*«, sagte Luke gereizt. »Weil sie sich mit dir angefreundet hat und hier auftaucht. Sie macht aus allem gleich ein Drama, sie glaubt, die Welt dreht sich nur um sie. Sie will einfach nur eine Szene machen. Die Gelegenheit wollte ich ihr nicht bieten.«

»Das hat ja nicht besonders gut funktioniert«, sagte Eva. Mit den Fingerknöcheln berührte sie die Fensterscheibe hinter sich, die kalt war. Draußen färbte sich der Himmel über Soho allmählich rosa. In der Entfernung hörte sie das Rauschen von Autos, eine Polizeisirene schwoll an und wurde leiser. »Was hat sie gesagt, ehe du sie am Arm gepackt hast?«

»Sie sagte, du seist entzückend.« Luke kratzte sich am Kinn.

»Entzückend?«

»Ja.«

Eva drehte sich mit dem Gesicht zum Fenster. In einer Einfahrt wachte eine getigerte Katze auf und gähnte, die Pfoten auf dem Kopfsteinpflaster ausgestreckt, als wolle sie die Regentropfen angreifen.

Weder Eva noch Luke schliefen in dieser Nacht wieder ein, doch sie lagen Seite an Seite und hörten einander atmen, während Regen aufs Dach fiel. Gemeinsame Schlaflosigkeit hat etwas besonders Widerwärtiges, wenn man weder wach genug ist, um mit dem Menschen zu reden, mit dem man im Bett liegt, noch ruhig genug, um zu träumen. Man liegt einfach da und bemüht sich, nicht zu zappeln, und rät, worüber sich der andere Gedanken macht. Evas Augen waren fest geschlossen, als sie sich wieder einmal Sophia vorstellte, wie sie in dem Paralleluniversum gegenüber von Echo Books ein Bad nimmt – mit einem entrückten Ausdruck auf ihrem feuchten Gesicht, als der Dampf ihre Züge verschwimmen ließ. In Evas Phantasie tauchte Sophia ihre dürren Finger ins Wasser, umgeben von Rosensträußen, die in voller Blüte Sommergerüche eingefangen hatten, aber rasch zu Potpourri verdorrten. Sophias Finger waren schon immer irritierend geschickt bei Taschenspielertricks gewesen. Als Kind hatten sie darauf gebrannt, Manschettenknöpfe aus Manschetten zu lösen oder mit einer kurzen Drehung des Handgelenks und einem Lächeln als Ablenkung jede Geldbörse zu stibitzen. Als wäre das nicht genug Talent für ein einzelnes Mädchen, hatte Sophia außerdem einen äußerst gelenkigen Körper, den sie wie beim Origami zusammenfalten und in den kleinsten Lücken verstecken konnte. Sogar ihre Eltern waren der Ansicht, dass es etwas Verwirrendes hatte, wenn sie verschwörerisch vor sich hin lächelnd durch die Straße ging oder mit einem Blinzeln ihrer großen Augen Wüstenblumen verschwinden ließ. Der einzige Mensch, der die heranwachsende Sophia verstand, war ein Junge, der eines Sommers mit dem Zirkus durch ihr Dorf kam: Dante brachte ihr bei, wie man eine Taube aus dem Nichts auftauchen ließ, wie man die Taube in ein Kaninchen verwandelte und wie man das Kaninchen verschwinden ließ.

In der Badewanne des Paralleluniversums im Scorpio Club dachte sie an ihren Geliebten und ihren ersten gemeinsamen Sommer, und die zauberäugige Sophia fing an zu weinen. Sie senkte den Kopf ins Badewasser, um damit aufhören zu können, doch als sie wieder auftauchte, krochen große, wenig elegante Tränen ihr Gesicht hinunter und steckten in den Mundwinkeln fest, ehe sie in die Wanne plumpsten. Auf dem Fensterbrett leckte das nichtsahnende Kaninchen seine schwarzen Pfötchen.

Die Geschichte von Sophia und Dante half Eva auch nicht beim Einschlafen. Sie lauschte Lukes Atem und konnte nicht verhindern, dass die Unmengen imaginärer Tränen von Sophia in ihrem Kopf Pfützen bildeten. Sich selbst Geschichten zu erzählen, wenn sie nicht einschlafen konnte, hatte Eva sich als Zwölfjährige auf Bali angewöhnt, während eines Winters, in dem ihr Vater nur selten da war und ihre Mutter ständig an ihren Fingern knabberte, bis sie bluteten, und ins Nichts stierte, als suche sie etwas in einer anderen Welt. In Soho hätte ihre Großmutter Eva Geschichten erzählt, doch Evas Mutter hatte mit so etwas nichts am Hut. Ihr Schlafzimmer lag neben dem ihrer Mutter, und nachts hörte Eva sie herumschlurfen und weinen; statt zu schlafen, holte sich Eva nachts Bücher aus der Bibliothek, oder sie erfand ihre eigenen Geschichten. Später erfuhr sie, dass ihre Mutter in diesem Winter eine Fehlgeburt hatte, doch damals wusste Eva nicht, was los war. Hätte Eva einen Bruder oder eine Schwester gehabt, wäre vielleicht einiges anders gekommen. Wie Grace bereits festgestellt hatte, musste Eva nie lernen, ihre Wachsmalstifte mit anderen zu teilen. Zwischenmenschliche Beziehungen gehörten nicht zu ihren Stärken.

Der Winter auf Bali ist so feuchtwarm, dass sogar nachts und trotz laufendem Ventilator die Seiten von Evas Bibliotheksbüchern feucht waren, wenn sie sie umblätterte. Sie las *Jahrmarkt der Eitelkeit*: »Kommt, Kinder, wir wollen die Puppen wegpacken und die Kiste schließen, denn unser Spiel ist zu Ende.« Und sie las *Die Flügel der Taube*: »Wir werden nie wieder so sein, wie wir waren!«

»Und wie läuft so eine Abschiedszeremonie normalerweise ab, Jane?«, sagt Mr. Rochester zu Jane. »Zeigen Sie's mir, ich kenne mich da zu wenig aus.« – »Man sagt ›Leben Sie wohl‹ oder etwas anderes, was man eben so sagen will«, antwortet Jane. »Dann sagen Sie's.« – »Leben Sie wohl, Mr. Rochester, bis bald«, sagt Jane.

Und *Vom Winde verweht*: »Scarlett, es hat mir nie gelegen, Scherben aufzusammeln und zusammenzukleben und mir einzureden, das geflickte Ganze sei so gut wie neu«, sagt Rhett. »Was zerbrochen ist, ist zerbrochen.«

In jenem schlaflosen Winter las Eva *Wer die Nachtigall stört* und *Die Glasglocke* und *Lolita*: »Ein letztes Wort«, sagt Humbert-Humbert verzweifelt, als er gegen Ende die dickbäuchige und barfüßige Lolita findet, »bist du ganz, ganz sicher, dass du nicht doch – nun, natürlich nicht morgen und nicht übermorgen … aber …

nun … eines Tages, egal wann … zu mir kommst und mit mir lebst?«

»Nein«, sagte Lolita lächelnd, »nein.«

Der dritte Mann, den Eva verließ, war wohl der erste gewesen, den sie geliebt hatte. Aden war ein ewiger Student, zehn Jahre älter als sie. Sie hatte auf den Stufen der St. Paul's Cathedral mit ihm Schluss gemacht. Sie war ein halbes Jahr mit ihm zusammen gewesen – damals ein persönlicher Rekord –, und ihn zu verlassen, war dem am nächsten gekommen, was sie auf Bali als das Ende von Romanen gelesen hatte, und einigen der Trennungsszenen in Liebesromanen, an denen sie später als Lektorin arbeitete. Darin gab es nach etwa zwei Dritteln des Buches immer einen leidenschaftlichen Abschied. Kammerzofen taten es, ehe sie in Nonnenklöster geschickt wurden, damit sie dort die unehelichen Kinder von Fürsten bekamen, Werwölfe taten es in Gassen mit Vampiren, die sie nicht lieben durften, griechische Götter taten es mit Sterblichen, und Chefs taten es mit Sekretärinnen inmitten eines Schneesturms vor einem Opernhaus. Tränen wurden *vergossen*, die bevorstehende Trennung *dräute*, Finger *gruben sich verzweifelt* in Fleisch, wollten keinesfalls loslassen. Eva tat es mit Aden, während sie auf der Treppe vor der St. Paul's Lucky Strikes rauchte, und sie berührte ihn wie eine Blinde, die ein Gesicht auswendig lernte. Sie zählte die Sommersprossen auf seiner Hand und konnte sich nicht vorstellen, je einen anderen Menschen so zu lieben wie ihn. Sie wusste nicht mehr viel vom ersten Mal, als sie sich geküsst oder geliebt hatten, aber sie erinnerte sich auch noch an das winzigste Detail des letzten Augenblicks, von dem Riss in seiner Hose in Kniehöhe bis hin zu dem schwachen Zigarettengeruch seiner Haut, als sie ihn umarmte. Sie wusste noch, wie er zur Seite geschaut hatte, als sie sagte, sie sei nicht mehr glücklich.

»Ich mache dich nicht glücklich«, wiederholte er, mehr zu sich als zu ihr, während er mehr auf die Kirchentreppe als auf sie schaute. »Gibt es einen anderen?«

»Nein«, sagte Eva. Sie hatte ihm den Laufpass gegeben, weil er sich in einer anderen Lebensphase befand als sie, eine stabilere Welt suchte, während sie gerade erst die Welt entdeckte, nach der ihr vielleicht der Sinn stand. Er war eifersüchtig, ständig gerieten sie aneinander, versöhnten sich wieder, immer gab es Ärger. Doch nachdem sie ihn verlassen hatte, war das alles nicht mehr von Bedeutung. In den zwei Wochen nach der Trennung schrieben sie einander mehr E-Mails als in den sechs Monaten zuvor. Der langsame Trennungsprozess, als ihre Leben sich voneinander lösten, als der Riss zwischen ihnen immer breiter wurde, war zweifellos angenehm: Es brachte ihre Haut zum Kribbeln. Sobald er weg war, war sie aufgekratzt und vergnügt gewesen, als könne sie fliegen. Je fester der Griff, desto größer war vielleicht die Erleichterung beim Loslassen.

Am Morgen, nachdem Grace am Silver Place aufgetaucht war, ließ der Regen für ein paar Stunden nach, und Eva ging mit einem Schirm bewaffnet zur Arbeit. Wenn der Tag anbrach, war Soho jedes Mal ausgelaugt und auch ein wenig ratlos. Büroangestellte hatten ihre Mantelkragen gegen die Spuren der letzten Nacht hochgeschlagen, die immer noch da waren, wenn man ein Auge dafür hatte – ein Schuh, eine zerbrochene Bierflasche, ein Flyer im Rinnstein. Auf dem Titelbild von *Metro* sah man ein Foto von Reginas ausgebreiteten Schwingen mit den messerförmigen Federn, als sie eine nichtsahnende weiße Ente angriff. Eva riss die Seite heraus und stopfte sie in ihre Jackentasche, wo auch der andere Artikel über Regina noch zwischen Papiertaschentüchern, Pennys und einem Fünf-Pfund-Chip aus dem Golden Gate Casino steckte.

Vor den Büros von Echo Books bohrten Straßenarbeiter mit einem riesigen Presslufthammer den Gehsteig auf, und die Luft war voller Betonstaub. Im Eingangsbereich der Verlagsräume wurde ein loses Stück Teppichboden von einem fünfhundert Seiten dicken Wälzer mit dem Titel *Das Paradies-Motel* am Boden gehalten, und ein Stapel Versandtaschen, die allesamt ein Buch namens *Champagner-Unterwerfung* enthielten, warteten darauf, als Rezensionsexemplare verschickt zu werden. Eva nuschelte ihrer Chefin ein guten Morgen zu, die sich in ihrer Höhle zur Linken verbarg. Sie stammte noch aus einer Zeit vor dem Fitness- und Gesundheitswahn, deshalb rauchte sie in ihrem Büro Kette, ein grauer Schleier waberte unter der Tür hervor. Das

Büro neben ihrem war das ordentliche Zimmer der Vertriebsleiterin, in dem es nach Kerzen mit Rosenduft roch, um Bücherstaub und Zigarettenmief zu überdecken. Die Vertriebsleiterin sprach am Telefon gerade über ein Liebesroman-Festival in Cornwall, wo bald die Hälfte der Autoren und Autorinnen von Echo Books auftreten würde. Zu den Themen gehörte »Die Geschichte der Werwölfe in der westlichen Literatur« und »Wie bastle ich mir in fünf einfachen Schritten einen Mann«.

Evas Bürotür wurde von weiteren Echo-Romanen offen gehalten: *Rezepte für ein gebrochenes Herz*, *Nur Narren verlieben sich*, *Der Duft des Hasses*. An der Korkpinnwand über ihrem Schreibtisch steckten lauter dunkeläugige Männer und rosawangige Frauen, die verführerisch und mit Schmollmündern den Betrachter über die Schultern anblickten. Eva wusste nicht genau, wie diese Cover entstanden. Sie hatten zwei Graphiker in Jersey, die sie wie am Fließband ausspuckten, vermutlich die Bilder von irgendeiner Fotoagentur im Netz kauften und dann mit Photoshop verschiedene Hintergründe einfügten, allerdings stellte sich Eva gern vor, dass diese Graphiker die Fotos selbst aufnahmen, vielleicht in irgendeinem obskuren Kelleratelier voller Baseballschläger, Katzenkostümen, Vampirzähnen und verschiedener Kulissen, darunter Strände, lodernde Kaminfeuer, das Meer und mit roter Seide bedeckte Himmelbetten. Vier große Kisten mit Korrekturfahnen standen bereit für den Altpapiercontainer, doch sie standen bereits so lange da, dass sie beinahe zum Mobiliar gehörten. Eva stieg über die Kisten, zog sich einen von drei Stühlen heran, auf denen sie noch mehr Papier stapelte, und nahm vor einem Buch Platz, mit dessen Lektorat sie gerade begonnen hatte und das den Titel *Die Piratenbraut* trug. An diesem Morgen sahen die winzigen Buchstaben, versehen mit jeder Menge roter Schnörkel an den Rändern nicht gerade einladend aus. »Serenity wischte sich kokett die verschwitzten Hände an dem dünnen Stoff ihres Nachtgewandes ab, das die Konturen ihrer üppigen Oberschenkel umschmeichelte und im Mondschein verführerisch wallte.« Eva nahm ihren roten Stift zur Hand und verwandelte Serenitys »leuchtend violette Augen« in »leuchtend azurblaue Augen«, damit die Augenfarbe der Protagonistin überall im Text gleich war, wurde aber durch den Presslufthammer abgelenkt, der unter ihrem Fenster wieder loslegte. Gähnend stützte sie ihren Kopf in die Hände, die Ellenbogen rechts und links vom Manuskript auf den Tisch gestützt. »Serenity spürte, wie sich auf ihrem Alabasterhals eine Gänsehaut ausbreitete.« Auf einer alten Kaffeetasse neben Evas Computer breitete sich eine Schimmelkultur aus. Sie sollte nach unten gehen und sie spülen. »Ein Zucken durchfuhr Serenitys Körper, und ihr Blick verweilte auf der Tür ihres Schlafgemachs.«

Eva blickte vom Manuskript auf und schaute aus dem Fenster auf den Scorpio Club mit seiner dunklen Fensterreihe. Sie dachte an Graces ausgeprägte Rippen im Bad, die geweiteten Pupillen und aufgesprungenen Lippen. Sie stellte sich vor, wie Luke vielleicht die Haut berührte, die sich über dieser Knochenleiter spannte, eine Rippe nach der anderen betastete, vielleicht Graces großen Mund küsste, ihren schlanken Körper, ihren gebogenen Hals, als sie sich emporreckte, um ihm etwas ins Ohr zu flüstern. Im frühen Licht dieses Morgens, als Luke sich seinen grauen Anzug und die schmale Krawatte anzog, hatte keiner von ihnen Grace erwähnt. Er hatte Eva auf die Stirn geküsst, seine Schnürsenkel gebunden und Toast gegessen, während ihn seine Sekretärin am Telefon darüber informierte, dass die Verhandlung in einem anderen Saal stattfand. Dann hatte er seinen Rollkoffer mit seiner Anwaltskleidung genommen und war zur Arbeit gegangen. Eva duschte in der Wanne, in der wahrscheinlich immer noch Spuren von Grace waren, Hautschuppen und ihr Geruch.

»Serenity lechzte nach ihrem Geliebten. Als sie sich schwankend aufrappelte, brannten bittere Tränen in ihren Augen, und sie sehnte sich nach diesem betörenden Augenblick der Vereinigung …«

Früher am Morgen, im Halbschlaf hatte Eva die Assistentin des Zauberers schluchzend in der imaginären Badewanne des Scorpio Clubs zurückgelassen. Wenn Sophia die letzten Stunden immer so weitergeweint hätte, würde das Badewasser inzwischen vielleicht überlaufen, würden Seifenblasen und lose Hautpartikel über den Wannenrand fließen, sich bis nach draußen in den Flur ergießen, während beglückte Schlangen hinter Vorhängen oder Schranktüren hervorglitten, um sich in der Nässe zu wälzen, und ein paar trübsinnige Kaninchen mit triefenden Pfoten herumtapsten, um nachzusehen, was los war. Weiße Tauben kreisten über der Flut. Auf dem Boden liegende Rosensträuße wurden emporgeschwemmt und trieben auf dem Wasser.

»Hör auf zu weinen! Hör auf zu weinen!«, riefen Stimmen, doch Sophia schluchzte so heftig, dass sie nicht aufhören konnte, selbst wenn sie es gewollt hätte. Während die Assistentin des Zauberers in der Badewanne des Scorpio Clubs weinte, bemerkte in den anderen Dimensionen der Realität niemand – nicht die Büroangestellten und Bauarbeiter und Redakteure und Verkäuferinnen und Touristen auf der Goodge Street –, dass der Club zu schwitzen schien. Der Türsteher vor der Haustür rauchte auf seinem Hocker weiter Kette und hörte weder den Tumult im Inneren des Gebäudes, noch merkte er, dass er seine Asche in ein zentimeterhohes Rinnsal aus Seifenwasser abstreifte, das über den Gehsteig kroch und auf dem gelegentlich eine Spielkarte an seinen Füßen vorbei Richtung Rinnstein trieb. Erst als er seine Zigarette ausdrückte, fiel ihm auf, dass ein Pik-Ass unter der Haustür durchgerutscht war, gefolgt von ein paar welken Rosenblütenblättern.

Der Türsteher runzelte die Stirn noch stärker als gewöhnlich, als er glaubte, im Clubinneren Tumult zu hören – ein Aufheulen oder einen Schrei? Er griff nach der Klinke und öffnete die Haustür nur einen Spaltbreit, um hindurchzusehen, doch eine wadenhohe Springflut spülte ein nasses weißes Kaninchen an ihm vorbei.

Das pelzige Tierchen landete ein paar Meter rechts, vor dem Friseurladen, und hoppelte, verunsichert von Tageslicht und Nässe, tapsig herum. Ehe es fliehen konnte, hob der Türsteher das Kaninchen auf und drückte es an seinen Brustkorb, wo es seine Erleichterung spürte, sie aber nicht teilte.

In Evas Büro klingelte das Telefon und unterbrach ihre Überlegungen zu Überschwemmung und Zauberei. Eine Autorin wollte über den Umfang ihres Manuskripts reden, und Eva antwortete kurz angebunden, warf wenn nötig ein »Ja« oder ein »Nein« ein. Während die Autorin weiterplauderte, sah Eva vor ihrem inneren Auge Grace auf der anderen Seite des Brooks's Club drei Wochen zuvor – als ihre Lippen in genau demselben Farbton geschminkt waren wie die Blumen auf ihrem langärmeligen Kleid und wie sie nervös von einem Fuß auf den anderen getreten war, ständig ihre Haare hinter die Ohren gestrichen hatte. Grace hatte sich mit dem Autor unterhalten, der neben einem Tisch mit seinen Büchern stand. Eva erinnerte sich nicht mehr genau an den Titel: *Auswärtige Affären*? *Eskapaden*? *Angelegenheiten*? Sie gab bei Amazon »Auswärtige Angelegenheiten« ein und fand einen Reisebericht und ein Sachbuch über die Geschichte der amerikanischen Diplomatie. Sie machte aus den »Angelegenheiten« ein »Eskapaden«, und schon wurde die Kolumnensammlung des Journalisten angezeigt. Grace hatte gesagt, sie mache die Öffentlichkeitsarbeit für das Buch, und tatsächlich, als Eva auf die Website des Verlags ging, stand ganz unten auf der Seite: »Presseanfragen: Grace.Taylor@Spidermedia.co.uk«. Offenbar war Spider Media eine PR-Agentur, die hauptsächlich für Kunden aus der Kunstszene und dem Verlagswesen arbeitete.

Es war schon elf Uhr, und Eva hatte erst zwei Seiten von *Die Piratenbraut* geschafft. Auf der anderen Seite der Brücke in Southwark war Luke jetzt schon seit anderthalb Stunden in der Verhandlung. Das Gericht tagte jeden Morgen ab halb zehn und an den meisten Nachmittagen ab zwei. Eva versuchte sich Lukes Gesicht vorzustellen, über dem die absurde Perücke aus Pferdehaar thronte, ihre Löckchen ringelten sich um seine in Falten gelegte Stirn. Die Perücke sah an ihm besonders albern aus, weil seine schwarzen Stoppelhaare sich beständig gegen das fremde weiße Zeug auf seinem Kopf sträubten. Eva steckte *Die Piratenbraut* in ihre Tasche und teilte ihrer Chefin mit, wegen des Lärms draußen werde sie zu Hause weiterarbeiten. Bei Echo Books ging es so chaotisch zu, dass es normalerweise keinen kümmerte, wie viele Stunden sie arbeitete, solange es in den Büchern keine Tippfehler gab und sie pünktlich abgegeben wurden.

Eva ging im Nieselregen über den Portland Place in den Regent's Park, und ihr fiel ein, wie Luke Regina »kokett« genannt hatte, weil sie vor drei Wochen im Sturzflug angesaust kam, als sie verkatert hier entlangspaziert waren. Und vier Tage später: »Ich muss wirklich zurück auf diese blöde Party. Ich warte auf jemanden«, hatte Eva Grace im Inneren der Toilettenkabine bei Brooks's sagen hören. Bei dem Gedanken, dass Grace auf sie gewartet hatte, dass Grace sie ganz bewusst eingeladen hatte, wurde es Eva mulmig.

An einem Mittwochmittag war der Park leer, sah man von der einen oder anderen Mutter mit Baby und älteren Paaren ab, die ihre Hunde Gassi führten. Eva bog nach der York Bridge links ab zum hinteren Teil des Sees, über sich den tiefhängenden grauen Himmel. Stockenten mit pfauenblauen Köpfen duckten sich im Gras, und Reiher mit knorpligen Knien wateten durch das seichte Wasser in Ufernähe. Während Eva dem Flusslauf folgte, vorbei am Winfield House, kamen ein paar einsame blaue Ruderboote in Sicht, in denen unter Schirmen Köpfe und Schultern hervorlugten, geschützt durch regenfeste Jacken. Eine Schar Möwen stieg abrupt auf und kräuselte das Wasser, unterwegs zu einer nahe gelegenen Insel. Einer der Vögel machte sich zur Landung auf einem der Fußballfelder bereit. Mit ihren schwarzen Flügelspitzen und dem ausgestreckten, spitz zulaufenden Kopf glich die Möwe einem kleinen Flugzeug.

Ein- oder zweimal im Jahr traf Eva ihren Vater im Renaissance Hotel am Flughafen Heathrow zum Essen, in dem Restaurant mit Blick auf eine Rollbahn, wo Singapore Airlines startete und landete. Sie klammerte sich an einem Getränk fest und beobachtete, wie sich die Scharen weißer Düsenflieger auf dem Asphalt hintereinander aufreihten, bis es an ihnen war, in die Wolken aufzusteigen. Ihr Vater war zwar nicht mehr im aktiven Flugdienst, gehörte aber inzwischen zum Management der Gesellschaft, war also immer noch viel unterwegs. Mit ihm zu essen war meist unentspannt. Er rutschte auf seinem Platz herum, verlangte mehr Salz oder andere Getränke oder mehr oder weniger Eis in seinem Whisky und stellte selten andere als nur die elementarsten Fragen nach dem Leben, das seine Tochter in London führte. Er war ein Zappelphilipp – zündete Zigaretten an, die er nicht aufrauchte, klopfte mit dem Fuß auf den Boden. Falls er doch etwas fragte, unterbrach er mit einem Kommentar oder der nächsten Frage, wenn die Antwort erst halb gegeben war. Um sie herum lachten Geschäftsreisende, große Gruppen teilten sich Weinflaschen, während Eva und ihr Vater Flugzeugen beim Starten oder Landen zusahen und er ihr Dinge über Motoren und Strömungstechnik erzählte, die sie nicht interessierten.

Wenn Evas Mutter nach London kam, was von Zeit zu Zeit geschah, war das Zusammentreffen sogar noch eigenartiger, weil Evas Mutter ihren Ehemann nicht aus den Augen ließ, während er sich wand und die Flugzeuge beobachtete. Nachdem sie sich jahrelang immer wieder von ihrem Mann verabschiedet hatte, betrachtete sie ihn – wenn sie ihn im Blickfeld hatte –, als würde er jeden Moment verschwinden, falls sie so leichtsinnig war, kurz die Augen zu schließen. Wenn Eva ihre Mutter sah, schien sie jedes Mal kleiner zu sein, ein Mensch, geschaffen aus etwas Substanzlosem, das sich allmählich auflöste. Eva nahm an, dass ihre Mutter seit jenem Winter auf Bali, als sie einen Monat lang im Bett geblieben war, ohne zu schlafen, Antidepressiva nahm. Sie sprach so leise, in einem beinahe vorwurfsvollen Ton, als überquere jeder Laut eine Leere, ehe er sein Ziel erreichte. Auch ihre Bewegungen waren langsam, genau wie ihre Gedanken. Sie ging, als hätte sie keine Wirbelsäule, als müsse sie bei jedem Schritt jemand aufrecht halten.

Im Regent's Park stieg noch ein Schwarm Möwen in den Himmel empor. Als Eva um die Ecke bog und die Brücke über den See betrat, bemerkte sie in der Senke hinter einer Wand aus Bäumen eine Menschenmenge.

»REGINA FLIEG FORT!«, stand auf dem Schild, das eine Frau mit Dreadlocks hochhielt. Erwartete diese Frau allen Ernstes, dass der Vogel einen Rat befolgte, den jemand mit Buntstiften in Großbuchstaben auf ein Stück Pappe gekritzelt hatte? Zwischen den Bäumen links vom Weg standen mehrere hundert Leute mit Feldstechern und Kameras.

»Wo ist sie?«, fragte Eva einen kleinen Jungen mit Topfhaarschnitt, der neben seinem Vater stand und in den Himmel spähte.

»Vor einer Stunde haben wir sie gesehen«, sagte der Junge. »Keine Ahnung, wo sie jetzt hin ist. Vielleicht fliegt sie nach Hause.«

»Nach Hause in den Zoo oder nach Hause nach Kanada? Ist sie nicht aus Kanada?«, fragte Eva, schaute nach oben und dachte daran, wie sie sich in ihrem ersten gemeinsamen Jahr mit Luke auf dem Primrose Hill das Feuerwerk zum Guy Fawkes Day angesehen hatte.

»Ich würde an ihrer Stelle an den Strand fliegen«, sagte der Kleine. »Ich finde den Strand toll.«

»Das ist eine gute Idee«, sagte Eva.

»Vor einer Stunde haben sie ein Häschen ausgesetzt, aber der Vogel hat es gar nicht beachtet, weil er heute Morgen einen Hund gefressen hat. Ehrlich, einen richtigen *Hund*«, sagte der Junge und grinste, so dass man eine Zahnlücke sah.

»Wie groß?«

»Ein kleiner Hund«, sagte der Junge. »Aber man hat Blut gesehen. Das hat jemand erzählt.«

Eine Kamera blitzte in der Menge, und hundert Kinne

schnellten ruckartig gen Himmel, doch da oben war nichts, abgesehen von Krähen, Wolken und fallendem Laub. »Man könnte meinen, sie wäre ein Wunder. Sie ist doch bloß ein Vogel«, bemerkte jemand. Ein Mann mit Schiebermütze machte sich anscheinend Notizen, ein Tourist in einem Poncho aß nachdenklich ein Sandwich, und Eva fiel ein japanisches Nachrichtenteam in der Menge auf.

»Findest du nicht, sie sollten sie in Freiheit lassen?«, fragte der Junge mit der Zahnlücke seinen Vater.

»Wenn sie nicht will, wird man sie nicht einfangen«, antwortete der.

Eva schlenderte weiter, vorbei am Regent's Park Hub, dem UFO-förmigen Café in der Mitte der Rasenflächen. Immer wieder trat sie in Pfützen. Sie dachte an die Schlussszene, als sie sich von Aden auf der Treppe vor der St. Paul's Cathedral getrennt hatte. Während ihr der Regen in den Kragen nieselte, fiel ihr Sam ein, mit dem sie vor der Bibliothek des University College Schluss gemacht hatte, als sie einundzwanzig war. Sie hatte Sam nicht geliebt. Drei oder vier Monate lang hatten sie beide einfach zu viel zusammen getrunken und überall in London in billigen R&B-Clubs getanzt. Wenn sie mit Sam auf eine Party ging, amüsierte sie sich und wollte nicht ständig nach Hause gehen und die Schuhe ausziehen – aber viel mehr gab ihr diese Beziehung nicht.

Klebrige Wodka-Cocktails trinken und an Bushaltestellen Lachanfälle kriegen, kam nicht einmal ansatzweise an die Intensität ihrer Liebesbeziehung mit Aden heran, aber mit Sam gelang es ihr, Dampf abzulassen. Aden zu lieben war ein verhaltenes Gefühl, das sie erstickte, ehe es zu stark wurde. Wenn Aden in ihrer Studentenbude am UCL geblieben war, schlief sie immer in dem winzigen Einzelbett, während er sich auf den Boden legte, doch mit Sam war sie umstandslos in die Bewusstlosigkeit abgedriftet, dort zusammengerollt, wo sein großer, meist betrunkener Körper ihr Platz ließ. Sam überredete sie, abends noch auszugehen, auf Partys, zu denen sie nicht eingeladen waren, oder in Clubs, von deren Existenz Eva nichts geahnt hatte. Mit Aden wollte sie immer und jeden Tag etwas erreichen – in eine Galerie, ins Kino oder essen gehen –, doch mit Sam reichte es ihr völlig, den ganzen Tag im Bett zu liegen und mit den Fingern Erdnussbutter aus dem Glas zu essen. Wenn sie bei Sam unachtsam war, führte das nicht mal in die Nähe von Liebe, aber es war eine erlösende Erfahrung, die ihr das Gefühl gab, im freien Fall zu sein.

Sie machte mit ihm wegen hundert Kleinigkeiten Schluss, nicht wegen einer großen Differenz. Es gab kein Fremdgehen, keine Streitereien, nur eine Kette von Irritationen: Er klingelte um drei Uhr nachts, bevor sie eine Prüfung hatte; er machte eine Lampe kaputt, reparierte sie aber nie; er quatschte ständig, während ein Film lief; sie sah sich mit ihm zusammen kein Fußballspiel bis zu Ende an, und jedes Mal, wenn er vorbeikam, aß er das ganze Essen ihrer Mitbewohner auf, die anschließend alle sauer auf sie waren. Als er sie eines Tages aus der Bibliothek abholte, um mit ihr essen zu gehen, hatte er offensichtlich irgendetwas eingeworfen. Eva fragte nicht, was er genommen hatte, und sie hatte nichts gegen die eine oder andere Pille oder eine Linie Koks, sie hatte nur keine Lust, den ganzen Abend dazusitzen, während er grinste und dummes Zeug laberte. Mit verdutzter Miene stand er an einer Straßenecke vor der Unibibliothek, während sie ihm klarmachte, sie sollten künftig wohl besser getrennte Wege gehen. Es schien ihm nicht viel auszumachen – weder an jenem Abend, als in seinem Hirn Dopamin blubberte, noch am nächsten Tag. Er fehlte ihr nicht, keine Sekunde lang.

Auch wenn Luke sie manchmal ein wenig irritierte, wünschte sie, er wäre da, wenn er es nicht war. Anders als bei ihrer Trennung von Sam und den anderen waren Evas Versuche, Luke zu verlassen, nie von Dauer gewesen. Beim ersten Mal verlief das Ganze ziemlich emotionslos, aber auch komplett erfolglos. Es geschah in einer Pension namens The Cleopatra nach einer Hochzeit in Brighton, als sie gerade zwei Monate zusammen waren. Gemeinsam hatten sie auf der Kirchenbank gesessen, als die Braut in einem rückenfreien weißen Kleid mit einer Spitzenschleppe durch den Mittelgang trippelte. Eva war bestimmt schon auf Hochzeiten gewesen, als Kind, doch das war ihre erste als Erwachsene und die erste, die sie mit einem festen Freund besuchte. Es liefen jede Menge kleine Brautjungfern mit blauen Schleifchen im Haar herum, und der Bräutigam hatte eine blaue Blume in seinem Jackett, passend zum Farbthema. Anschließend aßen sie Räucherlachs und Lamm und Mousse au Chocolat in einem Rathaus, wo die Tische unter den riesigen Blumengestecken aus Rittersporn und Palmwedeln winzig wirkten.

»Was für ein schönes Fest«, sagte Luke, als sie später in ihrer Pension auf dem Bett lagen und Love Hearts aus einer rosa Organzatüte aßen, zuckrige Herzchen mit aufgestanzten Liebessprüchen. Eva sah zu ihm hinüber und legte sich die Aufforderung »KUSCHEL MIT MIR« auf die Zunge, während Luke sich die Sprüche nicht ansah, ehe er sie aß. Eva aß »DU BIST SÜSS«, das sich rasch auflöste. Sie hatte erwartet, dass sie sich gemeinsam über die Hochzeit lustig machen würden, sobald sie allein waren. Vielleicht, dass sie in ihrer Unterwäsche dastehen und so tun würde, als wäre sie der Bräutigam, der verlegen zu Ella Fitzgeralds »I've Got a Crush on You« tanzte, während Luke die Melodie summte, und sie würden über die herzförmig gestutzten Bonsaibäumchen lachen, die als Platzkartenhalter dienten, und über die Geheimratsecken der Hochzeitssänger. Eva und Luke waren beide betrunken von Champagner und nur noch halb bekleidet, Mondschein und Parkplatzbeleuchtung ergossen sich zu gleichen Teilen durch das Fenster. The Cleopatra lag zwanzig Minuten vom Zentrum Brightons entfernt, aus ihrem Zimmerfenster sah man auf Asphalt. Die Steppdecke mit Blumenmuster biss sich mit der Tapete, und es roch nach salzig-feuchtem Staub. Zwei Porzellanpuppen in verblichenen Spitzenkleidchen saßen breitbeinig auf der Kommode.

»Ich mag Hochzeiten«, sagte Luke und aß ein Love Heart, »was für eine schöne Sitte, sich jemandem für immer und ewig zu versprechen.«

»Bedingungslos«, ergänzte Eva. »Es hat etwas Alttestamentarisches.«

»Alttestamentarisch?«, sagte Luke.

»Dramatisch. Merkwürdig. Schicksalhaft«, sagte Eva. Nach zwei Monaten Beziehung wusste sie noch immer nicht recht, was sie von Luke halten sollte. Sie waren noch immer in der Phase, wo Halbfremde versuchten, einander besser kennenzulernen. Er war beängstigend gut darin, sie zu durchschauen, ließ sie nicht »Mir geht's gut« sagen, wenn sie sich nicht wohl fühlte, brachte sie zum Lachen, wenn sie traurig war. Doch sie war sich nicht sicher, ob sie sich diesem Anwalt mit den tiefliegenden grauen Augen öffnen wollte. Sie wurde von seinen Widersprüchen, über die sie zu viel nachdachte, angezogen und verunsichert. Anderen Männern gegenüber, mit denen sie Zeit verbrachte, verhielt er sich besitzergreifend und eifersüchtig, bombardierte Eva aber nicht mit SMS und Telefonanrufen. Er konnte ausgesprochen zärtlich sein, doch im letzten Monat hatte er ihr beim Sex ein- oder zweimal die Hand auf den Mund gelegt. Nicht lange, aber es war dennoch eigenartig und kam unerwartet. Er hatte zwar ein Pokerface, als ließen ihn Gefühle kalt, wurde aber nach einem Alptraum nachts wach. Er bekam immer seinen Willen, ob einen bestimmten Fall bei der Arbeit oder einen Tisch im Restaurant. Sie glaubte nicht, dass ihm Kompromisse zusagten. Und doch war er liebevoll. Das alles war sehr verwirrend.

»Du bist ja eine echte Romantikerin«, sagte Luke, streckte den Arm aus und legte ihr die Hand auf den

Oberschenkel. »Was hab ich für ein Glück. Heißt das, dass ich dich nie in Weiß erleben werde?«

»Einander *bedingungslos* zu ehren, zu respektieren und zu schätzen, *bis dass der Tod uns scheidet*«, sagte Eva rasch. »Es gib immer Bedingungen, nicht wahr? Das Leben ist voller Bedingungen. Was, wenn er süchtig wird nach Promi-Pornos und sie jeden Tag zum Frühstück einen ganzen Schokokuchen verschlingt?«

»Damit muss man halt irgendwie klarkommen. Bis dass der Tod und so weiter«, sagte Luke, was Eva erschauern ließ. *Bis dass der Tod.* Warum sollten sich zwei Menschen vor Freunden und Verwandten hinstellen und geloben, dass der Tod das Ende ihrer Beziehung sein würde? Dastehen und sich der Tatsache stellen, dass man eines Tages nicht mehr existieren wird. Luke und Eva lagen auf dem Bett, die Köpfe auf den Kissen, und ihre Hände berührten sich zwischen den Körpern, wenn sie sich dann und wann ein Love Heart nahmen. Er schaute häufiger zu ihr herüber als sie zu ihm.

»Aber angenommen, sie kommt ins Schlafzimmer und ertappt ihn dabei, wie er vor seinem Computerschirm kauert, auf dem Lindsay Lohan gerade jemandem einen bläst, oder er kommt in die Küche und sieht, wie ihr Zuckerguss am Kinn runterläuft und sie Krümel im Haar hat – und in diesem Augenblick, genau in diesem Augenblick, wird es, ganz gleich, was sie Gott bei ihrem Hochzeitsgottesdienst versprochen haben, für ihre Ehre und ihren Respekt Bedingungen geben.«

»Ist mir egal, ob du Schokokuchen zum Frühstück isst«, behauptete Luke.

»Nehmen wir weniger schwerwiegende Dinge. Sie gehen essen, und während er bestellt, glotzt er der Kellnerin direkt auf die Brüste. Das ist keine große Sache, es wird ihrer Ehe nicht den Rest geben, doch *in diesem Moment* wird sie ihn weder respektieren noch schätzen oder ehren. Im nächsten Moment mag das wieder anders sein, doch es gibt Bedingungen, und sie wird ihn nicht ewig respektieren.«

»Sie können es versuchen.«

»Ich meine damit nur, dass es Augenblicke ohne Liebe geben wird«, sagte Eva, angeheitert und übertrieben hartnäckig, weil sie wollte, dass er sie verstand. »Es wird nicht schlagartig diese dauerhafte, stabile, absolute, bedingungslose Sache sein, nur weil sie geheiratet haben, oder? Das kann niemand versprechen – es ergibt keinen Sinn.«

»Es beruht auf Hoffnung«, sagte Luke leiser. »Mehr nicht.«

»Die Leute wissen also, dass sie lügen?« Sie dachte an ihre Eltern, die sich anscheinend nichts zu sagen hatten und sich doch irrationalerweise dazu verpflichtet fühlten, einander nie ein für alle Mal zu verlassen. Ihr Vater kam immer zurück.

»Das ist keine Lüge, glaube ich. Vielleicht ist es ein Streben, eine Art Sehnsucht«, sagte er.

»Oh«, sagte Eva. Sie hielt inne, wohl wissend, dass sie besser schweigen sollte. »Es ist wie eine Sekte, ein Kult, in dem man besser nicht zu viel über etwas nachdenken oder seine abweichende Meinung äußern sollte, sonst ist man sofort eine Art Ketzer. So wie man nicht aussprechen darf, dass man keine Hunde mag.«

Luke lachte. Dann sah er weg. Die beiden Porzellanpuppen auf der Kommode schienen Luke und Eva aus missmutigen blauen Augen zu betrachten.

»Das ist gut zu wissen«, sagte er.

»Dass ich keine Hunde mag?« Sie erstarrte auf dem Bett.

»Das ist ein ganz anderes Thema, aber mir leuchtet nicht ein, dass die Ehe eine so trostlose Angelegenheit sein soll. Sie haben einander etwas Großartiges und Hoffnungsvolles versprochen, und dir fällt dazu nur ein, wie man unterwegs scheitert und Scheiße baut.«

»Ein romantischer Strafverteidiger«, sagte Eva und schob sich ein weißes »SÜSSER-KUSS«-Herz mit einem leichten Beigeschmack nach Spülmittel in den Mund. Sie rieb sich die Augen und fröstelte.

»Eine Lektorin von Liebesromanen, die nicht an die Ehe glaubt«, erwiderte er. »Ich bitte dich doch nicht, mich zu heiraten. Sei nicht so angespannt.«

»Natürlich nicht. Vergiss es einfach. Lass uns über was anderes reden.«

»Ist das jetzt unser erster Streit?«, fragte Luke. Er zog seine schweren Augenbrauen hoch.

»Iss deine Love Hearts, und sei still«, scherzte Eva, doch innerlich war sie plötzlich unruhig, als sie aufstand und das winzige Badezimmer betrat, gerade groß genug für eine Toilette, eine Minidusche und einen Teller mit kleinen Gratisseifen aus anderen Hotels: Holiday Inn, Travelodge, Best Western. Nicht nur das Gespräch über Hochzeiten fand sie beunruhigend, sondern auch die irritierend unwiderstehliche Energie, die von dem

Mann ausging, mit dem sie auf dem Bett lag. Ihr war, als fülle er das Zimmer aus, und sie spürte, was er über sie dachte, als wären seine Gedanken die ihren. Sie drehte die Dusche auf und stand in dem schiefen Rinnsal, während Luke im Schlafzimmer rumorte, als er seinen Cutaway aufhängte. Eva wurde klar, dass sie in dieser Nacht auf keinen Fall mit ihm in einem Bett schlafen wollte. Der Wunsch, in dem Moment nicht in seiner Nähe zu sein, war stark und kindisch, so wie einem der Duft des Parfüms seiner Mutter fehlte, wenn man bei einer Freundin übernachtet. Sie wollte draußen in der salzigen Luft sein, nicht eingesperrt zwischen dicken Tapeten mit Blumenmuster und feuchten Zimmerdecken mit diesem Fremden, der ihr ständig suchende Blicke zuwarf, sie kennenlernen wollte. Sie trocknete sich mit einem Handtuch von der Größe einer Tischdecke ab – sorgfältig zwischen den Zehen, hinter den Ohren, ihren Nacken, sie ließ sich Zeit. Sie zog sich Höschen und BH wieder an, ehe sie die Badezimmertür aufstieß und sich Jeans und einen Pulli überzog, während er vom Bett aus zusah.

»Wo willst du hin?«, fragte Luke, als sie ihm den Rücken zudrehte, sich bückte und Strümpfe und T-Shirt vom Boden neben dem Stuhl aufhob, wo sie sie vor der Hochzeit früher am Abend hatte fallen lassen.

»Ich geh Zigaretten kaufen.«

»Um ein Uhr morgens?«

»Ein paar Straßen weiter ist ein Tesco, der rund um die Uhr geöffnet hat.«

»Bist du sauer, weil ich gesagt habe, Ehen seien eher etwas Hoffnungsvolles als heuchlerisch?«

»Natürlich nicht«, blaffte Eva. Sie wollte ihn nicht so dicht an ihrer Haut spüren. Sie fühlte, wie »sie beide« sich wie ein Tier in dem Zimmer wanden, ein ganz anderes Wesen als sie-ohne-ihn oder er-ohne-sie. Es hatte das Potential, sie zu verschlingen. Sie wollte kein Teil dieses anderen Wesens sein.

»Was ist denn los?«, fragte Luke, dessen Gesicht keinerlei Gefühl zeigte. »Vor einer Minute war mit dir noch alles in Ordnung.« Seine grauen Augen blinzelten nicht, sein Mund bewegte sich kaum. Es war erstaunlich, wie wenige Emotionen sein Gesicht zeigte. Durch die Narben wirkte es starr, ihm fehlte die Bandbreite an Ausdrucksmöglichkeiten anderer. Eva war ein wenig übel.

»Mit mir ist alles in Ordnung«, sagte sie. »Ich will nur eine Zigarette.«

»Gar nichts ist in Ordnung«, widersprach Luke, der in der Tür stand. Sie trat aus dem Schlafzimmer in einen mit Teppichboden ausgelegten Vorraum, wo entlang der Wände noch mehr Porzellanpuppen in Vitrinen aufgereiht waren. Sie warfen gezackte Schatten auf die Glasscheiben: Arme, Zöpfe, spitze Schuhe.

»Bin in zehn Minuten wieder da«, sagte sie und ließ ihn in der Tür stehen; er wandte sich ab, noch ehe sie die Tür von The Cleopatra zuzog. Die salzige Luft draußen roch herrlich. Die Zigaretten, die Eva fand und rauchte, während sie auf einer Backsteinmauer saß, schmeckten sogar noch besser. Eine Zeitlang schaute sie zu den Sternen hoch und machte dann mit Luke Schluss, als sie nach ihrem zwanzig Minuten und vier Zigaretten dauernden Spaziergang zurückkam.

Sie blieb einen Moment in dem mit Puppen dekorierten Vorraum stehen, und er schaute von seinem BlackBerry auf, mit dem er im Bett spielte. Beide blieben stumm. Dann setzte sie sich ans Bettende, mit dem Rücken zu ihm, und ihr Körper wandte sich ihm unwillkürlich zu, ehe sie sich mit auf die Knie gestützten Ellenbogen nach unten beugte, um Luke nicht ansehen zu müssen. Sie sagte, sie sei nicht bereit für eine Beziehung, und es täte ihr leid, ihm einen anderen Eindruck vermittelt zu haben. Er saß aufrecht im Bett, und sie schaute geradeaus auf eine Falte in der Tapete, was ihr nicht ähnlich sah. Normalerweise beendete sie eine Beziehung frontal, weil sie fand, das Ende sei genauso wichtig wie ein Anfang, wenn nicht wichtiger, und müsse in Erinnerung bleiben. Sie stellte sich vor, dass sein Blick während der ganzen Zeit nicht einmal flackerte und seine Miene unbewegt blieb.

»Ernsthaft?«, sagte er. »Wegen des Gesprächs vorhin machst du mit mir Schluss?«

»Nicht wegen dieses Gesprächs.«

»Aber du glaubst, das ist das Ende?«

»Ja.«

»Nein.«

»Die Entscheidung liegt nicht bei dir«, sagte Eva. Für leidenschaftliche Auseinandersetzungen waren sie noch nicht lange genug zusammen. Hier wurden keine Versprechen gebrochen. Eva spürte, wie ein Gewicht von ihr abfiel, als sie sprach, wie sich das Wesen »sie beide« auflöste. In dieser Nacht schlief sie tief und fest neben ihm.

Immer noch ohne eine Gefühlsregung begab sich Luke am nächsten Morgen zu einem Brunch mit den Platzanweisern und dem Trauzeugen, während Eva allein den Zug zurück nach London nahm und beobachtete, wie Felder, Schafe und Städte am Fenster vorbeirauschten. Sie dachte an Audrey Hepburns tränenreichen Abschied von ihrem Liebhaber am Ende des Films *Ariane – Liebe am Nachmittag*: »*Es kommt nur durch diesen Rauch und weil es auf Bahnhöfen so zugig ist*«, sagt sie und wischt sich die Tränen ab, »*ich bin eben empfindlich.*« Eva schloss die Augen und konzentrierte sich auf den Moment, als Thelma und Louise beschließen, in den Abgrund zu fahren: »*Okay, also gut, die sollen uns nicht erwischen. Los, fahr weiter!*«, sagt Geena Davies lächelnd, hinter ihr die Cops und vor ihnen nichts als Leere. Wenn Eva nur daran dachte, fing ihr Blut an zu kribbeln, und ihr Puls pochte. Oder Butch Cassidy und Sundance Kid, die ganz normal weiterreden, eine andere, aber ebenso ergreifende Weise, sich zu verabschieden, da beide genau wissen, dass sich ihre Wege für immer trennen. Doch Evas Lieblingsabschied war vielleicht Dr. Schiwagos sanftes Winken, als er in David Leans Film Lara auf ihren Schlitten setzt und dann in Panik gerät und zum Fenster im obersten Stockwerk läuft, um den Abschied hinauszuzögern, bis zu dem Augenblick, als sie am Horizont verschwindet. »Leb wohl«, schreibt Pasternak in seinem Roman, »mein Großer, mein Lieber, leb wohl, mein Stolz, leb wohl, mein tiefer, reißender Fluss, wie liebte ich dein tagelanges Plätschern, wie gern warf ich mich in deine kühlen Wellen!«

Das Eigenartige war, als der Zug sie fort von Brighton und von Luke brachte, fühlte sich Eva lange nicht so erleichtert, wie sie erwartet hatte. Vielleicht hatte sie es diesmal *falsch* gemacht, dachte sie. Sie wünschte, sie könnte zurückfahren und es *richtig* machen, ihm in die Augen schauen.

Vielleicht war es der Wunsch danach, ihn noch einmal verlassen zu können, dass der Abend, als er zwei Wochen später mit einer Flasche Whisky und einer Scrabble-Luxusausgabe am Silver Place auftauchte, damit endete, dass er »KECK« und »WUSCHEL«, »BUSEN«, »BRAUSEN« und »KÖSTLICH« mit kalten Scrabblesteinen auf ihren Bauch legte. Das war besser als Love Hearts, und außerdem symmetrisch. Er sagte, er habe nie beabsichtigt, sie gehen zu lassen. »Ich werde aber nicht immer mit Geschenken vorbeikommen, wenn du mich verlässt. Tu das nicht wieder«, scherzte er, ohne zu lächeln. Vielleicht fühlte sie sich um eine angemessene Trennung betrogen, sie musste aber zugeben, dass etwas an Luke in ihr den Wunsch weckte, in seiner Nähe zu sein.

Eva stand auf dem Outer Circle des Regent's Park und hatte vor, in Richtung Soho zurückzugehen. Sie wandte sich nach rechts, um einen anderen Weg als den Hinweg zu nehmen. Ihre Füße waren nass geworden, darum wollte sie lieber die ganze Strecke außen herum laufen, statt wieder die Abkürzung durch den Park zu nehmen. Im Hinterkopf schwebte ihr vor, bis Mornington Crescent zu gehen und dort die U-Bahn bis Southwark am Südufer der Themse zu nehmen, um sich Luke in seiner albernen Pferdehaar-Perücke anzusehen. Luke hatte ihr und allen anderen, die er kannte, zwar verboten, ihn bei Gericht zu besuchen, weil er glaubte, das würde ihn nur verunsichern, doch wenn sie es bis vierzehn Uhr schaffte, konnte sie reinschlüpfen, ohne dass er sie sah, und ihn dann überraschen, wenn er den Saal verließ. Vor einiger Zeit hatte Luke sie auf eine Führung durch den Crown Court von Inner London in Newington mitgenommen, und sie hatte sich gewundert, wie undramatisch die Gerichtssäle waren – sie glichen eher Klassenräumen als den mahagonigetäfelten Sälen, die man aus dem Fernsehen kannte. Wenn Southwark in etwa so war wie Newington, dann war die Besuchergalerie entweder versteckt hinter der Anklagebank, wo der Beklagte mit einem Polizisten sitzt, oder an der Seite neben der Tür, um die Störung möglichst gering zu halten. Eva konnte hineinhuschen und unbeobachtet zusehen.

Entlang dem Outer Circle im Regent's Park waren Jogger, Radfahrer und aufgekratzte Familien unterwegs, die Ballons in Pinguinform mit sich trugen. Eva blieb am Eingang zum Londoner Zoo stehen, unter dem Wandgemälde von Giraffen und Zebras. Hinter dem Eingang machte ein Mann Fotos von Leuten in der Warteschlange. Eva blinzelte und sah eine Blondine zwischen einem alten Mann und einer Frau mit Kinderwagen direkt vor dem Kassenhäuschen warten. Die Blonde hatte das Gesicht abgewandt und suchte nach etwas in ihrer Handtasche. Sie trug einen schwarzen Faltenrock und einen Regenmantel mit Burberrymuster, dessen Kragen sie hochgeschlagen hatte. Eva stellte sich in die Schlange, und als die Blonde den Kopf ein wenig drehte, sah man, dass sie eine zu stark geschminkte Frau mittleren Alters mit einem Nasenhöcker war. Natürlich nicht die schöne Grace mit ihren außergewöhnlich großen Augen. Da es noch nicht ganz ein Uhr nachmittags war, blieb Eva in der Schlange stehen, wartete, bis sie dran war, und betrat durch die Absperrung ein vom Regen glitschiges Gelände, auf dem sich überall quallenartige Touristen in gelben Plastikumhängen herumtrieben. Sie schob sich durch das Drehkreuz in Richtung des halbrunden steinernen Aquariumeingangs, wo eine Jugendliche im Kapuzenshirt auf ihrem Handy herumtippte. Mit ihren hängenden Schultern ähnelte sie den schläfrigen Hyänen. Das Aquarium blubberte, gelegentlich unterbrochen von dem Schrei eines Kindes: »Nemo! Mum, ich hab Nemo gefunden!« Ein hölzerner Eiskremwagen direkt vor dem Aquarium war abgeschlossen, und auf einem Picknicktisch schwabbelte ein Meniskus aus Regenwasser mit Laub und Dreck. Etliche der Äffchenfiguren aus Ton und Porzellan im Treppenfenster ihrer Wohnung am Silver Place stammten aus dem Souvenirladen des Londoner Zoos, aber Eva war ewig nicht mehr hier gewesen.

An den Aquariumtüren bog sie rechts Richtung Tunnel ab, den Schildern »Afrika« und »Raubvögel« folgend. Sie ging durch die Unterführung aus Beton, bemalt mit kitschigen Pseudo-Höhlenmalereien von Elefanten und anderen Steppentieren. Eine Frau und ihre Tochter, beide mit der gleichen Stupsnase, warteten geduldig in dem Tunnel, bis der Regen aufhörte, und unterhielten sich, ob sie zuerst zu den Pelikanen oder den Tigern gehen sollten. »Pelikane sind albern«, sagte das kleine Mädchen nachdenklich. Das Greinen eines Kleinkinds in einem blauen Regenumhang, das sich von seinem Vater losreißen wollte, und das unterschwellige Brummen der Tiere in den Käfigen mischten sich mit dem Lärm von schweren Fußtritten auf nassem Asphalt.

Auf der anderen Seite befanden sich der Regent's Canal und die Snowdon-Voliere. Eva machte an einem gläsernen Käfig voller Bäume halt, in dem ein schneeweißes Faultier mit dem Rücken nach unten an einem Ast hing, die langen pelzigen Extremitäten um sich herumgewickelt. Sie ging weiter, zu einem Käfig mit einem Tier, das aussah wie eine Kreuzung zwischen einem kleinen Eisbären und einer Ratte: lange Schnauze, plumper Körper. Seine Schulterblätter hoben und senkten sich wellenförmig, als es ernst durch den Käfig schritt. In einiger Entfernung streckte sich ein gelber Hals in den Regen, das dazugehörige Tier sann einen gemächlichen Giraffenmoment lang über das Wetter nach und fragte sich, woher dieses unangenehme Gefühl stammen mochte. Dann trottete die Giraffe unter den Torbögen hindurch in ihr überdachtes Gehege, und Eva ging durch den Regen weiter Richtung Raubvögel. An diesem Ende des Zoos hielt sich kaum jemand auf, und doch lag menschlicher Abfall auf dem Boden herum: eine aufgerissene Packung Maryland Cookies, die in einer Pfütze matschig wurden, neben einer Babysocke.

Eva kam vorbei an dicken Eulen und draculaartigen Geiern, an gefleckten krummschnäbligen Falken, und dann stand sie auf einmal vor einem Käfig mit aufgesprühtem, nur halb von den Gitterstäben entferntem Slogan. »LASST GOLDIE FREI!«, rief die verblasste rote Farbe. Hinter dem Graffito saß er und pickte lustlos an einem fast fleischlosen Kaninchenkadaver herum. Seine Federn sahen glanzloser aus als die Reginas, seine flache Stirn und der krumme Schnabel waren ein wenig blasser. Die dottergelben Augen passten zu einem Fleck auf der Unterseite seines Schnabels, den er immer mal wieder zur Seite drehte. Er hatte nicht die gleichen mächtigen Augenbrauen wie seine Freundin, sein Blick war ein wenig müder, nicht so stechend aggressiv. Eva sah zu, wie sein Hals vorschnellte und der Schnabel im Bauch des Kaninchens verschwand; von seiner einsamen Mahlzeit gelangweilt, suchte er beiläufig nach einer anderen Beschäftigung.

Der Crown Court Southwark steht am Ufer der Themse zwischen London Bridge und Tower Bridge, ein tristes graubraunes Gebäude mit Schlitzen statt Fenstern und einem tiefhängenden metallenen Vordach über dem Eingang. Die Vorderseite des Gebäudes ist dem Fluss abund Südlondon zugewandt. Eva stellte sich hinter einem grauhaarigen Anwalt und einem dicklichen jungen Mann mit einer rasierten Augenbraue an, um durch die Metalldetektoren zu kommen, dann suchte sie das Foyer ab, ob Luke irgendwo zu sehen war. Zur Linken war ein Costa-Kaffeeverkaufsstand und eine Sitzecke, wo eine große indische Familie niedergeschlagen auf blauen Plastikstühlen hockte und sich aus einer Tupperware-Dose Sandwiches teilte. Zur Rechten gab es einen Informationsschalter, an dem ein stark übergewichtiger Anwalt in einer zu engen Weste mit seinem BlackBerry telefonierte und wie seine eigene Karikatur aussah. Es war fünf Minuten vor zwei, also würde Luke – der immer überpünktlich war – schon im Gerichtssaal sein. »Polizeibeamter im Fall Edisa in Saal sieben«, ertönte eine Durchsage über die Lautsprecher.

»Wo findet der Prozess gegen Andrew Alves statt?«, fragte Eva den Mann hinter dem geschwungenen Infoschalter; sie erinnerte sich, den Namen von Lukes Mandanten auf seinen Unterlagen gelesen zu haben. Der Mann wies auf einen Monitor über dem Schalter, auf dem sämtliche Säle aufgelistet waren, beantwortete die Frage aber dennoch: »Saal sechs, dritter Stock – nehmen Sie den Aufzug nach oben.«

Die Anwälte liefen mit raumgreifenden Schritten, als zählten sie sie, während die nervösen Nicht-Anwälte zu schlurfen schienen. »Hauptzeuge im Fall Demisovski in Saal zwei«, befahl die Lautsprecheranlage. Eva teilte sich den Aufzug mit einem schlaksigen Rastafari, der seine Sonnenbrille auch drinnen nicht abgesetzt hatte, und zwei ungepflegten Anwälten, einer Frau und einem Mann, beide mit zerrissenen Roben. Einer der beiden hatte sogar einen Fleck auf der Gerichtskrawatte, dem weißen Kragen mit langen Fortsätzen, die sie um den

Hals trugen. »Ich hatte den Alfalfasalat mit Schweinebauch«, sagte die Anwältin zu ihrem Kollegen. »Klingt gut«, sagte der Anwalt. Der Rasta rückte seine Sonnenbrille gerade, wollte nur noch raus aus dem Lift.

Im obersten Stockwerk betrat man einen langen Korridor mit orangefarbenem Teppichboden, gesäumt von braunen Plastikstühlen und verstaubten Topfpflanzen. Ein Mann in einer Lederjacke saß vor Saal vier, den Kopf in die Hände gestützt, und am Ende des Korridors hielt ein Anwalt ein Baby in den Armen, während er dessen Eltern nach ihren gegenwärtigen Arbeitgebern befragte. Die Türen zu Saal sechs waren geschlossen. Eva öffnete sie und betrat einen kleinen Vorraum, von dem sie durch vergitterte Fenster in einer weiteren Tür in den Gerichtssaal blickte. Vorn sah sie einen älteren Richter an dem erhöhten Richtertisch sitzen, doch ihr Blick auf Staatsanwalt und Verteidiger wurde durch die verglaste Anklagebank verdeckt, wo sie den Mann wiedererkannte, dessen Fotos sie am Silver Place gesehen hatte. Sie stieß die zweite Tür auf, die ein wenig knarrte, doch niemand drehte sich um außer dem Gerichtsdiener, der Eva über seine Brille hinweg musterte und sich dann wieder der Verhandlung widmete. Eva nahm rasch auf der Holzbank Platz, während der erste Zeuge vereidigt wurde. Die einzige andere Zuschauerin war eine füllige Frau mit ledriger Gesichtshaut und einem roten Schal um den Kopf, dessen Farbe zu ihrem Lippenstift passte. Selbst wenn Luke sich umdrehte und den Angeklagten ansah, würde er Eva nicht entdecken, die hinter zwei Glasscheiben in einer Ecke hockte.

Am anderen Ende des Raumes saßen die Geschworenen auf einer zweistufigen Bank, und ganz rechts im Saal stand ein schmächtiger Mann in einer Jeansjacke auf einem Podest vor einem Pult, die Hand auf die Bibel gelegt, und versprach, die Wahrheit zu sagen und nichts als die Wahrheit. In dem verschmierten Kasten vor Eva sah der Angeklagte zum Richtertisch hoch. In der Realität war sein Haar noch leuchtender rot, als es auf den Fotos den Anschein hatte. Auf seinem Nacken hatten sich rote Flecken gebildet, als wäre ihm heiß, und unter dem Kinn Rasurbrand. Sein Gesicht war weich, wenn man von den hervortretenden Adern auf Schläfe und Stirn absah. Er trug einen schicken Anzug, und auf seinem Schoß lag ein Aktenordner, den er nervös aufschlug und wieder schloss, wobei er jedes Mal einen Finger zwischen die Verschlusshaken hielt, so dass es kein Geräusch machte, sondern einen kurzen Schmerz verursachte.

Durch die Glasscheiben verfolgte Eva die Vorgänge im Gerichtssaal aus der Perspektive des Angeklagten. Zwischen dem Richter und der Anklagebank standen drei Bankreihen, und nur auf der vordersten waren die von Roben bedeckten Schultern und perückenbesetzten Köpfe von Anwälten zu sehen. Luke saß ganz links, den Geschworenen am nächsten, und ein älterer Anwalt, Staatsanwalt, saß rechts, näher beim Gerichtsdiener. Als der die Bibel wegnahm, stand der Staatsanwalt abrupt auf, rollte unter seiner Robe die Schultern nach hinten und drückte auf einen Kugelschreiber in seiner Hand. Die Frau mit dem roten Schal neben Eva ließ ihre runzligen Hände sittsam im Schoß liegen.

»Würden Sie bitte für das Protokoll Ihren Namen und Beruf nennen?«, sagte der Staatsanwalt knapp und in der Diktion eines Nachrichtensprechers. Der Zeuge, der Schmächtige in der Jeansjacke, sagte »Eduardo Vargas«, und seiner Antwort entnahm Eva, dass er Spanier war und Englisch erst später gelernt hatte. Mr. Vargas sagte, er arbeite als Autowäscher bei Fleet Cleaning in King's Cross, und der Beklagte sei sein Chef. Er sei seit drei Jahren dort, antwortete er auf die Fragen des Staatsanwalts, und wisse nichts über die Buchhaltung. Er habe nur Autos gewaschen und manchmal repariert, sagte er, *und seine Steuern bezahlt*. Er habe nie irgendwelche Firmenkonten gesehen, aber eine komplette Durchsicht für einen mittelgroßen Wagen würde fünfundvierzig Pfund kosten, Ausbesserungsarbeiten am Lack kämen zwischen fünfzig und hundert Pfund. Eva hörte sich die Fragen des Staatsanwalts an, konzentrierte sich auf die merkwürdig zwanghaften Bewegungen des Angeklagten. Jetzt klemmte er nicht mehr nur seinen Finger im Aktenordner ein, sondern pochte auch mit dem Fuß auf den Boden. Neben der Anklagebank zuckte eine breitschultrige Polizistin jedes Mal zusammen, wenn Andrew Alves die Haken auf seiner sommersprossigen Haut zuschnappen ließ. Während vorn der Dialog seinen Fortgang nahm – Arbeitszeiten, wie Personal eingestellt wurde –, beobachtete Eva, wie die Haut des Beklagten eingeklemmt und wieder losgelassen wurde, eingeklemmt und wieder losgelassen, und fragte sich, wann sie zu bluten beginnen würde. Alves kaute außerdem auf seiner Unterlippe herum, grub die Zähne in das Fleisch.

»Danke, Mr. Vargas. Keine weiteren Fragen«, sagte schließlich der Staatsanwalt, und Eva schaute von den Fingern des Beklagten zum Richter hinüber.

»Hat die Verteidigung Fragen an diesen Zeugen?«, fragte der Richter.

»Ja, Euer Ehren«, antwortete Luke und erhob sich, was Evas Puls beschleunigte. Sie beugte sich weiter vor, um durch die Glasschichten zu spähen, doch auch so sah sie ihn nur als verschwommene Silhouette.

»Mr. Vargas, erinnern Sie sich an eine Gelegenheit, an irgendeine Gelegenheit während Ihrer dreijährigen Tätigkeit für den Beklagten, bei der Sie oder die anderen Arbeiter jemals um eine Lohnerhöhung gebeten oder vielleicht darüber gesprochen haben, die Preise Ihrer Leistungen zu ändern?«, fragte Luke.

»Wir wurden anständig bezahlt, und was er für irgendwas verlangte, ging uns nichts an. Ich hatte keine Ahnung von den Sachen, die man Andrew vorwirft«, sagte der Zeuge schulterzuckend. »Über so was haben wir nicht geredet. Meistens haben wir über Autos geredet. Ich war an nichts Illegalem beteiligt.«

»Das hat auch niemand behauptet. Aber Sie haben nie über etwas anderes als Autos geredet?«, sagte Luke. »Nie über Geld gesprochen?«

»Einspruch, Euer Ehren – Suggestivfrage«, sagte der Ankläger, und Eva runzelte die Stirn. Der Richter sah Luke an.

»Stattgegeben. Formulieren Sie die Frage bitte um.«

»Mr. Vargas, könnten Sie beschreiben, wie Ihr Chef die Geschäfte führte?«, sagte Luke.

»Bester Automechaniker, den ich kenne«, sagte der Zeuge. »Toller Chef, keine Frage.«

»Hat er je an der Kasse gearbeitet? Kreditkarten eingelesen, Quittungen ausgestellt?«, fragte Luke.

»Das hat er kaum mal gemacht. Er sagte, er kann nicht mit Zahlen. Lieber würde er ein Auto waschen.«

»Er mag keine Zahlen?«, wiederholte Luke. Alves ließ den Aktenordner zuschnappen und bohrte seine Hasenzähne in die Unterlippe. Die Adern an den Schläfen des Mannes schwollen an. Evas Ringfinger begann zu kribbeln. Die füllige Frau mit dem roten Seidenschal beugte sich auf ihrem Platz nach vorn.

»Nein«, sagte der Zeuge.

»Euer Ehren, darf ich Ihre Aufmerksamkeit und die der Geschworenen auf Beweisstück A lenken«, sagte Luke, »bei dem es sich um einen Intelligenztest des Beschuldigten handelt, erstellt bei einem Kurs der Erwachsenenbildung, als Mr. Alves auf Arbeitssuche war.« Luke machte eine Pause. Alves klappte den Ordner wieder zu, und Eva zuckte zusammen. »Mr. Vargas, könnten Sie uns bitte sagen, wie hoch Mr. Alves' IQ ist? Es steht in der unteren rechten Ecke.«

»Hier steht fünfundsiebzig«, sagte Mr. Vargas.

Endlich begann die malträtierte Haut am Finger des Autowerkstattleiters zu bluten. Er wischte die Hand an seiner Hose ab, ruckte dabei vor und zurück. Die Polizistin neben ihm sagte etwas, doch er hob nur die Faust an den Mund, senkte dann den Kopf bis fast auf die Knie, so dass man in seinem rotgefleckten Nacken die Wölbungen seiner Wirbel über dem Hemdkragen sah. Die Polizistin schrieb etwas auf eine Karteikarte, die sie anschließend faltete, ehe sie leicht an das Glas klopfte. Die Sekretärin nahm den Zettel und ging auf Zehenspitzen zum Gerichtsdiener in der äußersten rechten Ecke des Saals.

»Besonders niedrige Werte erzielte er in den Bereichen Zahlenverständnis und Gedächtnis, obwohl seine motorischen und sozialen Fähigkeiten normal waren«, fuhr Luke fort. »Erkennen die Geschworenen die dort hervorgehobene Zahl?«

»Einspruch, Euer Ehren«, sagte der Staatsanwalt und erhob sich erneut. »Was will die Verteidigung hiermit erreichen? Wir alle wissen, dass zwischen dem Intelligenzquotienten und kriminellen Handlungen kein nachweisbarer Zusammenhang besteht.«

»Natürlich nicht«, sagte Luke, »doch ausgehend vom gesunden Menschenverstand, besteht mit Sicherheit eine Verbindung zwischen rechnerischem Vermögen und der Fähigkeit, komplexen Betrug zu begehen. Der Jahresbericht der Britischen Psychologischen Vereinigung mit dem Titel ›Intelligenz: Bekanntes und Unbekanntes‹ aus dem Jahr 2009 führt aus, dass ein IQ von unter siebzig als Hinweis auf deutlich verminderte geistige Fähigkeiten klassifiziert wird.« Der Gerichtsdiener las die Karte der Polizistin. »Ich muss zugeben, wie überrascht ich bin, dass ein Mann mit einem IQ, der an Geistesschwäche grenzt«, fuhr Luke fort, ohne etwas zu bemerken, »und den der Zeuge mit der Formulierung, er ›kann nicht mit Zahlen‹ zitiert, in der Lage sein soll, solche extrem komplexen finanziellen Transaktionen durchzuführen –

ganz zu schweigen davon, einen äußerst lukrativen Prostitutions- und Drogenring beträchtlichen Ausmaßes zu führen.« Luke verstummte, und Eva sah zu Alves hinüber, der auf seiner Bank hin- und herruckte, den Kopf noch immer gesenkt. Der Gerichtsdiener gab den Zettel dem Richter weiter, der die Hand ausstreckte, um die Verhandlung zu unterbrechen, während er ihn las und zur Anklagebank hinübersah.

»Dem Gericht ist bekannt, dass der Angeklagte an Herzbeschwerden leidet, die wir berücksichtigen müssen. Sind Sie zufällig bei Ihrer Befragung des Zeugen an einem Punkt angelangt, der eine Unterbrechung erlaubt?«, wollte der Richter von Luke wissen.

»Ja, Euer Ehren, natürlich«, sagte Luke. Die füllige Frau neben Eva hustete in ihre Hand und rückte den Schal um ihren Kopf zurecht.

»Dann tritt das Gericht in fünfzehn Minuten wieder zusammen«, sagte der Richter.

Eva huschte genau in dem Moment aus dem Gerichtssaal, als das Rascheln von Papier auf Papier und das Schaben von Stuhlbeinen auf Teppichboden einsetzten. Sie hatte das Gefühl, sie könnte vielleicht vergessen, wie man atmete, deshalb ging sie möglichst schnell durch den orangefarbenen Korridor und zum Aufzug, wo zwei junge Frauen in grellen Trainingsanzügen Lipgloss auftrugen. Im Saal war es heiß gewesen. Eva stolperte aus dem Gebäude, zwischen den Metalldetektoren hindurch in die kalte Nachmittagsluft, und fühlte sich sofort besser. Luke machte seine Sache gut da drin. Was seine Arbeit betraf, hatte er immer einen entschieden moralischen Standpunkt vertreten, bestrebt, das Richtige zu tun. Sie hoffte, dass er etwas erreichte, worauf er stolz war. Unter dem Vordach des Gerichtsgebäudes ging sie nach links, vorbei an Fenstern, durch die man in ein Büro schaute, und dann wieder links Richtung Themse, bis sie das trübe Wasser und die dort vor Anker liegende HMS *Belfast* sah. Alles vor ihr war grau, die Farbe gestohlen. Die Luft war feucht, und man konnte weiter als bis zur London Bridge auf der einen und den hoch aufragenden Türmen der Tower Bridge auf der anderen Seite blicken. Die Stadt am gegenüberliegenden Flussufer schien denselben Farbton wie die HMS *Belfast* zu haben. Eva war benommen. Sie hatte vergessen zu frühstücken, darum betrat sie eine kleine Einkaufspassage, ging über die Terrasse eines Cafés, die im Sommer bestimmt hübsch war, und setzte sich drinnen auf einen Platz in der Ecke des fast leeren Raumes, in dem es nach Spiegeleiern roch. Eva schickte Luke eine SMS, »Ruf mich an, wenn du aus dem Gericht kommst? X«, bestellte dann eine Tasse Tee und nahm *Die Piratenbraut* aus ihrer Tasche.

»Serenitys Unterlippe zitterte vor Angst, als die Taue in ihre weiche Haut schnitten, ihre Handgelenke nach vorn zerrten und ihr Körper folgte. Stille legte sich wie ein Mantel auf das Deck, während man sie nach draußen brachte, zu den Piraten«, las Eva. Von den wenigen besetzten Tischen um sie herum hörte sie Besteck kratzen, und im Hintergrund jaulte ein Popsong. Sie nahm ihren roten Stift zur Hand und konzentrierte sich wieder auf das Manuskript.

»›Was hast du mit mir vor?‹, fragte Serenity mit ängstlich bebender Stimme. Kapitän Theodore lächelte schmal, als er ihre weiße Haut und die feuerroten Haare berührte, seinen Fang prüfte. ›Ich werde für dich Lösegeld verlangen‹, sagte er.«

Es hatte sich gut angefühlt, Luke vor Gericht zu sehen – das sollte sie häufiger tun. Manchmal hatte Eva das Gefühl, bei ihm eine Eintrittskarte mit »eingeschränkter Sicht« erworben zu haben. Seine Mutter hatte sich einmal während eines Essens an sie gewandt und gesagt, Luke habe in der Mittelstufe ganz furchtbare Magenschmerzen bekommen, weil er so ungern sein Zuhause verlassen habe. »Mum, *also wirklich*«, hatte Luke gesagt, der den Schluss mitbekommen hatte, und die Augen verdrehte wie ein Teenager. »Ich kann nicht anders«, hatte seine Mum grinsend entgegnet. »Ich sehe all die verschiedenen Versionen von ihm wie in einer dieser Matroschka-Puppen. Es macht mich ganz verrückt. Er ist zehn Jahre alt, ein Kleinkind, ein Anwalt und ein pickliger Jugendlicher, und zwar alles auf einmal.« Eva sah diese Versionen von Luke nicht, ganz und gar nicht. Es fiel ihr oft schwer, auch nur einer davon nahe genug zu kommen, um ihn zu verstehen. Sie war sich nicht einmal sicher, was es bedeutete, einen anderen Menschen wirklich zu kennen. Hieß es, ihn voll und ganz zu begreifen, jede einzelne Facette, die Nuancen jeder Erinnerung? Das schien die Moral von Liebesromanen zu sein, jedenfalls am Ende, und darauf schienen auch jene älteren Paare hinzudeuten, die Hand in Hand herumliefen und jeweils die Sätze des anderen vollendeten. Eva beobachtete Luke häufig, konnte alles beschreiben, von seinem Profil bis hin zu seinem Geruch, wenn er morgens aufwachte, doch sie befürchtete, dass es immer eine Kluft zwischen ihnen geben werde, wo ihre Leben einfach nicht einrasteten, und was immer so bliebe. Von dieser Vorstellung leicht verunsichert, sah Eva wieder auf die vor ihr liegenden Seiten, saugte dann gedankenverloren an ihrem Kuli und hob gerade rechtzeitig den Blick, um Lukes langen Kaschmirmantel draußen vorbeischweben zu sehen, unter seinem riesigen marineblauen Schirm. Sie stand auf, ohne das Manuskript zu nehmen oder ihren Tee zu bezahlen, und ging zur Tür, machte wieder kehrt, hoffte, er wäre nur ein Stück weiter die Straße rauf, und ließ einen Fünf-Pfund-Schein auf dem Tisch liegen. Sie raffte Stifte und Papiere in die Arme und öffnete unter Schwierigkeiten die Tür, stolperte dabei und ließ beinahe ihr Handy fallen.

»Luke!«, rief sie den graugepflasterten Gehweg zwischen Häusern und Wasser hinunter, doch Luke drehte sich nicht um. »Luke!« Sie lief ein paar Schritte in den Regen, ehe ihr klar wurde, dass er bestimmt seine Kopfhörer aufhatte. Jetzt war er dreißig oder vierzig Meter entfernt. Sie nahm ihr Handy hervor. Dass der Richter die Befragung durch Luke unterbrochen hatte, war erst zwanzig Minuten her, daher nahm Eva an, dass die Verhandlung vertagt worden war. Er ging mit langen Schritten Richtung London Bridge, als sie seine Nummer wählte, bereit, zu lachen und ihm zu erklären, dass sie ganz in seiner Nähe im Regen stand und auf ihn wartete.

»Hey«, meldete sich Luke und ging in einiger Entfernung unter seinem Schirm immer weiter. »Ich bin gerade unterwegs zu einer Besprechung – kann ich dich zurückrufen?«

»Hi. Klar«, sagte Eva nach einer Pause. »'türlich.« Er wandte sich Richtung Treppe, die zur London Bridge führte, und nahm die ersten Stufen nach oben.

»Ein verrückter Vormittag. Ich bin gerade erst in die Kanzlei gekommen«, sagte seine Stimme aus dem Handy.

»Lief es vor Gericht okay?«, fragte Eva ruhig und dachte, dass er mit ziemlicher Sicherheit gerade auf dem Weg in seine Kanzlei war, jedenfalls stimmte die Richtung.

»War in Ordnung, aber ich habe für morgen noch viel vorzubereiten.«

»Letzte Nacht mit Grace war seltsam, stimmt's?«, sagte Eva.

»Ja. Können wir später reden?«

»In Ordnung«, sagte Eva.

»Ich rufe dich nachmittags an, vielleicht muss ich bis spät arbeiten«, sagte Luke.

»Okay«, sagte Eva, merkte aber – mit einem Kloß im Hals –, dass Luke die Verbindung schon unterbrochen hatte. »Bis später«, sagte Eva ins Leere.

Er betrat die Brücke. Der Himmel über ihm war blass mit grauen Streifen. Eva stellte sich vor, wie Regina quer hindurchflog, einen Auftrieb erwischte, der sie nach oben trug und wieder fallen ließ, wie sie ganz nach Belieben über die Themse glitt. Dann dachte sie an die im Scorpio Club gefangenen Tauben, Kaninchen, Blumen und Mädchen. Eva fragte sich, ob die belastende Distanz, die sie gelegentlich zwischen sich und Luke spürte, ein Teil ihres eigenen Schattens war, der ihr von einer Beziehung zur nächsten folgte, oder ob sie nicht eher mit Luke zu tun hatte. Sie wusste es nicht. Als Lukes Gestalt sich unter die anderer Passanten mischte, wandte sie sich ab.

Eva blieb vor dem Café stehen, der Themse zugewandt, bis sie jemanden »Eva!« rufen hörte. Die Stimme ließ sie zusammenzucken. Rasch drehte sie sich um, überzeugt, dass Grace neben den gelbbraunen Backsteinen des Crown Court Southwark stand, eine Hüfte leicht ausgestellt, und sich eine Haarsträhne hinters Ohr strich. Doch Grace war weit und breit nicht zu sehen. Ein Jugendlicher mit einem NY-Yankees-Basecap küsste seine Freundin, ein Mann überprüfte in einem Schaufenster sein Spiegelbild und rückte die Krawatte gerade, zwei Schulkinder trampelten in Pfützen herum – vielleicht hieß sie ja genau wie eins der beiden und der Ruf war von dort gekommen.

Doch gleich darauf rief die Stimme noch einmal »Eva«, woraufhin sie sich die Menschen um sich herum genauer ansah: Anwälte, Touristen, ein Jogger und dort, in einiger Entfernung, an der Ecke zum Gerichtsgebäude, arbeitete sich Lukes Freundin Catherine lachend Richtung Fluss vor.

»Du bist in deiner *eigenen – kleinen – Welt*. Stimmt's?«, sagte sie, und Evas Magen sackte vor Enttäuschung nach unten. Sie suchte sogar die Straße noch ein Weilchen weiter ab, als bestünde die Chance, dass Grace auch da war, irgendwo verborgen.

»Wie geht's dir?«, fragte Catherine. »In zehn Minuten habe ich einen Prozess, bin furchtbar spät dran, kann also nicht lange plaudern. Eine Hochzeit zu organisieren ist verrückt, wenn das Gericht nie pünktlich tagt. Ich habe letzte Woche schon eine Kleideranprobe verpasst.« Sie trug ein graues Kostüm und Highheels, in den Armen hielt sie einen Stapel Akten und Unterlagen.

»Hi«, sagte Eva. Luke und Catherine waren zwar nicht in derselben Kanzlei, hatten aber zusammen Jura studiert und sahen einander regelmäßig im Gericht.

»Ist Luke drin? Willst du ihn abholen?«, fragte Catherine.

»Er ist schon gegangen, das Gericht hat sich vertagt.«

»Siehst du, was ich meine? Niemand hält die Termine ein. Hat dir meine Party gefallen?«

»Großartig«, sagte Eva. »Danke. Ja. Und dir?«

»Ich hab mich *köstlich* amüsiert. Lukes Lippe scheint mittlerweile geheilt zu sein.«

»Er hat die Angewohnheit, zur falschen Zeit am falschen Ort zu sein.« Eva lächelte.

»Die Frau war *besoffen*.«

»Frau?«, echote Eva.

»Was hat er denn gesagt, was passiert sei?« Catherine verzog das Gesicht zu einer Grimasse. »War es ihm peinlich zu gestehen, dass eine Frau ihn geschlagen hat? Ein echter Brüller. Er hat dir nicht gesagt, dass es eine Frau war?«

»Nein«, sagte Eva. »Ein Brüller. Hast du gesehen, was passiert ist?«

»Sie war draußen, vor dem Pub. Er ging raus, um mit ihr zu reden – zweimal, glaube ich –, weil sie ständig reinkommen wollte, wo er sie offenbar nicht haben wollte. Beim zweiten Mal stand ich neben der Tür und verabschiedete mich von Gästen, als sie ihm einfach eine verpasst hat und dann wegging – ein wenig wacklig auf den Beinen –, aber sie tat so, als wäre sie nicht voll bis oben hin.«

»Was hat er gemacht?«

»Ich ging raus und gab ihm ein kaltes Bier, das er gegen seine Lippe gedrückt hat. Als ich ihn fragte, was los gewesen sei, nuschelte er so was wie, die Frau sei irre, irgendeine Freundin, die er seit Jahren nicht gesehen habe.« Catherine sah auf ihre Uhr. »Sie war völlig hinüber. Total gaga.«

»Warum sie sich gestritten haben, hast du nicht gehört?«, fragte Eva.

»Ich war im Pub, und sie waren draußen.« Catherine zuckte die Achseln. »Ich muss los«, sagte sie. »Wir sollten aber mal zusammen Mittag essen, ja? *Versprochen*?« Dann machte sie kehrt, ohne Evas Antwort abzuwarten, wohl wissend, dass sie nie zusammen essen gehen würden.

Die Narbe war also Graces Werk. Wenn Eva daran dachte, wie sie diese Narbe geküsst, wie ihre Zunge wiederholt Graces Andenken berührt hatte, wurde ihr übel. Und Grace hatte an ihrem Oberarm wahrscheinlich fingergroße blaue Flecken, wo Luke sie in der letzten Nacht gepackt hatte – kleine Schatten. Wie die Landkarten, die Eva als Kind gesammelt hatte, war jeder Fleck das verkleinerte Abbild etwas viel Komplexerem. Als sie an Graces und Lukes Körper dachte, fing ihre Haut an zu kribbeln. Sie rieb über ihre rechte Handfläche: genau in der Mitte war eine kleine Narbe, wo der ungeschickte Luke sie am Guy Fawkes Day vor ein paar Jahren auf dem Primrose Hill mit einer Wunderkerze gestochen hatte. Sie rieb ihr »Feuerwerkswundmal«, wie Luke es nannte, berührte dann einen Hautwulst an ihrem Ellenbogen, als Luke sie einmal auf der Straße bei einem Streit gegen eine Mauer geschubst hatte.

Es war ihr zweiter vergeblicher Versuch gewesen, Luke zu verlassen, nach zwei Jahren, zu Halloween. Sie kamen damals von einer Party, auf der Eva einen alten Schulfreund getroffen und sich den größten Teil des Abends mit ihm in der Küche unterhalten hatte. Sie war als Herzkönigin aus *Alice im Wunderland* gegangen, mit einem geishahaft weißgeschminkten Gesicht und Lippen wie Rosenknospen, während Luke ein etwas halbherziger verrückter Hutmacher war, mit einem Zylinder auf dem Kopf, den Eva in einem Secondhand-Laden gefunden hatte. Auf der Heimfahrt von der Party küsste im Bus ein paar Sitze weiter ein Skelett eine Hexe, und eine Gruppe nuttiger Krankenschwestern spielte vorn

Musik auf ihren iPods und trank Red-Stripe-Bier. Wortlos stiegen Eva und ein schlechtgelaunter Luke am Piccadilly Circus aus, in der Nähe von The Trocadero und dem Apollo Theatre, schlängelten sich die Shaftesbury Avenue hinunter, bis sie in die Rupert Street einbogen und auf den Walker's Court zugingen, vorbei an Kneipenfenstern und geschlossenen Friseurläden. Eva spähte an Luke vorbei in die verschattete Sackgasse von Smith's Court, wo mitten auf der Straße eine Ledertasche lag, verkehrt herum, als wäre sie aus der Tür getreten oder aus einem Fenster geworfen worden. Eva wollte die Stimmung auflockern und ging hin.

»Es ist eine Reisetasche«, sagte sie. Ihre Finger wurden nass, als sie in die Hocke ging, um den Reißverschluss zu öffnen. Es roch modrig. »Bücher«, sagte sie und nahm in einer Fremdsprache verfasste Taschenbücher heraus. »Und Boxershorts«, ergänzte sie, zog mit spitzen Fingern fünf zerknüllte gestreifte Boxershorts hervor und ließ sie zu Boden fallen. »Das sind bestimmt die Überbleibsel eines Liebeshändels zwischen einem Akademiker und einer Prostituierten.« Eva klappte eines der Bücher auf, doch die Seiten klebten zusammen. »Was ist das, Russisch?«

»Irgendeine osteuropäische Sprache«, sagte Luke mürrisch und nahm Eva das Buch aus der Hand. »*Kupovina drva*«, las Luke aus dem Buch vor. »Ich frage mich, was das heißt.«

Sie stellte sich auf die Zehenspitzen, um Luke auf die Wange zu küssen. »Ich liebe dich«, sagte sie. Ihrer Ansicht nach hatte sie an diesem Abend nichts falsch gemacht, außer dass sie nicht der Mittelpunkt der Party sein wollte. »Warum bist du sauer auf mich?«

»Wohl eher ›Wie verfuge ich ein Badezimmer‹ als ›Ich liebe dich, warum bist du sauer auf mich‹. Ich halte es für einen Heimwerkerratgeber«, sagte Luke über das Buch in seiner Hand, ohne eine Gefühlsregung in seinem durch den Zylinder noch länger wirkenden Gesicht.

»Luke, du bist so was von scheißalbern.«

»Du hast keine Ahnung, wie Männer ticken. Glaub mir, in den Gedanken dieses Typs hast du dich irgendwo über einen Schreibtisch gebeugt.«

»Ich hab mich doch nur mit ihm unterhalten. Ich würde nicht mal an ihn denken, wenn du nicht so merkwürdig drauf wärst. Ich bin doch hier, stimmt's? Und nicht bei ihm.«

»Halb. Du bist halb hier. Ich habe immer das Gefühl, dass du nach anderen Optionen Ausschau hältst.«

»Du bist sauer, weil du dir vorstellst, dass ein anderer sich mich vorstellt? Ich kann's nicht ausstehen, wenn du so besoffen bist. Du hast ja keine Ahnung, wie bescheuert du dich jetzt gerade anhörst.«

»Red nicht so mit mir«, sagte Luke, ohne die Stimme zu erheben. Unter dem Hemd sah man seine angespannten Schultern. Eva kratzte sich an der Nase, weißes Make-up sammelte sich unter ihren Nägeln. Sie hatte erlebt, wie er andere so angesehen hatte, aber sie noch nie. Wenn sie sich stritten, war er normalerweise ungerührt.

»Dann benimm dich nicht wie ein Arsch«, sagte Eva und lachte, aber gekünstelt. In diesem Moment hatte Luke den Arm ausgestreckt und mit seiner großen Hand

Evas Oberarm gepackt. Er hielt sie viel fester, als angenehm gewesen wäre, was sie überraschte. Der Heimwerkerratgeber fiel mit einem dumpfen Geräusch auf das Kopfsteinpflaster. Auch sein Zylinder fiel zu Boden.

»Luke, das tut weh«, sagte Eva. »Du tust mir weh.« Sie wollte sich losreißen und machte einen Schritt von ihm weg, doch er hielt sie weiter fest. Ihr Herz schlug bis zum Hals. »Lass los.« Sie zitterte, und Wärme von seiner Hand breitete sich bis in ihre Schulter aus, durch ihre Muskeln den Hals hinauf in ihren Kiefer. Ihr ganzer Körper fühlte sich an, als würde Luke ihn jeden Moment zerschmettern. Sie wollte sich von der Kraft seiner Umklammerung, vom Geruch seines Atems und der Intensität seines Blicks befreien. »Lass los«, wiederholte sie, diesmal ein wenig lauter.

Und Luke ließ los. Das alles dauerte nur Sekunden, kam ihr aber länger vor. Als er sie freigab, taumelte ihr Körper rückwärts und gegen die Mauer der Gasse. Ihr Kopf schlug gegen die Backsteine, und ihr Ellenbogen schabte ein Stückchen an der Mauer entlang, ehe sie sich fing. Als sie ihr Gleichgewicht wiedergefunden hatte, gab es eine lange Pause, weil ihr schwindlig war. Eva rieb die Beule an ihrem Kopf und setzte sich auf den Boden.

»Das tut mir so leid, Eva«, sagte Luke. Er kniete vor ihr nieder und versuchte, ihren Kopf zu berühren, doch Eva stieß seine Hand weg und sah ihn nicht an. Eine alte Frau mit blaugetönten Haaren stapfte an der Gasse vorbei und spähte ängstlich auf die streitenden Kinderbuchfiguren, die da im Halbdunkel hockten. »Ich kann dir gar nicht sagen, wie leid mir das tut. Das wird nie wieder vorkommen. Ich fasse es nicht, dass das gerade geschehen ist.«

Als die Benommenheit abgeklungen war, sah Luke allmählich erschütterter aus als sie. Er flüsterte immer wieder, wie leid es ihm tue, und er hielt sich die Hand vor den Mund. Sie hatte noch nie erlebt, dass er sie um etwas gebeten hatte, außer vielleicht um die Erlaubnis, »auf noch einen Drink, noch einen Song« bleiben zu dürfen. Er saß mit nach vorn gezogenen Schultern da, seine große Nase zeigte zu Boden. Wenn Schönheit im Auge des Betrachters liegt, dann sah er plötzlich hässlich aus: die gemein aufgeworfenen Lippen, stechende graue Augen, verblasste Narben, drahtiges Haar, absurd große Hände. In dem Moment wusste Eva, dass sie ihn hasste. Sie spürte, wie sie innerlich verhärtete, nicht einmal zu verstehen versuchte, was in seinem Kopf vorgegangen sein mochte, damit er sich so aufführte. Sie wollte nur mit ihm Schluss machen und möglichst weit weg von ihm sein.

»Ich habe nichts getan, um so etwas zu verdienen«, sagte Eva schließlich. Sie dachte an das erste Mal, dass sie ihn mit gerunzelter Stirn erlebt hatte, nämlich in ihrem Schlafzimmer am Silver Place, und dachte an die Trauerfalten. »Ich möchte, dass du mich jetzt in Ruhe lässt«, sagte Eva.

Eva hatte sich nie für einen schwachen Menschen gehalten. Vielleicht manchmal passiv, aber nie schwach. Und ganz bestimmt hatte sie keine Angst vor Einsamkeit. Abschiede sah sie als leere Seiten – Unendlichkeit, alles stand einem offen. Nachdem sie als Heranwachsende zahlreiche Schulen in verschiedenen Ländern durchlaufen hatte, war sie sich ziemlich sicher, dass sic als Erwachsene gut zurechtkäme, wenn man sie in einem fremden Land aussetzen würde. Sie würde weitermachen. Weder war sie übertrieben emotional, noch suchte sie oberflächliche Verbindungen zu anderen Menschen. Nur dass sich Luke nach dem Streit zwischen der Herzkönigin und dem verrückten Hutmacher nicht widerstandslos von ihr abservieren ließ.

Am Halloweenabend brachte er sie schweigend zum Silver Place und ging dann zurück in seine alte Wohnung nach Hackney. Zwei Wochen lang nahm sie keine Anrufe von ihm entgegen und öffnete auch nicht die Tür, wenn er von der Straße aus hinaufrief. Doch er fehlte ihr. Er schrieb ihr E-Mails und Briefe, entschuldigte sich. Er sagte, er nehme an Antiaggressionskursen teil. Er habe Streit gesucht, und es täte ihm schrecklich leid, dass er einen mit ihr angefangen habe. Eva bemühte sich, an diesen wüsten Blick in seinen Augen zu denken, an diese Bedrohung, die von ihm ausgegangen war, doch das Gefühl des Verlusts, als Luke kein Teil ihres Lebens mehr war und das wie ein Stein in ihrem Bauch lastete, überraschte sie. In seinem Blick hatte eine Offenheit gelegen, als er sie gepackt hatte, ein Geheimnis, das ihr einen Moment lang offenbart wurde – ein Riss, ein neues Gesicht auf einem Gemälde, das man jahrelang betrachtet hatte. Als er weg war, glaubte Eva, ihn an jeder Ecke zu sehen – und damit, dass er ihr fehlte, war auch kein masochistisches, verträumtes Vergnügen verbunden, so wie es bei anderen gewesen war. An ihn zu denken tat einfach nur weh. Sie war frei und ungebunden, doch sie wollte an ihn gebunden sein, wollte die sinnlosen E-Mails, die er ihr tagsüber schickte, wollte seine Berührungen, wie er sich übers Essen beklagte, seinen Geruch, wenn er das Hemd auszog, wie er sie anlächelte, die Geborgenheit. Schließlich rief sie ihn an und sagte, er könne vorbeikommen und ein paar Schallplatten und Bücher holen, die er am Silver Place zurückgelassen hatte. Schon als sie seine Nummer wählte, war ihr klar, wenn er käme, würde sie sich betrunkener geben, als sie war, und mit ihrer Hand seine Hand streifen.

Als sie am Themseufer vor dem Crown Court Southwark stand, suchte Eva mit ihrem Handy bei Google nach der Telefonnummer von Spider Media. »Könnte ich bitte mit Grace Taylor sprechen?«, sagte Eva.

»Sie hat heute Nachmittag frei«, sagte eine Stimme am anderen Ende der Leitung. »Rufen Sie wegen der Einladung zu dem Gespräch heute Abend an?«

»Genau«, sagte Eva. Auf der HMS Belfast mühte sich ein Vater, sein Kleinkind wieder in den Buggy zu kriegen, und eine Frau schlürfte heißen Kaffee und zog ein Gesicht, als hätte sie sich die Zunge verbrannt. »Ich heiße Eva Elliott. Ich kann bloß meine Einladung nicht finden.«

»Es findet im Phoenix Theatre an der Phoenix Street statt, nicht weit von der Charing Cross Road. Getränke gibt's um halb sieben, das Gespräch beginnt um sieben.«

»Und Grace wird da sein?«

»Natürlich.«

»Danke sehr.« Eva unterbrach die Verbindung.

Auf dem Rückweg in ihr Büro, über die Waterloo Bridge Richtung Soho, ging Eva auf der Suche nach Grace die Namen von Lukes Exfreundinnen durch: Da gab es die dürre Rothaarige mit den türkisgrünen Augen aus Lukes Fotoalbum in seinem alten Schlafzimmer in Hackney – Mary –, dann eine Kunststudentin, Arabella, während seines ersten Studienjahres an der Universität; eine Doktorandin – die möglicherweise Suzie hieß –, und dann eine Tammie oder Talia, als er in London zu Jura wechselte. Seine letzte Beziehung vor Eva war eine Anwaltspraktikantin gewesen, eine gewisse Iris. Sie hatten in Stoke Newington kurz zusammengewohnt. Sie hatte eine Brille mit Schildpattgestell und große Brüste, was Eva aber nur von einem Foto auf Facebook wusste. Häufig begegnete sie ehemaligen Affären von ihm auf Partys, doch – jedenfalls soviel sie wusste – nie festen Freundinnen, und auch nie Grace. Natürlich hat jeder Geheimnisse: unausgesprochene Erinnerungen, lückenhafte Wahrheiten. Keiner ist immer ehrlich. Eva hatte Luke nicht einmal ihren Eltern vorgestellt.

Nach ein paar Stunden im Büro stand Eva an der Charing Cross Road Ecke Phoenix Street, Blackwell's Bookshop auf der einen und das Theater auf der anderen Seite. Riesige Kanister Speiseöl standen auf dem Gehweg vor einem chinesischen Restaurant Spalier, ein Eckladen warb mit einem durchweichten Pappschild für ein Minicab-Unternehmen, an einem schwarzen Telefonhäuschen fehlte die Tür, und ein paar Jugendliche auf Fahrrädern stritten sich, wo eine ihrer Freundinnen am Vorabend gewesen war. Es roch ein wenig nach Pisse. Das Theater beanspruchte die ganze Ecke des Blocks, im Souterrain befand sich ein Club für Mitglieder. Nur wenige Schritte weiter die Phoenix Street hinunter stand eine junge Frau mit einem Klemmbrett draußen vor den Türen des Theaters. Die kleinen goldenen Phönixe hatten ihre Flügel auf den weißen Pilastern ausgebreitet, erstarrt in einem Augenblick der Ekstase. Auf einem Schild an den goldverzierten Mahagonitüren stand: »Private Veranstaltung«.

»Darf ich Ihren Namen erfahren?«, sagte die junge Frau lächelnd. In einem noblen goldblauen Foyer hinter ihr gruppierte sich eine kleine Menschenmenge um eine Bar mit Spiegelwand herum.

»Ist Grace Taylor da drin?«, fragte Eva, und ein besorgter Ausdruck erschien auf dem Gesicht der Frau.

»Ich glaube, sie ist unterwegs«, antwortete sie, doch aus ihrem starren Lächeln sprach eher das Prinzip Hoffnung als eine Tatsache.

»Ich habe mit dieser Veranstaltung nichts zu tun. Bin nur eine Freundin. Sie ist doch nicht krank oder so?« Eva dachte, dass Grace vielleicht noch verkatert war.

»Sie müsste bald hier sein«, sagte die junge Frau achselzuckend, ein wenig erleichtert, dass Eva eine Freundin von Grace und kein Gast des Autors war. »Kommen Sie rein?«

Eva betrat die Bar und bestellte einen Wodka-Tonic, umgeben von schick gekleideten Gästen, die gebundene Ausgaben der Autobiographie eines Theaterregisseurs in den Händen hielten. Der Name sagte ihr nichts, obwohl er offenbar berühmt war. Sie nippte an ihrem Drink und wartete, lauschte: »eine Tour de Force«, »eine Rabelais'sche Komödie«, »unerschrocken«. Als sich die Menge nach und nach durch eine große Glastür rechts von der Bar begab, blieb Eva im Foyer.

»Sie wollen sich das Gespräch nicht anhören?«, fragte die Frau mit dem Klemmbrett, die ohne großen Nachdruck die Leute in den Saal komplimentierte.

»Ich warte noch auf Grace«, sagte Eva.

»Ich hab sie bestimmt schon hundertmal angerufen, und sie ist nie rangegangen. Richten Sie ihr doch aus, dass ich sauer auf sie bin, ja?«

»Wird gemacht«, versprach Eva lächelnd, und in dem Raum wurde es still, abgesehen von der Frauenstimme, die aus den Lautsprechern hinter der Bar rieselte, und dem Verkehrslärm der Charing Cross Road.

Eva wartete eine Viertelstunde in der Theaterbar, bis halb acht, und trat dann – gelangweilt – wieder ins Freie unter die ekstatischen Phönixe. Draußen war es immer noch hell, doch inzwischen nieselte es wieder. Sie würde ein wenig herumschlendern, ehe sie kehrtmachte und den Kopf noch einmal durch die Theatertüren steckte, um nachzusehen, ob Grace aufgetaucht war.

Am anderen Ende der Phoenix Street, von der Charing Cross Road aus gesehen, befand sich ein kleiner, von einem roten Zaun umgebener öffentlicher Garten. Durch

Gebüsch und Bäume sah Eva Gänseblümchen, Rosen, Nesseln. Aus Betonblumenkübeln quoll Lavendel. Schubkarren voller Unkraut. Chaotisch gepflasterte Wege. Der Kirchturm von St Giles in the Fields ragte wie ein steinerner weißer Finger in den Himmel. Eva stellte sich vor, dass Grace dort auf einer Bank saß, den Kopf in den Händen – vielleicht weinte sie, oder aber sie lächelte vor sich hin und rauchte. Ein Geräusch schreckte Eva auf, doch es war nur eine einäugige schwarze Katze, die aus einem Busch sprang. Die Katze schmiegte sich an Evas Beine, wo sie eine warme Spur hinterließ. Eine Amsel flog auf das Dach eines Hauses und öffnete ihren gelben Schnabel über London. Die Alarmanlage eines Autos schrillte los. Eva ging um den Garten herum und spähte durch die Blattdreiecke. Natürlich war Grace nicht da drin. Enttäuscht entdeckte Eva, dass das Gartentor verschlossen war, und ging weiter durch die St Giles Passage. Sie betrat das Kirchengelände, die Kirche war aus weißem, mittlerweile von Smog ergrautem Stein gebaut. Jemand hatte Kreidezeichnungen auf dem Gehsteig hinterlassen, und die Farben weinten jetzt, Hüpfkästchen verwischten, und Strichmännchen verschmolzen zu Evas Füßen. Rechts von der Kirche standen einzelne erhöhte Gräber, doch Eva ging weiter nach links zum nächsten Tor und einer Laterne wie in den *Narnia*-Büchern, groß und schwarz, mit ein paar an den Sockel gequetschten Kaugummiklumpen.

Der Haupteingang der Kirche führte auf die St Giles High Street, durch den Seiteneingang kam man zur Kreuzung Flitcroft Street und Denmark Street. Eva ließ sich neben der Treppe auf einem Sims nieder und presste ihre Beine mit den Armen an den Oberkörper. Da es nicht mehr regnete, lehnte sie sich nach hinten an die Kirchenmauer und entnahm ihrer Tasche *Die Piratenbraut*. Der Seiteneingang, vor dem sie saß, war ein Solitär, ein steinernes Portal, umgeben von einem schwarzen schmiedeeisernen Tor, das mit einem Vorhängeschloss gesichert war. Zigarettenkippen, feuchtes Laub, eine Spritze, Aufreißlaschen von Bierdosen und eine Quittung aus einer Accessorize-Boutique lagen in einer Pfütze um die modrigen Sockel des Torbogens, während auf der Sitzfläche eines kaputten ledernen Bürostuhls eine Taube schlief. Eva zog ihre Jacke enger um den Hals und nahm ihren roten Kuli heraus. Hinter dem Tor sprach eine Frau ins Headset ihres Telefons, ein Straßenfeger schob seine Mülltonne vor sich her. Eine Frau mittleren Alters lief in Doc-Martens vorbei, und in einer Touristenschar wippte ein blonder Pferdeschwanz. Eva erwartete, dass die Frau aufsah und sie in ein fremdes Gesicht blicken würde, doch es war Grace, die um die Ecke aus der St Giles High Street in die Denmark Street bog. Sie ging Richtung Charing Cross Road, auf das Phoenix Theatre zu.

»Grace!« Eva rappelte sich von ihrem Sims an der Kirchenmauer auf und riss dabei mit ihrer Hose ein Stück feuchten Schimmels vom Stein. »Grace!« Sie sprang auf den Boden und lief zum Tor, dabei scheuchte sie die Taube von dem Bürostuhl, die auf die Hausdächer flüchtete. Grace drehte den Kopf.

»Eva«, sagte Grace kaum hörbar von der anderen Straßenseite. Sie hatte blutrot geschminkte Lippen und trug Pfauenfederohrringe. Sie machte keine Anstalten, die Straße zu überqueren. »Diese Kirche war einmal eine Leprakolonie, hast du das gewusst?« Flüchtig spielte ein Lächeln um ihre Mundwinkel. »Heute Morgen fühlte ich mich selbst wie eine Leprakranke. Das gestern Nacht ist mir äußerst peinlich. Ich war total betrunken.«

»Du hast Luke Anfang August geschlagen«, sagte Eva. »Was hat er dir getan?«

Graces Miene verdüsterte sich. Sie schob sich die Haare hinter die Ohren und entfernte sich ein paar Schritte von Eva. »Ich kenne ihn besser als du. Wir sind zusammen aufgewachsen.«

»Das hat er mir gesagt.«

»Ach ja? Was hat er dir gesagt?«

»Warte kurz auf mich, ja? Wir treffen uns am Haupteingang, einverstanden?« Eva zeigte nach rechts, etwa vierzig Meter quer über den Kirchhof, wo das Haupttor der Kirche war.

Grace nickte, und Eva lief zum Tor hinüber, sprang über ein Blumenbeet und umrundete eines der Gräber. Als sie sich umsah, ging Grace auch in Richtung Kircheneingang, doch als Eva die Straße betrat, war sie nirgends zu sehen. Eva stolperte fast über ein Fahrrad, das an ein Verkehrsschild gekettet war. Keine Grace. Da gab es einen Friseur, eine Stellenvermittlung, ein Tätowierstudio und ein Gitarrengeschäft; in jeden Laden hätte Grace schlüpfen können, während Eva ihr kurz den Rücken zuwandte. Sie schaute in das Fenster des Friseurladens – eine Frau ließ sich Dreadlocks machen, eine andere hatte den Kopf voller Alufolie –, aber Grace war nirgends zu sehen. Sie steckte den Kopf in das Tätowierstudio, wo ein Mann mit Ranken auf Armen und Hals eine Zeitschrift las.

»Ist hier eben eine Blondine reingekommen?«

»Nein, Ma'am«, sagte der Mann.

Dieselbe Frage stellte Eva einem sonnengebräunten Hipster in Hank's Acoustic, in einer Bar, einem Café und einem indischen Restaurant bis hinunter zur Charing Cross Road, aber Grace war entwischt. Eva ging zurück zum Phoenix Theatre, wo die Frau mit dem Klemmbrett an der Bar Evian trank und wartete, dass die Veranstaltung endete, doch als Eva zu ihr ging, piepte gerade ihr Handy, und sie nahm es aus der Tasche. Die junge Frau musterte ihr Telefon verdrossen.

»Verdammt, was zum Teufel mache ich nach der Diskussion mit dem Autor? Grace hat mich versetzt. Sie ist nach Hause gegangen. Sie ist krank.«

Eva knipste das Flurlicht an, und ein Schatten huschte an ihr vorbei: Für ein paar Sekunden warf eine Motte ihre Umrisse an die Wand des Treppenhauses. Sie setzte sich an den Wohnzimmertisch, auf dem hinten Lukes Akten lagen, die unlesbaren Post-its bogen sich zur Zimmerdecke. An diesem Abend gegen acht hatte er sie von seinem Büroanschluss aus angerufen, als Eva auf dem Heimweg vom Phoenix Theatre war, und ihr erzählt, wie viel Arbeit es noch mit diesem Geldwäscheprozess gäbe, wie kompliziert die Finanzen seien und wie felsenfest er von der Unschuld seines Mandanten überzeugt sei. Das Gespräch dauerte vielleicht fünf Minuten, aber Eva sagte nicht viel. Nicht, dass sie zufällig Catherine getroffen hatte, und auch nicht, was Grace vor der Kirche gesagt hatte. Jetzt knipste sie seine Schreibtischlampe im Wohnzimmer an, die einen kaputten Arm hatte und schlaff über Lukes Unterlagen baumelte. Sie nahm seinen gelben Notizblock in die Hand und schlug ihn auf. In der obersten Zeile entzifferte sie: »Mädchenname der Ehefrau Avedis Pakchoian, Brüder Hamik, Rehan und Avedis Pakchoian. Illegale? Soll Lucinda überprüfen.« Weiter unten hatte er die Wörter »Krankenakten, Panikanfälle, Herzrhythmusstörungen« notiert und mit einem Marker hervorgehoben, dann »Bordelle? Vier in London, werden bald geschlossen«, was unterstrichen war. Eva stand auf und legte eine von Lukes Schallplatten auf den Plattenspieler. Die Nadel rutschte kurz über die schwarze Plastikfläche und schleuderte dann etwas Dramatisches ins Wohnzimmer. Das Scrabblespiel lag noch unter dem Couchtisch, sie zog es vorsichtig hervor und betrachtete die Buchstaben. Was sollte sie nur mit T-E-U-M-E-R-T anfangen? Gegen das N von Lukes MANTEL legte sie MEUTERN.

Sie stand wieder auf und ging ins Bad, wo immer noch Graces Armreifen im Waschbecken lagen. Sie setzte sich auf den Wannenrand und legte sie sich im schwächer werdenden Abendlicht gedankenverloren an. Sie spürte ihr Gewicht an ihren Handgelenken. Eine Weile hörte sie sich Lukes Musik an, ehe sie in das Zimmer ging, das vor Grandmas Tod ihres gewesen war. In einer Ecke standen immer noch Kartons mit Evas Sachen, doch inzwischen nutzte hauptsächlich Luke es als Garderobe. Es roch nach Zedernholz, Mottenkugeln und Lavendel, ein Aroma, dem die Motten trotzten. Graces Reifen rutschten Evas Handgelenke rauf und runter, als sie einige der toten Insekten aus der Nachttischlampe neben ihrem ehemaligen Kinderbett auf einen Briefumschlag packte und sie dort liegen ließ, wie Soldaten auf einem Leichentuch. Noch mehr Kadaver befleckten die blauen Wände. Lukes Hemden hingen nebeneinander an einer Stange, darunter standen seine blitzblanken Schuhe aufgereiht, seine Boxershorts und Strümpfe lagen in einer Kommode, die er aus seinem Apartment in Hackney mitgebracht hatte. Eva strich mit den Fingern über die Hemden, die von hell nach dunkel sortiert waren, alle drei Bügel war eine Mottenfalle angebracht. Seine Anzüge steckten in Kleidersäcken, um die Motten fernzuhalten. Es gab eine eigene Schiene für Krawatten, und in der Kommode war eine ganze Schublade für seine farbigen Einstecktücher reserviert.

Eva hatte ihre Trennungen immer mit äußerster Präzision und freudigem Eifer vorbereitet. Jetzt hatte sie feuchte Handflächen, als sie in den Taschen von Lukes Anzügen kramte. Sie fand Visitenkarten, ein Paar Kopfhörer, ein einzelnes Päckchen mit Kontaktlinsen. Sie probierte es in den Taschen seiner Jeans – eine Serviette, in der Kaugummi klebte, eine Ein-Pfund-Münze, eine Quittung aus einem Pub. Wenn es im Haus knarzte oder eine Motte vor die Lampe flog, schreckte Eva jedes Mal zusammen und ermahnte sich dann zur Ruhe. Sie faltete die Klappen eines der nicht ausgepackten Kartons hinter Lukes Kleiderstange auf und entdeckte haufenweise Geschichtsbücher, in einem anderen Karton fuhr sie mit den Fingern über die Rücken von juristischen Fachbüchern.

Sie rechnete mit mehr Büchern, doch in einem dritten Karton klapperte es, als sie ihn unter der Kleiderstange hervorholte. Durch einen Riss sah sie ein für Luke untypisches Sammelsurium von Gegenständen. Vorsichtig entnahm sie dem Karton zwei »goldene« Tassen, in die sein Name eingraviert war, beide, weil er den ersten Platz bei Debattierwettbewerben gewonnen hatte. In den Tassen lagen drei verstaubte Medaillen – ebenfalls erste Plätze beim Langstreckenlauf. Sie trug die Nachttischlampe zu dem Karton und las ein altes Schulzeugnis: »Luke hat in diesem Jahr gelernt, seine Zeit konstruktiv zu nutzen … Hat daran gearbeitet, ein besserer Zuhörer zu werden … Ist intelligent und gut organisiert, hat aber die Angewohnheit, während des Unterrichts mit spitzfindigen Fragen die Aufmerksamkeit auf sich zu lenken.« Eva lächelte.

Sie fand einen handgeschriebenen Geschichtsaufsatz über die Kreuzzüge, sein ungerahmtes Universitätsdiplom, einen von ihm für die Schülerzeitschrift verfassten altklugen Artikel über Bildungspolitik und eine Geburtstagskarte von seinem Großvater. Es schien, als hätte er Dinge auf einen Haufen geschmissen, die er nicht wegwerfen mochte, bei denen er aber eigentlich nicht wusste, wohin damit. Es gab sogar eine schwarzrosa Schulkrawatte, die Eva vom Boden des Kartons fischte. Dabei lösten sich drei Postkarten, die mit der Vorderseite an der Kartonwand gestanden hatten. Sie fielen um, und Eva nahm sie heraus, um sie ins Licht zu halten. Sie erkannte die erste wieder, auf der stand: »›Bedeckt ihr Gesicht: meine Augen sind geblendet: sie starb jung.‹ – John Webster.« Eva fuhr mit den Fingern über die tief eingedrückte Tinte, wie sie es beim ersten Mal gemacht hatte, als sie die Karte zwischen Bankauszügen und Speisekarten auf der Fußmatte am Silver Place fand. Auf der nächsten Postkarte stand: »›Die Person, die dich verletzt hat, ist ebenfalls hier. Wenn du auf diese Person immer noch wütend bist, wenn du nicht dazu in der Lage warst zu vergeben, bist du an sie gekettet.‹ – Leymah Gbowee.« Und auf der letzten: »›Im Leben der meisten Menschen gibt es einen Augenblick, in dem man nicht mehr zurückkann.‹ – Graham Greene.«

Eva las alle Zitate ein zweites Mal. Davon wurde ihr übel, sie spürte hinten im Hals ein saures Brennen, deshalb legte sie jede Postkarte mit dem Text nach unten auf den Teppichboden und schob sie von sich weg. Er hatte sie aufgehoben. Er hatte die Postkarte weder der Polizei übergeben, noch jemandem in seiner Kanzlei gezeigt. Eva schloss kurz die Augen, dann widmete sie sich wieder Lukes Karton mit Habseligkeiten, ihre Hände waren zittrig. Sie entnahm ihm ein kleines Fotoalbum, dasselbe, das sie in seinem Schlafzimmer in Hackney zu Beginn ihrer Beziehung durchgeblättert hatte. Einige der Fotos erkannte sie wieder: Luke beim Camping mit seinem Dad; seine Mutter, umgeben von Papieren an ihrem Küchentisch mit einer »Mutti-ist-die-Beste«-Tasse; das Schulporträt eines streberhaften dreizehnjährigen Luke, der aussah, als löse er gerade Integralgleichungen im Kopf.

Eva hob die Plastikfolie an und nahm den Schnappschuss mit seiner ersten Freundin heraus: die rothaarige Mary mit ihrem sommersprossigen Gesicht und den traurigen grünen Augen. Sie und Luke saßen eng nebeneinander auf einer Bank, während ein Junge in einem Fußballtrikot mit erhobener Faust auf die Kamera zulief. Mary sah mager und furchtsam aus, als wolle sie nicht gesehen, geschweige denn fotografiert werden. Eva legte das Bild vor sich auf den Teppich.

Während Eva ungezählte Fotoalben und Kartons mit Briefen ihrer Großmutter, Tüten voller alter Schulhefte, Teenager-Tagebücher und halbfertiger Projekte aus dem Kunst- und Werkunterricht aufgehoben hatte, besaß Luke nur Kleidung, seine juristischen Fachbücher und Stapel von Unterlagen, die er allwöchentlich ordnete und sorgfältig abheftete. Dieser einzige Karton mit seinen Kindheitserinnerungen war nie auch nur ausgepackt worden. Er hätte dieses Fotoalbum zu ihren Alben ins Wohnzimmer stellen können, hatte es aber nie getan. Vielleicht war es passend, dass alles, was mit Lukes Gegenwart und Zukunft zusammenhing, gut geordnet war, während die wenigen Dinge, die zu seiner Vergangenheit gehörten, die keinen Wert für die Gegenwart hatten, einfach in einen Pappkarton gepackt und vergessen wurden.

Eva betrachtete ein Foto von Lukes hübscher Mutter, der sie inzwischen einige Male auf Geburtstagen und an Feiertagen begegnet war. Auf diesem Bild trug sie eine rote maßgeschneiderte Jacke, während Lukes Stiefvater Jeans anhatte, unter denen mit Monogramm bestickte Slipper hervorlugten. An den Wochentagen in London war Luke eines von den Kindern, deren Zahnarzttermine ein Jahr im Voraus festgelegt und sorgsam auf dem Gauguin- oder David-Hockney-Kalender eingetragen wurden, den die Mutter zu Weihnachten bekommen hatte; es war immer jemand da, der ihm bei den Hausaufgaben half oder sich seine Eröffnungsplädoyers für den Debattierclub anhörte.

Luke verbrachte jedes zweite Wochenende und immer abwechselnd die Ferien in Devon bei seinem Vater, der nie wieder heiratete. Luke sagte, zu Mutter und Stiefvater habe er ein völlig unkompliziertes Verhältnis, seinem Vater stehe er aber weniger nahe. Eva war ihm nur einmal begegnet, auf dem Smithfield Market, wo Mr. Jones gelegentlich vorbeikam, um mit Kunden aus Restaurants und Geschäften zu reden. Eines frühen Morgens – ihre Beziehung war zwei Jahre alt – hatten sich Luke und Eva durch den Vorhang aus Plastikstreifen am Haupteingang der Markthalle geschoben und den Gang mit den Metzgerständen betreten, wo sie auf beiden Seiten hinter gebogenen Plexiglasscheiben Rinderlebern liegen sahen, an Stahlhaken hängende, weit auseinanderklaffende Brustkörbe und Köpfe von Schweinen mit zugekniffenen Augen. Eva hatte bedauert, dass sie unendlich viel Zeit damit verbracht hatte, das perfekte »Triff-den-Vater-deines-Freundes«-Outfit zusammenzustellen, bestehend aus einem ziemlich sittsamen

Kleid und Lackpumps, mit denen sie zwischen den Metzgerständen auffiel. Doch Luke war vielleicht sogar noch mehr aufgefallen als Eva mit seinem frischen Einstecktuch, das aus dem Jackett lugte, und glänzenden ledernen Budapestern, die auf den feuchten Kopfsteinen der Markthalle klapperten. Er zerrte sogar seinen Rollkoffer über das Pflaster, in dem seine Gerichtsperücke und der Talar steckten.

Lukes Vater hatte seinen Sohn angelächelt und war dann nach vorn getreten, um ihm die Hand zu geben, die noch in dem blutbeschmierten Plastikhandschuh steckte, der jedoch einen Schritt zurück machte und den Kopf in gespielter Irritation auf die Seite legte. Das war offensichtlich ein lange eingeübtes Ritual, der Vater machte sich über seinen Sohn lustig.

»Hi, Dad«, hatte Luke lächelnd gesagt. Es war kurz vor Weihnachten, und seine Worte dampften in der Luft. »Das ist Eva.«

»Möchtes du ein Schweineherz halten?«, hatte Lukes Vater gefragt, an Eva gewandt.

Anschließend waren Eva und Luke einen Kaffee trinken gegangen und hatten über Evas Miene gelacht. Bestimmt war das ein echter Kulturschock, dachte Eva, ein reiches kleines Kind aus einem schicken Vorort zu sein, das seine Abende mit Lateinhausaufgaben in dem mit Lilien und Skulpturen bestückten Wintergarten seiner Mutter verbringt, und sich dann an jedem zweiten Wochenende bei der Arbeit auf einer Schweinefarm behaupten zu müssen. Vielleicht gefiel es Luke dort nicht besonders, deshalb sprach er nicht darüber.

Am Silver Place legte Eva Fotos von Lukes Eltern nebeneinander auf den Boden. Auf den meisten Seiten des restlichen Albums stieß man auf die grünen Augen von Lukes erster Freundin: Sie las *Große Erwartungen* in einer Hängematte, händchenhaltend mit Luke vor dem Hintergrund einer öden Strandlandschaft, allein auf einer Picknickdecke sitzend, einen Notizblock auf den Knien. Auf einem anderen Bild sah man Mary, Luke und ein jüngeres Kind mit einem Basecap um einen hölzernen Zaun zwischen zwei grünen Feldern, vermutlich in Devon. Am Horizont verteilten sich ein paar Bauernhäuser, weiße und reetgedeckte Rechtecke in einiger Entfernung unter einem strahlenden Sommerhimmel. Mitten im Bild befand sich Lukes grinsendes Gesicht, gezeichnet von Akne und Narben. Seine Pose war linkisch, wie so oft bei Jungs in dem Alter, doch Mary stand ein wenig erhöht hinter Luke, ihre Hand auf seine gelegt, grazil und aufrecht wie ein Model auf dem Laufsteg. Sie trug ein Sommerkleid mit Blumenmuster und rosa Gummistiefel, die noch unterstrichen, wie beunruhigend dürr ihre nackten Beine waren. Vor ihnen stand das dritte Kind, die schwarzen krausen Haare über den Ohren kurz geschnitten, mit einem Basecap und riesigen Augen wie die einer Manga-Figur. Es war dasselbe Kind, das auf dem Foto weiter vorn in die Luft geboxt hatte. Auf den ersten Blick hatte Eva es für einen Jungen mit missratenem Haarschnitt gehalten. Doch nun, bei näherem Hinsehen, entpuppte es sich als knabenhaftes Mädchen in Jeans, einem schlabbrigen T-Shirt und verdreckten Wanderstiefeln. Sie lächelte in die Kamera, dabei sah man eine Zahnlücke, die augenscheinlich später durch eine Spange korrigiert wurde. Danach hatte Eva gesucht, als sie Lukes Erinnerungen durchging: ein Foto von Grace. Eva hielt das Bild näher ans Licht. Graces ausgeprägte Züge waren bei der Jugendlichen noch unfertig, ihnen fehlte noch die Sinnlichkeit der jungen Frau. Damals hatte sie schwarze Haare, die aussahen, als wären sie mit der Küchenschere geschnitten worden. Sie waren alle da, waren alle drei zusammen, Freunde, bevor es Eva in Lukes Leben gegeben hatte.

Eva betrachtete das Foto und lauschte auf ihren Atem. Sie spürte, wie Panik in ihr aufstieg, und lenkte sich dadurch ab, dass sie übergangslos daran dachte, wie Sophia in dem sich ausbreitenden Badewasser- und Tränensee im Scorpio saß und sich so intensiv auf ihren Liebhaber und Zauberer konzentrierte, dass sämtliche Fenster des Clubs auf einmal zersprangen, in der Mitte einen Sprung bekamen und auf den Teppichboden barsten. Eva schloss nur kurz die Augen: Die Assistentin des Zauberers versuchte, sich die Gesichtszüge ihres Liebhabers in Erinnerung zu rufen, vielleicht den Geruch seiner Haare oder die genaue Farbe seiner Haut, wenn er den Nachmittag im Freien verbracht hatte, statt drinnen zu lesen. Sophia versuchte, sich das erste Mal ins Gedächtnis zu rufen, als sie die Nacht zusammen verbrachten, nachdem sie von zu Hause weggelaufen war, um sich mit ihm dem Zirkus anzuschließen, als sie sich in einem Pferdetransporter küssten, inmitten des Geruchs von Pferdemist und Glückseligkeit.

In dem Quasi-Zufluchtsort ihrer Phantasie sah Eva, wie alle Blumen des Zauberers im Scorpio Club wegen der Intensität der Erinnerungen seiner Assistentin Feuer fingen und all die weißen Tauben verzweifelt gegen die Wände flatterten oder in Richtung der zerbrochenen Fenster flogen, während die Schlangen durch Abflüsse glitten und das Tigerbaby Wasser trat, als Sophia erschöpft aufschrie.

Gegen zehn Uhr abends, nachdem sie Luke einen Zettel hingelegt hatte mit der Bitte, sie anzurufen, sobald er von der Arbeit nach Hause kam, zog Eva ihren Mantel an. Sie betrat Ingestre Place Richtung Berwick Street, überquerte dann die Shaftesbury Avenue und kam auf den Leicester Square mit den vielen Touristen und den verschwitzten Teenagern, overdressed in ihren Lack-Stilettos und Miniröcken ohne Strumpfhosen. Aden, der Akademiker, mit dem sie auf der Treppe der St. Paul's Cathedral Schluss gemacht hatte, hatte früher manchmal am Geländer vor dem Hippodrome an der Charing Cross Road auf sie gewartet, gegenüber des Angus Steak House, aus dessen Fenstern amerikanische und spanische Gesichter schauten. Sie kam dann aus dem U-Bahn-Ausgang und blieb an der Straßenecke stehen, um sich zu vergewissern, dass er auch da war. Er kam immer zu früh, stand in seinem langen Mantel da, Hände in den

Taschen. Jedes Mal, wenn sie an dieser Ecke vorbeikam, hätte sie schwören können, dass sie ihn noch immer riechen konnte: billige Seife und Lucky-Strike-Zigaretten. Manchmal hatten sie sich in den kleinen Park gesetzt und sich das missratene Shakespeare-Denkmal angesehen, doch meist gingen sie einfach irgendwohin – auf einen Hamburger zu Browns, ins Theater, auf eine Party. Jetzt, wo Eva älter war, sah der Leicester Square trostloser aus. Richtig cool war er noch nie gewesen, doch damals hatte er eine gewisse Anziehungskraft gehabt. Hinten beim Odeon versammelten sich gerade ein paar Leute um einen glatzköpfigen Straßenkünstler, der versuchte, sich auf ein Einrad zu setzen. Oben auf dem Schädel hatte er ein winziges blondes Haarbüschel, und er sprang immer wieder und vollführte eine elegante Rolle, hoch in den Himmel, doch dann geriet er in Rücklage und landete neben seinem Rad, aber jedes Mal auf den Füßen, begleitet vom Kreischen durchnässter Schulkinder und fast betrunkener Leute in Lederjacken, die zu Clubs unterwegs waren.

Eva wählte Lukes Handynummer, als der Akrobat sich wieder mit wirbelnden Speichen in die Luft warf, doch Luke ging nicht ran, und sie wurde direkt an seine Mailbox weitergeleitet. Danach rief sie in seinem Büro an, und wieder sprang die Mailbox an. Es war ein Augenblick wie bei einer Operation, als hätte Eva Haut zurückgeklappt und dahinter unverhofft etwas Verfaultes gesehen. Während sie dem Akrobaten bei seinen Kunststückchen zusah, dachte sie an Geheimnisse, die sie noch nie jemandem erzählt hatte.

Sie hatte noch nie jemandem erzählt, dass sie einmal in die Wohnung eines Künstlers mitgegangen war, den sie auf einer Party kennengelernt hatte, nur um einen anderen Jungen eifersüchtig zu machen. Der Künstler wollte sie dazu bringen, ihm in seiner schmuddeligen Küche einen zu blasen, und er griff in ihre Haare, und sie ekelte sich so sehr, mehr vor sich selbst als vor ihm, dass sie es fast gemacht hätte – doch in letzter Minute klingelte es an der Tür, und Eva floh aus der Wohnung, als ein betrunkener Mitbewohner nach Hause kam.

Ein anderes Geheimnis war, dass sie unten rechts einen falschen Zahn hatte, weil sie einmal in der Schule von einem Laufband gefallen und auf dem Gesicht gelandet war.

Sie hatte nie jemandem erzählt, dass sie vor dem Pinkeln immer nachsah, ob sich hinter dem Duschvorhang ein Mörder versteckte.

Oder dass sie als Kind so leicht in Tränen ausbrach, dass ihre Großmutter sie einen Sommer lang jeden Mittwoch zu einer Therapeutin schickte, als sie zwölf war.

Oder dass sie sich ein wenig vor ihrer Mutter fürchtete, aus ihr unverständlichen Gründen.

Sie hatte noch nie jemandem gesagt, sie könne ohne ihn nicht leben.

Oder dass sie als Kind mehrere Jahre lang jeden Abend gebetet hatte.

Sie hatte noch nie jemandem erzählt, dass sie fast immer überrascht war, wenn sie in den Spiegel schaute, weil sie sich irgendwie nicht vorgestellt hatte, so auszusehen.

Oder dass sie manchmal immer noch erwartete, ihre Großmutter beim Teekochen in der Küche anzutreffen, wenn sie im Halbschlaf aus dem Bett kroch.

Mit zehn hatte Eva im Hippodrome eine Zaubershow gesehen. Sie trug ihr bestes blaues Kleid, und sie saßen nur wenige Reihen von der Bühne entfernt auf roten Samtsitzen. Das war fünf Jahre, bevor Eva nach Soho zog. Sie hatte sich schon die ganze Woche auf den Ausflug gefreut. Ihre Großmutter hatte ihr sogar ein Buch über Houdini zum Lesen geschickt, das ihre Mutter ihr wegnahm, als Eva anfing, vom Verschwinden zu reden. (»Was machst du da?«, hatte ihre Mutter gefragt, als Eva eines Morgens am Frühstückstisch die Augen schloss. »Ich verschwinde«, sagte Eva.) Aus dem Dunkel des Theaters kamen Tellerjongleure und Schlangenmenschen, Frauen in Trikots, die mit dem Kopf nach unten auf meterhohen Stäben balancierten, während Frauen mit geisterhaft weißen Gesichtern eine Art gespenstische Opernarien sangen. Krieger vollführten Rückwärtssalti und jonglierten mit Samuraischwertern, flogen an Tauen nach oben, wo sie in der Luft tanzten. Eva hockte auf der Kante ihres Stuhls, als drei Männer in gelben Tigerkostümen Ketten auf die Bühne trugen, ein mächtiges Wasserbecken davor schoben. Auch die Tiger machten Handstände und Salti, und dann tauchten drei schlaffe weibliche Körper auf, die an blauen Seidenbändern von den Dachsparren über dem Wasserbecken hingen. Die Bänder waren um die Körpermitte der Frauen geschlungen, so dass ihre Wirbelsäulen einen Halbkreis bildeten, wobei Köpfe und Zehen gen Boden zeigten. Die Tiger schlugen noch ein paar wilde Rückwärtssalti, dann zog jeder von ihnen eine Frau durch die von Trockeneisnebel gesättigte Luft zu sich heran. Die Tiger schnupperten und drehten ihre Gefangenen, die dahingen wie tote Fische an einer Angelschnur. Tanzend begannen die Tiger, die regungslosen Frauen mit Ketten zu fesseln. Fußgelenke wurden umwunden und mit Vorhängeschlössern versehen, die Ketten durch und um Beine geschlungen, schmale Handgelenke hinter Rücken zusammengeknotet. Den jungen Frauen wurden Augenbinden umgelegt, und anschließend ließ man sie nur wenige Zentimeter über dem Wasserbecken hängen.

Eva und ihre Großmutter saßen in der dritten Reihe von vorn, ganz links in der Nähe eines Gangs; als die Tiger von der Bühne schlichen und Leute aus dem Publikum auswählten, hielt Eva den Atem an und schaute starr auf ihre Hände, in der Hoffnung, nicht beachtet zu werden. Ein dicker Mann wuchtete sich auf die Bühne, die Hände beim Hochsteigen auf die Oberschenkel gestützt, dann ein chinesischer Jugendlicher mit einer Baseballmütze und eine hübsche junge Frau mit Haaren bis zum Steißbein – und dann kicherte Evas Großmutter, als ein Tiger im Gang Eva bedeutete, sie solle ihm folgen. Ihre Großmutter griff ihr buchstäblich unter die Achseln, um sie aus ihrem Sitz zu heben, und plötzlich steckte Evas Hand in der glatten, gelbbehandschuhten Pfote eines Tigers, und Eva sprang hinauf in das gleißende Scheinwerferlicht der Vorbühne. Sobald sie dort oben war, konnte sie das Publikum kaum sehen. Es war heiß und roch nach Schweiß und Seil. Eva ahmte die anderen Teilnehmer nach und fuhr mit den Händen über die Ketten und Vorhängeschlösser, die sich tief in das seidige Kunstfasergewebe der Anzüge gruben, die die jungen Frauen wie eine zweite Haut umgaben. Zuerst traute sie sich nicht, sie zu berühren, weil sie tot aussahen, doch die Tigerpfote legte Evas Hand auf die Ketten. Sie musste sich langmachen, um Fußknöchel und Handgelenke der Mädchen zu berühren, doch sie waren zweifellos festgekettet.

Während Eva dastand und in ihr bestes Kleid schwitzte, schlossen die Tiger riesige Stahlgewichte an die Fußgelenke der Mädchen, damit die Schwerkraft ihre Körper gerade zog und die Gewichte unter ihren Zehen hingen.

Die Tiger bedeuteten Eva und den anderen, sich wieder zu setzen. Eva stieg hinter dem dicken Mann die Stufen hinunter und wusste dann nicht mehr, wo sie gesessen hatte. Erstarrt stand sie im Dunkeln und suchte im Publikum das Gesicht ihrer Großmutter, bis hinter ihr ein lautes Platschen ertönte und die jungen Frauen in das Bassin geworfen wurden. Sofort erwachten die passiven, gefesselten Frauen zum Leben und kämpften gegen die Ketten an, während aus ihren geschürzten Lippen Luftblasen durch das Wasser aufstiegen.

»Eva!«, flüsterte ihre Großmutter, daraufhin kletterte sie so schnell sie konnte auf ihren Platz. Die Meerjungfrauen strampelten sich im Wasser ab, und Eva fühlte, wie in ihrem Inneren Panik aufstieg, vom Bauch aufwärts bis zur Lunge. Aus heutiger Sicht war die Befreiung natürlich eine Illusion oder ein Trick, doch Eva hatte die Ketten selbst überprüft – ihrer Ansicht nach war es unmöglich. Die Körper warfen sich gegen das Glas, und Evas Brustkorb krampfte sich zusammen. Das erste Mädchen entledigte sich zuckend des schweren Gewichts, und die Fesseln glitten von ihrem Körper, als sie nach Luft schnappend an die Oberfläche stieg, die letzten Bande von ihrem Handgelenk schüttelte. Fast gleichzeitig mit der ersten Meerjungfrau stieg auch die zweite keuchend an die Oberfläche, doch die dritte schien festzustecken.

Ehe sich auch die letzte junge Frau befreien konnte, bemerkte Eva ihr eigenes lautes Schluchzen. Es kam unerwartet, wie pinkeln nach einer langen Autofahrt oder dass man einschläft, wenn man müde ist – und sie konnte nicht wieder aufhören. Sie überkam ein Gefühl, als würde sie schmelzen, und sie sah nicht einmal das Ende der Vorführung, weil ganze Schwalle Luft und Tränen aus ihr herausbrachen, und ehe sie sich versah, standen sie und ihre Großmutter auf dem roten Teppichboden des Foyers. Sogar als ihre Oma sie an den Schultern packte und schüttelte und ihr Kopf vor und zurück schlackerte, musste Eva immer weiter weinen. Sie hoffte, dass die letzte Meerjungfrau sich befreien konnte, fand es aber nie heraus.

Eva rief Luke wieder auf seinem Handy und im Büro an, als sie den Leicester Square verließ, wurde aber auch diesmal direkt zu seiner Mailbox umgeleitet. »Ruf mich an, Luke«, lautete ihre Nachricht, als sie einem Jugendlichen auswich, der zwischen einer Pizzeria und einem Nachtclub in die Gasse kotzte, und einer Frau mit pinkfarbenen Haaren in einem paillettenbesetzten Kleid, die mit einer Reitgerte in der Hand vor einer Tür in der Greek Street stand und rauchte. Zwei kahlköpfige Männer küssten sich unter der Markise eines Restaurants, als Eva nach links in Walker's Court abbog, der kleinere Mann drückte den größeren Mann gegen das Haus, bis der Regen von der Seite unter die Markise fiel, woraufhin der Kleinere auf die feuchten Säume seiner Hose deutete, lachte und den größeren Mann an der Hand wieder in die Bar zog. Eva ging die Charing Cross Road hoch, dann links in die Goodge Street, wo der obdachlose Prophet auf einer Bank vor Echo Books herumlungerte, eine Sonnenbrille mit kaputten Gläsern auf der Nase und eine Dose Bier in der Hand. »Bald ist es so weit«, sagte er, als Eva vorbeiging. Auf der anderen Straßenseite standen vor dem Oxfam-Laden zwei Tragetaschen mit Klamotten, die im Regen langsam unbrauchbar wurden, und der Türsteher des Scorpio saß wie immer auf seinem Hocker vor der Tür des Clubs. Eva öffnete die Tür von Echo Books neben dem geschlossenen Sandwichladen.

In dem schmalen Korridor stapelten sich zur Linken auf dem vertrauten schäbigen blauen Teppichboden Kartons mit neuen Büchern. Eva schlich auf Zehenspitzen die knarzenden Stufen in ihr Büro im obersten Stock. Um elf Uhr abends war das Faxgerät stumm, waren Telefone tot, Monitore schwarz. Sie knipste in ihrem Büro die Schreibtischlampe an, deren Licht auf Druckfahnen und Schutzumschläge fiel, die überprüft, Werbetexte, die korrigiert werden mussten. Post-its und Karteikarten lagen verstreut auf dem großen braunen Schreibtisch.

Sie bemerkte, dass Vorabexemplare von *Kleopatras Perlen,* einem Buch, an dem eine der anderen Lektorinnen gearbeitet hatte, eingetroffen waren. Sie waren aus Versehen in ihrem Büro abgestellt worden, und neugierig öffnete sie die Sendung. Der Buchrücken roch noch leicht nach Kleber, ein ekelhafter und befriedigender Geruch. Eva fühlte sich hier ruhiger als noch am Silver Place, und sie kippte ihren Stuhl nach hinten, um zu lesen, legte die Füße auf das Fensterbrett, so dass sie auf den im Dunkeln blinkenden BT Tower schaute. Unten waren der Friseur, der chinesische Imbiss und die chemische Reinigung alle verschlossen und dunkel. Eva konnte den Gehsteig nicht sehen, hörte aber Motorräder und Nachtbusse, gelegentlich ging unten ein Grüppchen Besoffener vorbei. »Abigail Blue saß allein im Vestibül ihrer Geliebten Kleopatra«, begann Eva. »In riesigen, von der reichgeschmückten Decke hängenden Käfigen sangen Paradiesvögel …«

Drei Stunden später erwachte Eva mit schmerzenden Schultern aus einem Traum über ertrinkende Meerjungfrauen und Paradiesvögel. Sie zuckte, als hätte jemand sie berührt: Sie war wohl eingeschlafen, als sie sich in ihrem Stuhl zurücklehnte. Das Telefon auf ihrem Schreibtisch zeigte nur blinkend die Zeit an, zwei Uhr morgens. Draußen goss es in Strömen, mächtige Regenschauer prasselten hinter den Fensterscheiben zu Boden. Wäre Luke zu Hause, hätte er sie angerufen. Selbst wenn er nicht zu Hause war, hätte er sie inzwischen anrufen müssen. In dem leeren Büro war es kalt, und Eva schaltete den Heizlüfter ein, der heiße Luft gegen ihre Waden blies, dann sah sie aus dem Fenster und rüber zum Scorpio Club. Von innen waren alle Fenster hell erleuchtet, doch die grünen Vorhänge waren wie immer zugezogen, nur an den Seiten sah man schmale Streifen Licht. Doch im obersten Stock gab es eine Lücke zwischen den Vorhängen des Fensters ganz rechts, dort sah man, wie ein nacktes Mädchen hinten im Zimmer gegen die Wand gedrückt wurde. Noch nie war der Club so hell erleuchtet gewesen, doch jetzt erkannte Eva in dem Zimmer etwas, das wie eine Matratze aussah, und einen verschwommenen Umriss, vielleicht eine Pflanze. Es war wirklich nur ein Spalt, durch den man jetzt den Rücken eines Mannes sah, die vielleicht um sein Steißbein geschlungenen Füße des Mädchens, ein Durcheinander von Körperteilen, verwirrend gespiegelt in der Fensterscheibe. Die körperlos aussehenden Glieder nahmen eine andere Stellung ein und waren fünf oder zehn Minuten lang verschwunden, bis sie wieder ins Blickfeld kamen, horizontal auf der Matratze. Trotz der Verzerrung durch das Fensterglas war sich Eva sicher, dass das Mädchen mit dem Gesicht nach unten dort lag. Eine halbe Sekunde später war nichts mehr zu sehen, ehe ganz kurz ein feister Körper auftauchte – vielleicht der monströse Oberschenkel, Bauch oder Hintern des Mannes –, der die Lücke im Fenster verdeckte, ehe die Körper wieder verschwanden. Ein paar Minuten vergingen, doch es tat sich nichts mehr. Hoch oben im Himmel, über den Schornsteinen und Fernsehantennen, schwebte ein Flugzeug in der Dunkelheit, die flackernde Lichterkette seiner Augen blinkte, und Eva stellte sich vor, dass Dante der Geheimnisvolle endlich zurückgekommen war, um Anspruch auf seine Geliebte zu erheben. Das hohlwangige Mädchen (falls es das hohlwangige Mädchen war, oder eines der anderen Mädchen, die vermutlich dort arbeiteten) fuhr mit den Fingern über die Wirbelsäule ihres lange verschollenen Geliebten, nicht die irgendeines einsamen Freiers, der nur einen wegstecken konnte, wenn er dafür bezahlte. Das war kein Bordell voller eingeschmuggelter Teenager. In dem Scorpio hinter den Vorhängen gab es mit Glitzersteinen besetzte Smokings und Fliegen, die sich drehten – es gab Sträuße aus Zauberblumen und Tauben, die aus Zylindern aufstiegen, während die Assistentin des Zauberers von ihrer Kindheit erzählte und ihren Zauberer liebte.

Eva wachte wieder in ihrem Büro auf, diesmal weil etwas klingelte. Sie wusste nicht, wie viel Uhr es war, blinzelte gegen die Benommenheit und ging an ihr Telefon, dessen Display eine unbekannte Nummer anzeigte. Eva spürte den Abdruck der marmorierten Struktur ihres Schreibtischs auf ihrer Wange. Die Fenster des Scorpio Clubs waren wieder dunkel, als wären sie nie hell erleuchtet gewesen, rechteckige finstere Löcher in grauem Backstein, umgeben von abblätternder weißer Farbe. Zu dieser frühen Stunde hatte der Türsteher des Scorpio seinen Posten nicht bezogen – die Markise war eingerollt, und die Tür war zu. Lukes Stimme kam deutlich durch den Hörer. »Ich bin's«, sagte er. »Tut mir leid, dass ich dich geweckt habe.«

»Wo bist du?« Eva räusperte sich.

»University College Hospital. Grace hat ein paar Tabletten geschluckt und mich in ihrer Panik angerufen, damit ich sie zur Notaufnahme bringe.« Im Hintergrund lärmte ein Krankenwagen.

»Mist«, sagte Eva, und einen Moment lang pochte ihr Herz heftig gegen den Brustkorb. Die Uhr an ihrem Telefon zeigte die Zeit an; es war kurz vor sechs Uhr morgens. »Ist sie o.k.?« Eva dachte an Graces strahlende Augen im Kasino, wie sie aufgeregt den Kopf schräg gelegt und von den Karten auf den Croupier geschaut hatte.

»Ich hab sie gegen Mitternacht halb bewusstlos auf ihrem Küchenboden gefunden, mit einem Röhrchen Temazepam und einer Viertelliterflasche Rum«, sagte Luke. »Sie konnte nicht aufstehen.«

»War es Absicht?«

»Justin hat vor ein paar Tagen mit ihr Schluss gemacht. Vermutlich wollte sie ihren Kummer ertränken, ich nehme nicht an, dass sie sich unter ihrem Küchentisch vollkotzen und sich von einem Medizinstudenten im ersten Jahr namens Donald den Magen auspumpen lassen wollte.«

»Was haben die Ärzte gesagt?«

»Dass sie eine leichte Gehirnerschütterung und einen gewaltigen Kater hat, aber sehr wahrscheinlich wird sie wieder.« Am anderen Ende der Leitung zog Luke an einer Zigarette. Grace war also nach Hause gegangen, nachdem sie in der Nähe der Charing Cross Road Eva über den Weg gelaufen war, und hatte Tabletten genommen.

»Sie rief gegen halb zwölf an, und ich bin seit kurz nach zwölf hier. Die mussten sie wach halten, um sicherzugehen, dass es nichts Schlimmeres ist«, fuhr Luke fort.

»Ich hab mir Sorgen um dich gemacht«, sagte Eva.

»Mir geht's gut. Ein bisschen durch den Wind.«

»Kann ich mir vorstellen«, sagte Eva, die jetzt ruhiger war, den auf der Bank schlafenden obdachlosen Propheten und ein paar Tauben beobachtete, die sich zum Tagesanbruch am Mülleimer versammelten und Krumen pickten.

»Tut mir leid, dass ich nicht angerufen habe«, sagte Luke schließlich. »Als ich Grace abholte, habe ich mein Handy in ihrer Wohnung vergessen. Es war eine schreckliche Nacht.«

»Sie muss große Probleme haben, wenn sie so etwas macht«, stellte Eva fest.

»Es tut mir wirklich leid«, sagte Luke. »Das mit heute Nacht und auch neulich, als Grace sturzbesoffen in deiner Wohnung aufgetaucht ist.«

»Möchtest du, dass ich auch ins Krankenhaus komme?«

»Nein, ich geh nur noch mal rauf und hör mir an, was der Arzt sagt. Ich muss ohnehin mein Handy von ihr holen.«

»Ganz sicher?«

»Es hat keinen Zweck, dass wir uns beide deswegen verrückt machen. Außerdem hieß es, sie könne wahrscheinlich bald nach Hause gehen.« Seine Stimme hatte einen schrillen Unterton.

Eva blieb eine Zeitlang an ihrem Schreibtisch sitzen. Systematisch stellte sie ihre Stifte in ein Marmeladenglas rechts von der Lampe, dann ordnete sie ein Häufchen Heftzwecken so, dass sie alle mit dem Stachel nach oben auf dem Monitorständer lagen. Von einem Buchumschlag, der an ihrer Pinnwand hing, schaute ein hübsches blondes Model postkoital auf sie herab. Eva putzte sich mit einer Serviette von Pret A Manger die Nase und nahm ihre mit Eselsohren und Anmerkungen versehene Ausgabe der Grammatik- und Stilfibel *The Oxford Style Guide* zur Hand. »Werden mehrere Nomina zu einem Kompositum zusammengefügt, müssen sie durch Bindestriche verbunden werden«, las sie. »Wenn ein Komma hilft, die Bedeutung eines Satzes zu klären oder Mehrdeutigkeiten aufzulösen, sollte man es verwenden.« Sie knüllte das Einwickelpapier eines Dairy-Milk-Riegels zusammen und schob es unter den Fuß ihrer Schreibtischlampe, widmete sich dann ihrem Computer und googelte »Temazepam«. »Das für die kurzzeitige Behandlung von Schlafstörungen zugelassene Temazepam wirkt angstlindernd, krampflösend und entspannend auf die Skelettmuskulatur.« Dann googelte sie »Dexedrin«, die Tabletten, die Grace ihr im Kasino angeboten hatte: »Dextroamphetamin ist ein Psychostimulans, das für erhöhte Wachheit und Konzentration sorgt, aber auch Erschöpfungszustände vermindert und den Appetit reduzieren kann.« Eva hatte plötzlich das Bedürfnis, Grace zu sehen. Sie dachte daran, wie sich die Berührung ihres Fingers an der weichen Stelle zwischen Evas Daumen und Zeigefinger angefühlt hatte. Sie stand von ihrem Schreibtisch auf, machte den Computer aus, drehte das Heizgerät ab und verließ das Zimmer. Sie wollte sehen, wie Grace sich die Haare hinter die Ohren strich.

Die Tottenham Court Road entlang bis zu den Drehtüren des University College Hospital war ein zehnminütiger Spaziergang. Eva ging die Granittreppe hoch und durch den Eingang aus blauem Milchglas (»der angesagte Ort zum Sterben«, hatte Evas Dad gesagt, als seine Mutter krank war) und betrat den auch am frühen Morgen geschäftigen Aufnahmebereich mit seinen gläsernen Aufzügen und grellen Monitoren. »Bitte bewahren Sie Medikamente außerhalb der Reichweite von Kindern auf!«, mahnte ein Bildschirm. »Ansteckende Krankheiten!«, warnte ein anderer Schirm. »Seien Sie nicht derjenige, der sie weitergibt.« Ein Mann in einem schlabbrigen grünen Morgenmantel kam angelaufen, vorwärtsgetrieben durch den Schwung seines Infusionsständers, während ein in Decken gewickelter Jugendlicher sich in einem Rollstuhl fortbewegte. Gipsbeine ragten zwischen Blumensträußen hervor, die auf dem blitzblanken Fußboden warteten. Eva ging hinüber und fragte eine der Frauen in blauem Baumwollfleece hinter dem gelben

Aufnahmetresen, wo sie die Patientin Grace Taylor finden könne, die vor ein paar Stunden mit Gehirnerschütterung und einer möglichen Überdosis eingeliefert worden sei. Die Frau tippte etwas in den Computer ein.

»Sieht so aus, als wäre sie entlassen worden. Wollten Sie sie abholen kommen?«

»Wissen Sie, wie lange das her ist?«, fragte Eva. Sie hatte das Gefühl, eine Randerscheinung in der Geschichte eines anderen Menschen zu sein.

»Es wurde vor zehn Minuten ins System eingegeben. Sie wurde von der Akutabteilung entlassen. Kann ich Ihnen sonst noch behilflich sein?«

»Das heißt also, dass es ihr gutgeht?«, fragte Eva.

»Es heißt, dass sie in die Notaufnahme eingeliefert wurde, dann zur Beobachtung blieb, aber gesund genug war, um zu gehen.«

»Danke für die Auskunft«, sagte Eva. Seit ihre Großmutter dort gewesen war, kannte sie das Krankenhaus gut. Sie wandte sich von der Aufnahme ab und lief durch einen hautfarbenen Flur, vorbei an der Apotheke und dem Büro des Seelsorgers zur Cafeteria, wo sie an dem Morgen, als ihre Großmutter starb, mit ihrem Vater eine Tasse Tee getrunken hatte. Sie könnte dorthin gehen und warten, dachte sie, und Luke in zwanzig Minuten noch einmal anrufen, wenn er vielleicht sein Handy abgeholt hatte. Auf Graces Telefon wollte sie nicht anrufen. Sie sah zu, wie ein Baby auf dem Boden herumkroch und dann in die Falten der mütterlichen Burka gepackt und aus der Drehtür des Krankenhauses getragen wurde, die Treppe hinunter auf die Euston Road. Draußen rauchte ein blonder Mann eine Zigarette. Er saß auf den Stufen und band sich gerade mit beiden Händen die Schnürsenkel, die Zigarette schlaff zwischen seinen Lippen. Eva trat aus dem Krankenhaus, und Justin schaute auf, als sie auf ihn zukam. Er runzelte die Stirn, kniff gegen die aufsteigende Rauchsäule die Augen zusammen.

»Hallo du«, sagte er, nahm die Zigarette aus dem Mund und stieß den Rauch aus.

»Hallo«, sagte Eva und schenkte ihm ein halbherziges Lächeln. Ein paar Meter weiter beugte sich eine alte Frau über eine Fluppe, etwa so alt wie Evas Großmutter, als sie starb.

»Wie geht's ihr? Hast du sie gesehen?«, fragte Eva, setzte sich neben Justin auf die kalten Steinstufen und sah zu den Bussen und Autos auf der Euston Road.

»Sie wird schon wieder«, sagte Justin mit einem Seitenblick auf Eva.

»Du hast sie nicht nach Hause gebracht?«

»Das wollte sie nicht. Luke hat das übernommen.«

»Das war nett von ihm«, sagte Eva. Sie atmete tief durch. »Es kann ja nicht so schlimm sein, wenn sie das Krankenhaus verlassen durfte.«

»Zigarette?«

»Nein danke.« Eva musterte Justins glattes, hübsches Profil, das ganze Gegenteil von Lukes zerklüfteten Gesichtszügen. Er hatte einen schicken Pulli mit V-Ausschnitt und Deckschuhe aus schwarzem Leder an. »Hat sie so was schon mal gemacht?«

»Sie hatte es schon immer mit ihren Oxy-dingsbums und Dexe-wasweißichs und Quaaludes – und was sie sonst noch alles in die Finger kriegt«, sagte Justin, rückte seine Brille auf der Nasenwurzel zurecht und steckte sich die Zigarette wieder zwischen die Lippen. »Sie nimmt nur Sachen, die ihr irgendwann einmal verschrieben wurden – gegen Depression und Schlaflosigkeit und Panikanfälle oder sonst was –, als würde es das besser machen, übers Internet Selbstmedikation zu betreiben.«

Eine Weile saßen sie stumm da. Justin schob wieder seine Brille die Nase hoch, eine unsichere Bewegung, so ganz anders als die zenhafte Energieeffizienz, die er beim Essen in Chinatown an den Tag gelegt hatte. Damals fand Eva, er wirke beinahe irritierend ruhig, doch vielleicht nur verglichen mit Graces Hyperaktivität. Jetzt war er unübersehbar angespannt. Er drückte seine Zigarette auf der untersten Treppenstufe aus und verwischte die Aschenspur dann mit dem Absatz eines ledernen Schuhs.

»Geht's dir gut?«, fragte Eva. Sie fummelte an der Manschette ihrer Jacke herum, bemüht, nicht die Finger zu heben und an den Nägeln zu kauen. »Ihr habt euch getrennt?«

»Ich hätte nicht gedacht, dass sie das übermäßig mitnehmen würde«, antwortete er nach einer kurzen Pause, sah dann Eva an.

»Anscheinend hat sie sich vor dir verstellt«, sagte Eva und dachte daran, wie nervös Grace im Kasino gewesen war.

Justin zuckte die Achseln, betrachtete den stärker werdenden Verkehr auf der Euston Road. »Sie schien sich ziemlich sicher zu sein. Was keine Überraschung war. Sobald Grace etwas hat, will sie's nicht mehr.«

Zum ersten Mal, seit sie sich hingesetzt hatte, lächelte Justin, ein leichtes Lächeln in Richtung Eva. Er wirkte erschöpft und nahm seine Brille ab, um sich die Augenhöhlen zu reiben.

»*Sie* hat also mit dir Schluss gemacht?«, fragte Eva.

Justin zog eine Augenbraue in die Höhe. »Schwer zu glauben, ich weiß.«

»Ich dachte nur, du wärst derjenige gewesen, welcher.«

»Hat sie dir das erzählt? Gott bewahre, dass sie etwas anderes als mitfühlend sei. Sie hat mich nicht geliebt – nicht wirklich. Ich weiß nicht mal genau, ob sie mich jemals geliebt hat.«

Wieder rückte er seine Brille zurecht und entnahm seiner Hosentasche ein zerdrücktes Päckchen Benson & Hedges. Er senkte den Kopf, um sich eine Zigarette anzuzünden, dabei bemerkte Eva, dass er sich beim Rasieren geschnitten hatte.

»Sie hat Luke angerufen«, sagte Eva.

»Als Kinder standen sie und ihre Schwester Luke nahe.«

»Ihre Schwester?«

»Mary.« Justin schwieg einen Moment. »Hoffentlich findet sie heraus, wie sie glücklich sein kann«, sagte er, streifte Zigarettenasche ab und musterte das graue Häufchen vor sich. »Seltsame Vorstellung, dass das nicht mehr in meine Verantwortung fällt.«

»Ich hoffe auch, dass es ihr gutgeht«, murmelte Eva. Straßenverkehr umtoste sie, die Sirene eines Krankenwagens brach abrupt ab, ein Mann eilte aus einem Taxi die Treppe zum Krankenhaus hinauf, einen Ausdruck des Entsetzens im Gesicht.

»Ich sollte jetzt arbeiten gehen. Kommst du zurecht?«, fragte Justin, zog an seiner Zigarette und hob seine Tasche auf.

»Klar«, sagte Eva und runzelte die Stirn, als sie sich Grace und Mary auf dem Foto in Lukes Album ins Gedächtnis rief. Sie hatte Grace zuerst für einen Jungen gehalten, weil sie verglichen mit Marys Gestalt in rosa Gummistiefeln und mit Lipgloss so wirkte. Am liebsten hätte sie Justin gebeten, noch ein Weilchen zu bleiben, ihr mehr zu erzählen, doch er sah sich nervös um und schien es eilig zu haben, das Krankenhaus zu verlassen.

»Ich hoffe, dass alles so kommt, wie du es möchtest«, sagte er und berührte sie an der Schulter.

»Das wünsche ich dir auch«, sagte Eva.

Justin bog links in die Tottenham Court Road ein, und Eva setzte sich in die Krankenhauscafeteria, deren Fußböden aus glänzendem Sperrholz bestanden, das mit so vielen Schichten Lack überzogen worden war, dass es feucht aussah. Die Wände waren rosa oder blau verkleidet, was den Raum nur noch deprimierender wirken ließ. Es roch nach angebrannter Lasagne, auf jedem Tisch standen künstliche Narzissen in Milchglasvasen. Vielleicht lag es am Warten oder an der Ungeduld und Resignation auf den Gesichtern, aber die Cafeteria hatte etwas von der Abfertigungshalle eines Flughafens. Alle dachten ans Abhauen.

Auf einem der beiden Fernsehschirme in einer Zimmerecke liefen die Nachrichten. Sie zeigten Aufnahmen von Flüchtlingen – staubige, schreiende Kindergesichter –, dann schaltete man zurück ins Studio, wo eine rotlippige Moderatorin mit breitem Lächeln sagte: »Gestern Nachmittag wurde Regina, das aus dem Londoner Zoo entwichene Steinadlerweibchen, gesichtet, als sie aus dem Regent's Park flog. Man sah sie über Dächer nach Süden Richtung Themse fliegen, bis sie schließlich gegen sechzehn Uhr auf dem Trafalgar Square landete.«

Eva zog lächelnd die Augenbrauen hoch, als der Trafalgar Square über den Schirm flackerte, wo Regina auf dem bronzenen Kopf einer Skulptur in einer abgelegenen Ecke des Platzes thronte, mit der Nelsonsäule im Hintergrund.

»Während es im nassesten Sommer Englands seit dem Jahr 1925 weiterregnet«, fuhr die Stimme der Nachrichtensprecherin fort, »versucht der Zoo verzweifelt, seinen kostbaren Vogel wieder einzufangen, der sich aber bisher seinen Pflegern entzogen hat.«

Auf dem Bildschirm ließ Regina gegen die Kälte die Schultermuskeln spielen und spähte hinab auf die gewölbten Regenschirme, während die hektischen Tauben von einer größer werdenden, mit blitzenden Kameras bewaffneten Menschenmenge vom Platz verdrängt wurden.

»Im Regent's Park hat Regina zwei kleine Hunde attackiert und drei Enten getötet, darunter eine aus dem Gartenteich des amerikanischen Botschafters, was beinahe zu einem diplomatischen Eklat geführt hätte.«

Die Kamera schwenkte vorbei an fröhlichen Gesichtern auf dem Balkon zur Rechten: ein grinsender Mann mit Dreadlocks, eine heitere Schwangere, eine alberne Jugendliche, hinter der die steinerne Kirchturmspitze von St. Martins aufragte, eine attraktive Blondine mit großen Augen, die sich die Haare hinter die Ohren schob, während ein dunkelhaariger, breitschultriger Mann einen blauen Golfschirm über beider Köpfe hielt. Eva kniff die Augen halb zu. Sie war sich nicht sicher, was sie gerade gesehen hatte, ganz und gar nicht. Der Bildschirm war nicht groß und die Kamera nur über die Blonde und ihren Begleiter hinweggehuscht, doch es genügte Eva, um sich vorzustellen, dass der Mann Luke war, den Kragen seines Kaschmirmantels gegen den Regen hochgeschlagen, die Haut käsig neben Graces karamellfarbenem langen Hals und ihrem grellroten Lippenstift in der Menge. Die Kamera schwenkte zurück auf Regina.

Eva stand auf und trat näher an den Fernseher, stolperte fast über die Tischbeine, als sie den Kopf nach oben Richtung Schirm reckte. Sie war müde. Sie hatte in ihrem Bürostuhl geschlafen, war inmitten wolkenbruchartigen Regens aus Träumen über Meerjungfrauen aufgewacht und hatte dann Ausgeburten ihrer Phantasie hinter einem Fenster auf der anderen Straßenseite ficken sehen. Um sie herum lag der Geräuschteppich der Kantine: summende Kühlschränke, ein klopfender Heizkörper, das Trommeln von falschen Fingernägel auf einer Tischplatte, Schritte. Sie blieb stehen, um zu sehen, ob sie den Beitrag über Regina noch einmal ausstrahlten, doch der Schirm zeigte wieder das Studio.

»War das nicht *beeindruckend*, James?«, sagte die Nachrichtensprecherin zu ihrem Kollegen.

»*Allerdings*, Louise.«

Bestimmt hatte sie sich das nur eingebildet: wie Luke seinen Schirm schützend über Grace hielt und beide zu Regina hinaufsahen. Sie dachte an die Assistentin des Zauberers, die gegenüber von Echo Books mit dem Gesicht nach unten auf der Matratze lag, die Hand des bierbäuchigen Mannes auf ihrem Hinterkopf. Eva hatte das dringende Bedürfnis, Luke oder Grace sehen zu müssen. Sie verlor den Kontakt mit ihrer Umgebung – die Farben ein wenig zu hell, das Licht ein wenig irreal. Sie wollte Luke berühren, oder Grace. Sie wollte jemanden in ihrer Nähe haben.

»Ich bin gerade unterwegs zu einer Besprechung«, hatte Luke am Vortag zu Eva gesagt, als sie sah, wie er zur London Bridge ging, fast zwei Kilometer von seinem Büro entfernt. »Ich bin gerade in die Kanzlei gekommen«, hatte er gelogen. »Vielleicht muss ich bis spät arbeiten.« Um drei Uhr nachmittags hatte er das Gericht verlassen. Wenn wirklich er zu Regina hinaufgeschaut hatte, war er vielleicht im Regen Richtung Westen dem Fluss gefolgt, vorbei an der Blackfriars Bridge und über die Waterloo Bridge, am Strand entlang Richtung Charing Cross. Vielleicht hatte Luke Grace in ihrem Büro abgeholt, oder sie hatten sich woanders verabredet, in einem Café oder einem Restaurant oder in einem Pub mit Blick auf die Themse. Eva war übel. Sie stellte sich vor, wie Grace und Luke miteinander flüsterten, während sie gemeinsam Regina vom Rand des

Platzes aus beobachteten. Sie hatten den Nachmittag zusammen verbracht, deshalb war Grace zu der Veranstaltung im Phoenix Theatre zu spät gekommen. Vielleicht hatte er mit ihr im Dachrestaurant in der National Portrait Gallery gegessen, wo er im letzten Jahr mit Eva ihren Geburtstag gefeiert hatte. Vielleicht hatten sie sich eine Flasche Wein geteilt, waren dann leicht angeheitert durch die Ausstellungsräume geschlendert und bei den Miniaturen im ersten Stock stehen geblieben, doch keiner von beiden hatte den wenige Zentimeter hohen Medaillons von Thomas Cromwell oder Katharina von Aragón wirklich Beachtung geschenkt, dem Öl-auf-Kupfer-Porträt von Heinrich VIII. oder dem unheimlichen, blauäugigen Sir Walter Raleigh mit einer Halskrause in einem ovalen Goldrahmen. Früher war Eva oft dort gewesen, nach der Schule oder samstags, hatte die Akkuratesse und Winzigkeit der Miniaturen bewundert. Sie versuchte sich zu erinnern, welchen Gesichtsausdruck Luke und Grace auf dem Bildschirm gehabt hatten. Hatte Graces Mund offen gestanden? Hatte Luke gelächelt? Eva erinnerte sich nicht. Was für ein außergewöhnlicher Anblick – ein Steinadler auf dem Trafalgar Square.

Benommen ging Eva vom Krankenhaus nach Hause und legte sich ins Bett, um auf ihrem Laptop die Schlagzeilen des Tages zu lesen und die Fotos nach Lukes und Graces Gesichtern abzusuchen: »ADLER AUF DEM TRAFALGAR SQUARE GESICHTET«, verkündete der *Guardian*. Eva zoomte Kinder und lächelnde Frauen heran, fand aber keinen der beiden. »ZOOADLER IM ZENTRUM LONDONS

AUFGETAUCHT«, schrieb die *Times*, doch auch hier waren weder Grace noch Luke zu sehen. »JAGD AUF ENTFLOHENEN ZOOADLER VERSTÄRKT«, titelte *The Independent*. Eva schloss die Augen vor den Fotos von Regina und ihrem majestätischen Ausguck, die Nelsonsäule mit der National Gallery im Hintergrund, und fiel erschöpft aufs Bett zurück.

Gern hätte sie die Augenblicke kartiert, als sich ihre Beziehung zu Luke vertiefte, ein kleines Diagramm, wie es Schulkinder in ihre Übungshefte malten. Der erste Kuss in King's Cross, das erste »Ich liebe dich« nach seinem Anfall am Silver Place, den Tag, als er sie nach der Halloween-Party verletzt hatte, und ihr erster gemeinsamer Urlaub, als sie ihm zusah, wie er neben einem schmutzigen Swimmingpool in Spanien den *Economist* las, und sich merkwürdig zeitlos fühlte. Die Fluggesellschaft hatte Lukes Gepäck verloren. Er verbrachte die Woche in grellen Bermudashorts, Plastik-Flipflops und einer riesigen falschen Dior-Sonnenbrille, wie sie Diktatoren tragen mochten, am Flughafen in einem Geschäft erstanden, das auch Kühlschrankmagneten und aufblasbare Pool-Krokodile verkaufte. Vielleicht lag es an der Hitze, oder an den ständig in der Entfernung bimmelnden Glocken, oder an dem Geruch von Chlor und Jasmin, doch damals wurde ihr klar, dass sie für ihn keine normale Liebe empfand – wenigstens keine Liebe der Sorte, die sie von früher kannte. Es war kein Bedürfnis da: Sie musste ihn nicht berühren oder von ihm angesehen werden. Es war eine Ruhe, fast so, als hoffte sie, ihn in zwanzig, dreißig Jahren noch genauso beobachten zu können, vor dem Hintergund eines Gartens, neben einem Schwimmbecken irgendwo am Ende der Welt. Es war weder verzweifelt noch dringend.

»Eva?«, sagte Luke. »Bist du wach?« Eva riss die Augen auf, und Luke blickte auf sie herab, der die Spitze seiner Krawatte festhielt, damit sie nicht auf Eva herabbaumelte. Er roch nach Schweiß mit einer leicht süßlichen Note. Sie schaute zur Seite auf die Uhr: elf Uhr vormittags. Sie setzte sich auf.

»Unser Zeuge hat uns versetzt«, sagte er, »darum wurde die Verhandlung vertagt. Sieht aber so aus, als könne ich ihn raushauen.«

Trotz allem war Eva erleichtert, ihn zu sehen. Da war er, nah genug, um sie berühren zu können. Doch er berührte sie nicht. Ihr schwirrten so viele Fragen durch den Kopf, stattdessen sagte sie: »Wie denn?« Sie rieb sich die Augen, tauchte aus ihrem Traum auf.

»Sein Schwager hat ihm den Job verschafft und die Bücher geführt. Unser Mandant ist nicht die größte Leuchte. Der Schwager macht etliche dubiose Geschäfte.«

»Zum Beispiel?«, sagte Eva und klappte den Laptop zu, der noch offen auf dem Bett stand.

»Internetbetrügereien, Nachtclubs. Ich muss nachmittags wieder hin, wollte nur mal nachsehen, ob's dir gutgeht. Das mit letzter Nacht tut mir leid.«

»Wie geht's Grace?«, fragte Eva. Sie dachte an den Adler auf dem Trafalgar Square, sowohl an den finsteren Blick des als Silhouette erkennbaren Vogels als auch der Skulptur.

»Sie ist noch ein bisschen wacklig.« Luke nahm sein Jackett ab, und das Hemd darunter war zerknittert. Er lockerte den Schlips, zog ihn sich dann langsam vom Hals und legte ihn sorgsam auf die Rückenlehne eines Stuhls. Er öffnete seine Hosenknöpfe. Es fühlte sich gut an, in seiner Nähe zu sein, doch die Härchen auf Evas Fingern standen zu Berge, und sie merkte, wie sie sich auf winzige Details an ihm konzentrierte – die genaue Neigung seiner Stirn, dass die eine Augenbraue eine Spur höher war als die andere –, beinahe so, als präge sie ihn sich ins Gedächtnis ein. »Warst du den Nachmittag bei ihr?«, fragte Eva.

»Natürlich nicht«, sagte Luke.

»Du hast sie erst gesehen, *nachdem* sie die Tabletten genommen hat?«

»Nachdem sie umgekippt war, rief sie mich vom Fußboden ihrer Küche aus an, nachts gegen halb zwölf.« Er bückte sich, um seine Hose auszuziehen, und stand dann in blauen gestreiften Boxershorts mit absurderweise dazu passenden pfauenblauen Knöchelsocken Marke Pringle of Scotland da. Er legte auch die Hose über die Rückenlehne des Stuhls, strich sie glatt und setzte sich zu Evas Füßen aufs Bett. »Sie rief mich an, als ich gerade mit der Arbeit fertig wurde«, sagte er. »Sie war fast nicht zu verstehen. Sie sagte, sie habe Pillen geschluckt und könne sich nicht bewegen. Da musste ich ihr doch helfen, oder nicht?«

»Aber natürlich.« Eva befingerte den kühlen Saum ihrer Bettdecke und betrachtete Lukes Socken. »Aber sie ist Marys Schwester«, sagte Eva. »Siehst du auch Mary noch?«

»Nein«, sagte Luke und drehte den Kopf von Eva weg.

»Du und Mary, ihr seid also auch schon als Kinder befreundet gewesen?«

»Ja. Das wusstest du doch.«

»Ich wusste es nicht.«

»Nun, ja. Unsere Väter waren Nachbarn, in Devon. Sie haben auf der Farm nebenan gewohnt, und ich habe viel Zeit dort verbracht, als ich jung war.«

»Hat Grace auf Catherines Party deine Lippe blutig geschlagen?«

»Tut mir leid, dass ich gelogen habe, aber ich habe ihr deutlich gesagt, dass ich sie nicht sehen wollte, und aus irgendeinem Grund geglaubt, sie würde meinem Wunsch Folge leisten. Ich wollte nur, dass sie wegging. Ich wollte nicht darüber reden, nicht mal mit dir.«

»Sie hat dich geschlagen, weil du sagtest, du wolltest sie nicht mehr sehen?«

»Sie hatte schon seit einiger Zeit versucht, Kontakt zu mir aufzunehmen, dann bin ich ihr bei Catherines Party in die Arme gelaufen, wo sie die Beherrschung verloren hat. Man hätte meinen können, sie hätte all das mittlerweile hinter sich.«

»All das was?«

»Die Wutanfälle. Sie war ein rabiates Kind. Ein richtiger kleiner Rabauke, hat sich dauernd geprügelt.«

»Und du?«

»Was?«

»Hast du dich auch dauernd geprügelt?«

»Manchmal. Grace und ich haben miteinander Fußball gespielt und uns gestritten und dergleichen. Mary war zurückhaltender. Nachdenklicher und reifer. Sie wohnten in einem Haus voller Leute und Spiele, in einem Zimmer traf sich die Nachbarschaftswache, und im anderen lernten Pfadfinder, wie man Knoten knüpft. Ein endloser Strom von Leuten. Mary blieb lieber für sich, während Grace die Bande anführte.«

»Hattest du je eine Beziehung mit Grace?«

»Nein. Es war immer nur Mary, auch als wir klein waren. Mary war zauberhaft.« Luke berührte Evas Fuß, und der Kontakt fühlte sich unangenehm an, zu heiß. Sie wünschte, er säße nicht so dicht bei ihr. »Grace war einfach nur die Schwester des Mädchens, in das ich immer verliebt war, mehr nicht. Ich bin nicht so scharf darauf, mit der Schwester meiner früheren Freundin Zeit zu verbringen. Das ist doch nicht zu viel verlangt.«

»Aber sie ist scharf darauf.«

»Es war Zufall, dass sie an diesem Abend am Pub aufkreuzte. Sie fragte immer wieder nach dir, nach meinem heutigen Leben, und wollte mich auf ein gemeinsames Essen festnageln, worauf ich entgegnete, ich wolle nicht in der Vergangenheit herumkramen – und, keine Ahnung, an dem Abend ist sie dann einfach irgendwie auf mich losgegangen.«

»Es hat doch bestimmt einen Streit gegeben, bei dieser Gelegenheit oder vorher?«

»Wie gesagt, wir sind nie gut miteinander ausgekommen. Jede Menge Streitereien, als Kinder, als Teenager. Diesmal haben wir uns gestritten, weil sie betrunken und anstrengend war, und davor haben wir uns über hundert andere Sachen gestritten. Ich dachte, nachdem sie mich geschlagen hatte, würde sie sich aus dem Staub machen, es wäre ihr peinlich, und sie würde verschwinden. Ich dachte wirklich, sie würde sich wieder in Luft auflösen.«

»Du riechst nach Parfüm und Kotze.«

»Sie war schon immer völlig verkorkst. Sogar als Kind war sie verkorkst.«

Eva ließ die Bettdecke los und wandte sich von Luke ab, als wolle sie ihn nicht mehr riechen. Er sah Eva nicht an, sondern stand einfach nur vom Bett auf und nahm sich vom Stuhl ein Handtuch.

»Ich kann nicht mit dir reden, wenn du so riechst«, sagte Eva und zog die Beine an den Oberkörper und legte ihr Kinn auf die Knie.

»Ich rieche nach Krankenhaus, weil ich die Nacht in einem verbracht habe. Um einer alten Freundin zu helfen. Einer Freundin der Familie.«

Eva schwieg, musterte kurz sein Gesicht in ihrem gemeinsamen Schlafzimmer. Er sah müde aus, Falten hatten sich von der Nase bis zu den Mundwinkeln eingegraben, die Augen lagen in dunklen Höhlen.

»Geh duschen«, sagte Eva.

Während Luke duschte, fiel Evas Blick auf sein BlackBerry auf dem Nachttisch. Sie nahm es in die Hand. Einen Moment lang rang sie mit sich, ob sie es wieder zurücklegen solle. Dann scrollte sie, ohne weiter darüber nachzudenken, mit rasendem Herzschlag zum »Nachrichten«-Icon. Sie dachte an den Adler hoch oben auf der Säule, den Luke und Grace fasziniert beobachteten, entweder tatsächlich oder in ihrer, Evas, Einbildung. Sie lauschte, wie Lukes Duschwasser gegen die Wanne prasselte, und dachte an seinen Körper im Bad, direkt hinter der Schlafzimmerwand, an sein dem Duschkopf zugewandtes Gesicht. Eva musste nicht sehr lange suchen, um einen Hinweis auf Grace zu finden. Die letzte SMS, die an diesem Tag an Lukes Handy geschickt worden war, stammte von ihr. Sie lautete: »Treffen in Shepperton Road oder im Poppins? Eins O.K.?« Eva nahm den Finger vom Cursor, in ihrem Kopf hämmerte es. Auf der anderen Seite der Wand lief die Dusche nicht mehr. Sie legte das Telefon zurück auf den Nachttisch, und kurz danach kam Luke mit einem Badetuch um die Taille ins Schlafzimmer. (»Ich war heute Morgen bei einem Wahrsager, und der sagte mir, Geheimnisse für mich zu behalten sei schlecht für meine Gesundheit«, hatte Grace gesagt, als sie »Zwei Fragen – eine Lüge« gespielt hatte.) In Evas Schädel hämmerte es immer noch.

»Ich muss wieder ins Gericht«, sagte Luke. »Geht's dir gut?«

»Mir geht's prima«, sagte Eva und sah ihm wortlos beim Anziehen zu.

»Tut mir leid, dass ich dich gestern Abend nicht angerufen habe. Es war alles so hektisch.«

»Schon in Ordnung«, sagte Eva, ohne ihn anzusehen.

»Bist du beim Scrabble dran?«

Eva antwortete nicht, und er verließ das Zimmer. Ihr fielen die sinnentleerten Sätze ihrer kranken Großmutter ein, schwermütige Abgangs-Haikus: »Länglich und weitermachen, so«, sagte sie beispielsweise. »Ich fühl mich wie das genaue Gegenteil von wohl.« Oder: »Ich bin ausgelöffelt. Ich will nicht hier sein, hier gefangen sein. Alles wird bald vorbei sein.«

Um ein Uhr nachmittags saß Eva an einem Fensterplatz bei Starbuck's, gegenüber des gewölbten Eingangs aus schwarzem Marmor zu Lukes Kanzlei in der Fleet Street. Sie spürte das Kribbeln, das sich einstellt, wenn man etwas Falsches tat, ein schroffes Gefühl in der Magengrube, doch sie wollte Gewissheit. Sie trank einen Schluck Kaffee und schaute weiter unverwandt aus dem Fenster. Zuvor hatte sie »Poppins« gegoogelt und herausgefunden, dass Luke und Grace – falls sie sich nicht in einem Kindergarten in Woking, einer Vermittlungsagentur für Hausangestellte in Leeds oder einer Konditorei in Newcastle trafen – ihr Mittagessen wahrscheinlich in einem Café in der Nähe der Fleet Street einnehmen wollten. Da Luke später im Gericht sein musste, würde er wahrscheinlich für ein Essen im Zentrum statt in der Shepperton Road plädieren, die in Islington lag. Offensichtlich war er früher schon in Graces Apartment gewesen, und sie hatten eindeutig schon zusammen im Poppins gegessen. Vielleicht zu Mittag, ehe sie im Nieselregen unter einem gemeinsamen Schirm zum Trafalgar Square gegangen waren und zwischen den Statuen Regina gesehen hatten.

Die Sonne war herausgekommen, und zum ersten

Mal seit Wochen machte der Regen Pause. Alle wirkten glücklich. Die Leute lachten und unterhielten sich, während sie rauchend vor Cafés oder Bürogebäuden standen, statt unter Markisen zu flüchten, mit gehetzten Mienen hektisch paffend. Männer in Nadelstreifenanzügen traten auf die Gehsteige, Hände in den Taschen und Sonnenbrille auf dem Kopf. Frauen in Stilettos stöckelten zu Mittagsterminen, Papiere unter den Armen.

Eva betrachtete jede einzelne Gestalt prüfend, die aus dem Torbogen kam, und wartete auf das bunte Tüchlein, das immer in Lukes Anzugtasche steckte, oder seine vertrauten hängenden Schultern. Doch keiner der Männer war Luke – lauter Unbekannte mit gerunzelten Stirnen, die gegen die unerwartete Sonne blinzelten. Es war schon Viertel nach eins, und Evas Kaffeerest wurde kalt, als sie hochschaute und erschrak – Luke lief von der anderen Seite des Zebrastreifens direkt auf sie zu, die Schultern angespannt, Blick auf den Boden gerichtet. Er hatte keine Jacke an, und auch er trug die Sonnenbrille auf dem Kopf.

Eva drehte sich ein wenig vom Fenster weg, doch Luke schien tief in Gedanken zu sein, als er die Straße überquert hatte und sich dann nach rechts wandte. Sobald er vorbeigegangen war, stand Eva auf und lief frontal in einen Mann, der gleich links von der Tür in sein Handy sprach.

»'tschuldigung«, nuschelte sie, und ein wenig vom Kaffee des Mannes spritzte vorn auf ihre Jeans (genau das braucht man, wenn man seinem Freund nachspioniert, dachte Eva, *Kaffeeflecken*). Sie blieb kurz stehen, um Luke zu beobachten, der noch zwei Straßen weiterging, in Richtung des sonnenbeschienenen Kugelkopfs der St. Paul's Cathedral, der hinter dem Häusergewirr an der Fleet Street abzuheben schien. Luke bog links in eine Gasse ab, zwischen dem leuchtenden blauen Kreuz einer Boots-Drogerie und der Markise eines Wagamama-Restaurants.

Eva wusste, dass sie ihm nicht folgen sollte. Doch sie musste ständig an sein Gesicht – und an das von Grace – denken, wie sie Regina auf dem Trafalgar Square beobachteten. In der Seitengasse befand sich der Wagamama-Personaleingang, daneben ein altmodischer Friseursalon, dann die beiden großen Fenster des Café Poppins. Luke setzte sich an einen Ecktisch, eine Topfpflanze auf dem Fensterbrett verdeckte teilweise den Blick auf ihn. Sie machte noch einen Schritt in die Gasse, die vollständig im Schatten lag und in der es viel kälter war als in der Fleet Street. Sie schob sich langsam vorwärts, so dicht an das Café, wie es ihr Mut zuließ. Hätte Luke aus dem Fenster geschaut, hätte er sie vielleicht gesehen, was Eva beinahe recht gewesen wäre – doch Luke schaute nur geradeaus, auf die vor ihm sitzende blonde Gestalt. Er war kein Mann der Seitenblicke. Grace – es musste Grace sein, in einem langärmeligen weißen Hemd mit hochgeschlagenem Kragen, den blonden Haarschopf gelöst – drehte Eva den Rücken zu, konnte sie also nicht sehen. Eva musste an Lukes »Schwester« in der Flamingopose zurückdenken, als er das erste Mal am Silver Place aufgetaucht war, an die Frau in der roten Jacke draußen vor dem Pub in der Old Compton Street, an die PR-Tante, die sich auf der Party im Brooks's Club die Haare hinter die Ohren strich: alles Inkarnationen von Grace. Als sähe man die Assistentin des Zauberers im Fenster des Scorpio Clubs, gab es nur Bruchstücke und Einzelteile.

Wenn Eva schlimme Dinge zustießen, fühlte sie sich häufig wie entrückt. Nicht so, als sie nun zusah, wie Luke sich vorbeugte und die Hände mit seinen umschloss, die vor ihm auf der Resopalplatte des Cafétischs ruhten. In diesem Moment war Eva absolut präsent. Weder spürte sie die Berührung wie auf ihrer eigenen Haut, noch stellte sie sich vor, was sie bei ihrem nächsten Treffen mit Luke sagen würde, sondern sie stand einfach da in der Gasse Nähe Fleet Street und betrachtete die Pantomime von Grace und Luke, wie sie über einen Cafétisch hinweg Händchen hielten. Sie zog ihre Jacke fester um sich und verfolgte, wie sich Lukes Lippen hinter der Glasscheibe bewegten, wie er anschließend den Kopf senkte und der vor ihm sitzenden jungen Frau etwas zuflüsterte. Danach zog Luke die Hände zurück, und Grace beugte sich vor, als er sich anlehnte, wie zwei Körper in einem Boot, beide für einen Moment parallel. Das Feuerwerkswundmal in Evas Handfläche und die Narbe an ihrem Ellenbogen schmerzten beide. Sie konnte Graces Gesicht nicht sehen. Luke blieb zurückgelehnt sitzen, Grace aufrecht. Eine Kellnerin löste den Trancezustand, als sie zwei Tassen und zwei Teller mit Sandwiches brachte, und die drei plauderten kurz, ehe Luke und Grace wieder allein waren.

Eva konnte nicht sagen, was danach geschah. Lukes

Mund bewegte sich rasch, schloss sich dann, als er sich anhörte, was Grace zu sagen hatte, sie gelegentlich unterbrach, in sein Sandwich biss oder die Hand auf Graces Hand legte und sie wieder wegnahm. Beide sahen nicht glücklich aus. Sie unterhielten sich etwa zwanzig Minuten lang, und Eva lief ein wenig auf und ab, den Kopf gesenkt, damit es nicht aussah, als schaue sie ständig durch das Fenster des Cafés. Sie dachte immerzu, Luke werde sich jeden Moment umdrehen und sie da stehen sehen, etwas versetzt und keine hundert Meter vom Fenster entfernt, doch er wandte den Blick nicht von Grace. Eva ließ es darauf ankommen, dass er sich umdrehte und sie sah, doch das geschah nicht.

Lukes schwarze Haare standen in sämtliche Richtungen ab. Eva war so damit beschäftigt gewesen, ihn zu verlassen, dass sie gar nicht auf die Idee gekommen war, sie könne von ihm verlassen werden.

Eigentlich müsste sie wütend darüber sein, ihn dort mit Grace zu sehen, doch es war nicht unbedingt Wut, was sie empfand. Eher ein Gefühl von Verlust – das etwas Drängendes, Trauriges, Unvermeidliches hatte. Sie wischte an den Kaffeeflecken auf ihrer Jeans herum. Luke hatte jetzt eine Hand flach auf den Tisch gelegt. Als er sie hob, mit Macht auf den Tisch schlug und dabei offenbar laut etwas sagte, schob Grace ihren Stuhl zurück und stand auf. Sie lief zwischen dem Tresen und den Tischen hinaus. Eva schrak auf und eilte zur Einmündung der Gasse, um sich im Sonnenschein der Fleet Street hinter der Ecke zu verstecken. Grace verließ das Café, rasch gefolgt von Luke. Er packte ihr Handgelenk, und einen Moment lang lag etwas Bedrohliches in der Luft: die zerbrechliche Grace, zurückgehalten von Lukes starker Hand. Eva schnappte nach Luft, als Grace zuließ, dass Luke sie in seine Arme zog. Was dann folgte, war zwar kein richtiger Kuss, aber zweifellos eine Umarmung. Er drückte sie an sich, und sie schien in seinen Körper zu sinken. Es war eine zärtliche Szene.

Eva schaute weg. Sie wollte das nicht sehen. Als sie den Blick wieder hob, lösten sich Grace und Luke voneinander und standen sich nun gegenüber, schwiegen eine Weile. Luke verschwand im Café, vermutlich, um die Rechnung zu begleichen, und als er zurückkam, wandten sie sich Richtung Fleet Street, gingen auf Eva zu. Sie löste sich von dem grauen Backstein, ging den Weg zurück, den sie gekommen war, und schlich durch die Automatiktür in das Boots-Geschäft.

Sie stand neben dem Fenster, in der Nähe des Schminktresens, wo die Luft nach Gesichtspuder roch. Grace ging direkt am Schaufenster der Drogerie vorbei, allein, und rieb sich die Augen. Irgendwann, nachdem sie aus dem Café gekommen war, hatte sie offenbar angefangen zu weinen. Als Eva kurz ihr hübsches Gesicht sah, erkannte sie darin noch immer den Wildfang – sie hatte jetzt blondes Haar, die Zahnlücke war geschlossen, sie trug keine Baseballmütze mehr mit dem Schirm nach hinten, doch sie war dasselbe Mädchen wie in Lukes Fotoalbum. Luke folgte ihr eine Minute später, mit hängenden Schultern, Sonnenbrille auf dem Kopf, und sah auf den Gehsteig, so wie fünfunddreißig Minuten zuvor, als er in die Gegenrichtung gegangen war.

Sobald Luke und Grace weg waren, lief Eva wie benebelt durch Boots. Als der Security-Mann sie komisch ansah und sie schon mindestens zweimal in jedem Gang gewesen war, ohne etwas zu berühren, verließ sie den Laden und ging zurück zum Café Poppins, wo sie sich an den Tisch setzte, an dem gerade noch Grace und Luke gemeinsam gesessen hatten. Es roch nach abgestandenem Kaffee. Irgendwie war ihr das Café – von Luke und Grace abgesehen – unheimlich leer vorgekommen, doch tatsächlich saßen an vielen Tischen Leute, überwiegend Männer. Ein Geschäftsmann in Nadelstreifen las die *Financial Times* und kontrollierte alle paar Sekunden sein BlackBerry, zwei Manager, etwas legerer gekleidet, unterhielten sich und machten sich gelegentlich Notizen auf einem Block, der zwischen ihnen lag. Eva bestellte bei der Kellnerin einen Kaffee, trank ihn aber nicht, weil ihr Magen schon völlig verkrampft war. Sie zahlte und hielt das erstbeste Taxi an, das sie zurück nach Fitzrovia brachte.

Im Büro angekommen, noch immer mit zitternden Händen, schaute Eva über die Straße zum Scorpio. Um sich zu beruhigen, versuchte sie, sich Sophia und Dante hinter dem Fenster vorzustellen. Sie sah den winzigen Mund des Mädchens wie einen Kiesel in einer Pfütze vor sich, ihre hohen Wangenknochen und die breite Stirn, ihre knochigen Schultern, als sie ihren Geliebten küsste in dem Tränenmeer, das sie geweint hatte, ehe er im Nirgendwo des Clubs aufgetaucht war, um sie zurückzugewinnen. Ein rosa Rüschenslip trieb auf den Wellen aus Sophias Tränen vorbei, und ein pitschnasses Kaninchen lag erschöpft in einem Boot, das – vielleicht – einmal ein Lampenschirm gewesen war. Kleidungsstücke, Zauberstäbe, Blumensträuße und Spielkarten tanzten alle auf der Flut aus Evas Phantasie, während sich Sophia und Dante im Wasser liebten. Nur dass Eva die Konzentration verlor und das Wasser zu hoch werden ließ, so dass die Liebenden Probleme hatten zu atmen, oder sie schloss die Augen und vergaß das Wasser ganz, sah nur das Mädchen mit dem Gesicht nach unten und nackt auf der Matratze liegen, die verfilzten Haare auf einer Seite.

Der Himmel über dem Scorpio, jenseits der Schornsteine, hatte die Farbe von nassem Pappmaché. Wieder einmal schwebte ein Flugzeug darüber hinweg. Vielleicht lag es am Himmel oder an dem schleichenden Gefühl, das alles sei ihre Schuld, weil sie nicht die richtigen Fragen stellte, weil sie in ihrer Welt verlorengegangen war, aber Eva sah vor ihrem inneren Auge kurz ihre Mutter, wie sie allein an einem Strand in Singapur saß. Diese Erinnerung gehörte zu einem Tag, den die siebzehnjährige Eva und ihre Eltern damit verbracht hatten, Flugzeuge über dem Strand von Changi in Singapur zu beobachten. Als sie mit fünfzehn nach London umsiedelte, waren ihre Eltern in einen Bungalowkomplex in der Nähe eines Golfplatzes in der nordöstlichen Ecke Singapurs gezogen, nicht weit vom Internationalen Flughafen Changi. Von ihrem kleinen roten Backsteinbungalow bis zum Strand war es nur eine kurze Autofahrt, und so bereitete ihre Mutter am vierten Tag von Evas Aufenthalt ein aufwendiges Picknick mit Scones und Eiersandwiches vor, während Evas Vater Liegestühle und Ferngläser zur Beobachtung von Flugzeugen einpackte (außerdem sein Mobiltelefon, ein Frisbee, zwei Zeitungen und einen portablen DVD-Spieler für den Fall, dass ihn die Langeweile packte, was an arbeitsfreien Tagen unweigerlich der Fall war). Bis zu dem Nachmittag am Strand waren Evas Ferien erträglich, wenn auch ein wenig sonderbar gewesen, und jeder hatte halbwegs überzeugend den Eindruck vermittelt, sich zu amüsieren. Abends hatten sie gemeinsam gegessen und ferngesehen. Wenn ihr Vater arbeitete, besuchte Eva mit ihrer Mutter den Markt oder ging allein Sightseeing, eines Morgens sogar in ein riesiges Einkaufszentrum, um ein Ersatzteil für die Magimix-Küchenmaschine ihrer Mutter zu kaufen. In den zwei Jahren zuvor hatte sie ihre Eltern sporadisch in London getroffen, doch das war das erste Mal seit ihrem Umzug an den Silver Place, dass sie längere Zeit mit ihnen verbrachte. Evas Mutter ging es offenbar ganz gut; vielleicht war es Routine, aber andererseits hatte das ganze Umfeld – mit den Bungalows, den Golfplätzen und künstlich angelegten Stränden – etwas Mechanisches an sich. Vielleicht war sie schlicht für eine künstliche Existenz wie geschaffen, fürs Kuchenbacken zugunsten von Wohltätigkeitstombolas auf Galadiners im Golfclub, und alles davor war ein Irrtum gewesen – dagegen hatte Eva nichts einzuwenden, solange ihre Mutter so eine Art Frieden fand. Doch als sie am Tag des Strandpicknicks gerade ihre Sandwiches gegessen hatten, bewölkte sich der Himmel, und die Laune ihrer Mutter folgte seinem Beispiel.

»Falls das Unwetter losbricht, wird's da oben Verkehrsstaus geben«, sagte Evas Vater in aufgeräumtem Tonfall und legte sich auf den Sand, um die Flugzeuge über ihnen zu beobachten, während er seine x-te Zigarette anzündete; er hatte immer noch die Angewohnheit, eine halbe Zigarette zu rauchen, sie auszumachen und sich bald darauf die nächste anzuzünden. Er hatte eine kurze Hose an und einen Panamahut auf, seine Frau trug ein verblichenes Sommerkleid mit Gänseblümchenmuster. Eva sah sich eine Weile mit ihrem Vater die Flugzeuge an, wechselte sich bei der Fernglasbenutzung mit ihm ab und ließ sich von ihm erzählen, wohin jedes Flugzeug unterwegs war, dann schlug Eva ihr Exemplar von *Romeo und Julia* auf, worüber sie einen Essay schreiben sollte. Ihre Mutter räumte die Teller weg, während Eva mit ihrem Kuli wichtige Stellen unterstrich. »O denkst du, dass wir je uns wiedersehn?«, sagte Eva im Stillen, lernte Julias Worte auswendig. »Ich zweifle nicht, und all dies Leiden dient in Zukunft uns zu süßerem Geschwätz«, antwortete Romeo und verließ Julias Schlafzimmer nach ihrer ersten gemeinsamen Nacht.

»Weißt du, dass es an diesem Strand spukt?«, sagte ihr Vater plötzlich, und Eva schaute auf.

»Red bitte nicht darüber«, sagte ihre Mutter mit ihrer Flüsterstimme.

»Wieso nicht? Das hier ist doch lebendige Geschichte, vielleicht kann sie ja in einem ihrer Essays – oder was sie sonst in der Schule so macht – darüber schreiben. Tausende Chinesen wurden hier während des Sook-Ching-Massakers im Zweiten Weltkrieg gefoltert und ermordet. Darüber kann sie ruhig schreiben.«

»Verdirb das bitte nicht«, sagte ihre Mutter so leise, dass es fast unhörbar war.

»Was denn verderben?«, sagte er. »Ich erzähle doch nur etwas.«

»Ich mache jetzt einen Spaziergang.«

»Sag uns, wenn du irgendwelche Gespenster siehst.« Evas Vater widmete sich wieder seinem Fernglas.

Eva las noch eine Stunde lang, während sich am Himmel die Wolken auftürmten, doch bald wurde klar, dass sie ihre Sachen packen und nach Hause fahren sollten, ehe es zu regnen begann, daher stahl sie sich davon, um ihre Mutter zu suchen. Sie saß nicht weit entfernt am Strand, allein hinter ein paar ordentlich gepflanzten Palmen, das Kinn auf den Knien, und schaute mit demselben Gesichtsausdruck hinaus aufs Meer, den Eva noch aus Kindertagen kannte: Ihre Mutter schien gleichzeitig aufmerksam und abwesend zu sein, als beschäftige sie sich mit einer anderen Welt als der um sie herum. Eva spürte Hitze in sich aufwallen angesichts der Einsamkeit und Traurigkeit ihrer Mutter, nicht nur weil es sie an unangenehme Momente ihrer Kindheit erinnerte, sondern weil sie plötzlich etwas davon – eine Distanziertheit, eine Unnahbarkeit – in sich selbst wiedererkannte. Sie wollte sich unbedingt zurückziehen, wie sie es sich als Kind angewöhnt hatte, wenn ihre Mutter so aussah, sagte sich aber stattdessen, diesmal wäre es anders. Die Schultern ihrer Mutter sahen unter dem verblichenen Baumwollkleid so zerbrechlich aus, ihr Gesicht alt.

»Ist alles in Ordnung?«, fragte Eva und setzte sich neben ihre Mutter in den Sand.

»Mir geht's gut«, sagte sie, ohne ihre Tochter anzusehen. »Ganz gut.«

»Alles in Ordnung zwischen dir und Dad?«, fragte Eva.

»O ja«, sagte ihre Mutter. »Uns geht's gut.« Als Eva gerade noch eine Frage stellen wollte und es sie drängte, den Arm um die zerbrechlichen Schultern ihrer Mutter zu legen, ihre Hand zu berühren, drehte die ihr den Kopf zu und sah Eva mit ihren braunen Augen kühl an: »Bitte, ich möchte jetzt doch gern allein sein.«

Evas Handflächen fingen an zu schwitzen. So schnell sie konnte, stand sie wieder auf.

»Wir sollten aber bald aufbrechen«, murmelte Eva, die am liebsten so weit weg wie möglich gewesen wäre, und die rot wurde, wenn sie daran dachte, wie sie als Kind ignoriert wurde. Der Blick ihrer Mutter war undurchdringlich gewesen, ein egoistischer Blick völliger Isolation, an den sich Eva noch überdeutlich aus Bali und Hongkong erinnerte. Eva ging dorthin zurück, wo ihr Vater neben den Liegestühlen rauchte.

Eva war nicht immer präsent, das wusste sie. Grace war präsent, Grace lebte quasi immer im Mittelpunkt. Auch Luke lebte für den Augenblick.

»In ihrem besten grün-samtenen Kleid mit der weißen Borte presste Lady Serenity Azure ihren Rücken im Dunkeln an die Wand«, las Eva in *Die Piratenbraut*. »Sie konnte hören, wie die Männer das Wildschwein aßen, das sie am Nachmittag erlegt hatten, der Geruch von Fleisch und das Geräusch von Gitarrenmusik ergoss sich über den Strand. Lichter vom Feuer tanzten im Dunkeln, und Serenity wusste: jetzt oder nie.« Um sechzehn Uhr hatte sich Serenity im Inselurwald verlaufen, verfolgt von Piraten, und Eva verließ das Büro, um am Kiosk neben Le Pain du Jour ein paar Türen von ihrem Büro entfernt, ein Zehnerpäckchen Marlboro Lights zu kaufen. Eva hatte ein Jahr lang nicht geraucht, überquerte aber die Straße und bat den Türsteher des Scorpio, der auf seinem Platz vor sich hin paffte, mit zittrigen Fingern um Feuer.

Der Mann musterte sie lange, als wolle er sagen: *offensichtlich*, ehe er ihr ein schlichtes silbernes Feuerzeug reichte. Eva zündete ihre Zigarette an und inhalierte, schmeckte etwas Unangenehmes, Nostalgisches, wie Erinnerungen an Betrunkensein.

»Sie arbeiten gegenüber, ja?«, sagte der Türsteher. »Ich seh Sie manchmal.«

»Ja. Es ist ein Buchverlag. Wir veröffentlichen Liebesromane«, sagte Eva, die noch spürte, dass ein Schlag oder ein Schrei oder sogar ein paar Tränen in ihr steckten, aber dieses Gefühl mit einem zu tiefen Zug Zigarettenrauch hinunterschluckte.

»Liebes*romane*?«, sagte der Türsteher, über buschigen Brauen die Stirn runzelnd.

»Ja, also, Geschichten über Liebe«, sagte Eva. »Mit rosa, glänzenden Einbänden?«

»Ah«, der Türsteher nickte, mit einem Grinsen, wie es Männer bei der Erwähnung solcher Romane häufig aufsetzen. »Verstehe, so was. Für die Frauen, ja?«

»Genau.« Eva lächelte und inhalierte, ihr war schwummrig. Der Korridor machte im Haus einen Knick, sein roter Teppich glich einer Zunge. »Möchten Sie welche haben? Für die Leute, die in Ihrer Bar arbeiten?«, sagte Eva beiläufig. »Die Tänzerinnen?«, ergänzte sie aus Sorge, er würde sie abweisen oder dichtmachen, wenn sie etwas Falsches über die Mädchen sagte. Der Mann musterte Eva von Kopf bis Fuß: ihre Schnürstiefel, zerrissenen Jeans, den verblichenen Saum ihres T-Shirts, das unter ihrem Pulli hervorlugte, eine uralte Lederjacke, die sie in einem Secondhand-Laden gekauft hatte.

»Behalten und lesen?«, fragte er und legte seinen Quadratschädel schräg.

»Wo ich arbeite«, Eva wies auf die Verlagsräume von Echo Books gegenüber, »stapeln sich die Bücher. Ich könnte einfach ein paar rüberbringen, wenn Sie möchten.«

»Okay, ja. Die Mädchen mögen die Geschichten, glaube ich. Warum nicht, hm?«

»In Ordnung«, sagte Eva und rauchte weiter ihre Zigarette. Das war immerhin etwas; es traf zwar nicht genau ins Schwarze, aber es war etwas.

Eva ging in die Kellerräume von Echo Books, um in Bücherstapeln herumzukramen – Hunderte Träume von erhabenster Liebe. Bis zur Decke stapelten sich braune Kartons wie feuchte Backsteine, voll mit Exemplaren von *Wenn die Sünde lockt* aus dem ersten Jahrzehnt des neuen Jahrhunderts (ein mittlerer Bestseller, von dem Echo auf dem Höhepunkt seines Erfolgs viel zu viel nachdrucken ließ), die man in der Hoffnung aufbewahrte, dass es vielleicht noch einmal eine Renaissance gäbe. *Heilige Raserei* diente als Stütze eines wackligen Schreibtischs in der Ecke, auf dem uralte staubbedeckte Waagen aus dem Postamt herumstanden, die Preise längst obsolet. *Das Diamantenmädchen* stapelte sich zu einem weiteren Turm. Eva leerte einen Karton und füllte ihn, während sie über sich im Korridor Schritte hörte, mit so vielen Beispielen von Eskapismus und an den Haaren herbeigezogener Romantik, wie sie nur finden konnte. Dann wartete sie, bis über ihr Ruhe herrschte, und arbeitete sich wieder nach oben, vorbei an einer Spiegelscherbe, an Plakaten, einer Leiter und einem Heizlüfter. Als sie aus der Haustür auf die Goodge Street trat, griff sie sich ein Exemplar von *Kleopatras Perlen*. Wahrscheinlich würde niemand merken, dass diese Bücher fehlten, und Echo Books entstand durch ihr Verschwinden kein Schaden.

Draußen lächelte sie den Türsteher an, der die Augenbrauen hochzog und sich vorbeugte, um in den Karton zu spähen. Sie hatte die schreckliche Befürchtung, dass er sie auffordern würde, den Karton im Hausflur stehen zu lassen, doch er sagte nur: »Unten ist niemand, aber lassen Sie sich von Dominik einen Drink geben, wenn Sie wollen – sagen Sie ihm von Adam, es ist in Ordnung.«

Eva lächelte.

Sie betrat einen schmalen Korridor. Aus der Nähe betrachtet, hatte der Teppichboden die Farbe von verblasstem Blut, mit Staubflocken und Flusen an den Rändern. An den Wänden hingen Spiegel. Am Ende des Korridors befand sich eine Art gläserne Kabine, wie man sie aus Banken kennt. Eine halbkreisförmige Lücke in dem verstärkten Glas war gerade groß genug, um eine Hand durchzustrecken, und dahinter lagen Papiere, Akten und Taschenrechner. Zur Linken befand sich eine Treppe, deren eine Wand mit plissierter roter Seide bezogen war. Am oberen Treppenende stapelten sich drei Kartons. Neben einer Tür auf dem ersten Treppenabsatz lehnte eine Leiter. Die Treppe verschwand in einem Souterrain, aus dem man gerade noch leise Jazzmusik hörte.

Eva nahm die Stufen nach unten und bog in einen dunklen Raum, in dessen Mitte eine Bar stand, dabei stolperte sie fast über noch einen Karton, randvoll mit Stöckelschuhen in allen Formen und Farben. Sie sah sich um. Als sich ihre Augen an die Dunkelheit gewöhnt hatten, erkannte sie am anderen Ende des Raumes eine schwarzgestrichene Bühne mit zwei goldfarbenen Stangen, und an der Wand, die der Treppe am nächsten war, standen DJ-Pulte. Ein mächtiger Fernseher mit Flachbildschirm war von der Wand am anderen Ende abgenommen worden, und aus kaputtem Putz hingen Leitungen. Der auf der Seite stehende Fernseher war halb in Luftpolsterfolie gewickelt. Der Teppichboden hatte ein bräunliches Leopardenfellmuster und war so platt getrampelt, dass er fast wie unlackiertes Holz aussah. Die Sofas und Sessel an den Seiten hatten ein Leopardenmuster. Eine Kette mit winzigen Glühbirnen, etwas dicker als Weihnachtsbaumbeleuchtung, zog sich um den gesamten Kellerraum, und ein kreisrundes Regal mit Flaschen in der Mitte der Bar war mit Spiegeln verkleidet, barbiepuppenrosa beleuchtet und mit anzüglichen Kuriositäten bestückt: ein paar Dosen mit einem Getränk, das »Pussy« hieß, eine umgestylte Coca-Cola-Flasche deren zerfleddertes Etikett »Cock« versprach, eine Flasche Malibu Rum in Form eines weiblichen Torsos, eine Porzellanpuppe, die ein T-Shirt trug, auf dem »Schluckspecht« stand. Als Eva rüberging, um ihren Karton auf einen der Barhocker zu stellen, tauchte von der anderen Seite ein Mann mit Pferdegesicht und verschlagenen Augen auf. Er polierte mit einem Geschirrtuch den Rand eines Cocktailglases und musterte Eva von oben bis unten.

»Adam von draußen hat mich gebeten, die hier reinzutragen«, sagte Eva, öffnete den Karton und entnahm ihm *Kleopatras Perlen* mit seiner azurblauen Strandlandschaft auf dem Einband. Erst jetzt bemerkte sie, dass am anderen Ende des Raumes eine große Blondine in Jeans, einem übergroßen pfefferminzgrünen Kapuzenpulli und zwölf Zentimeter hohen durchsichtigen Plastikschuhen mit Keilabsätzen zusammengerollt auf einem der Sofas lag und die Zeitschrift *Hello!* las. Tauben gab es hier keine. Auch keine Blumensträuße oder Zylinderhüte oder riesige Spielkarten. Die niedrige Zimmerdecke war schwarz, und der beißende Geruch nach Putzmitteln überdeckte den von Körperausdünstungen.

»Soll ich sie irgendwohin stellen?«, fragte Eva. »Es sind Bücher.«

Der Barkeeper rief der Frau auf dem Sofa etwas zu, das wie Polnisch klang. Sie mochte um die dreißig sein, hatte lange Fingernägel, dicke Lippen und Augenringe. Sie entrollte sich von dem Sofa und schritt auf ihren Plastikstelzen widerwillig zur Bar, ohne mit Eva Augenkontakt aufzunehmen. Sie war fünfundzwanzig, dreißig Zentimeter größer als Eva. Irgendwie sah auch sie wie ein Zauberwesen aus, eine andere Art, vielleicht ein pornographischer Zentaur mit Plastikhufen. Sie durchstöberte die Bücher, Fingernägel tippten auf die Einbände, die sie sich ansah, dann lächelte sie den Barkeeper an. Es war ein seltsames Lächeln, ihre wulstigen Lippen schienen eher zum Schmollen geeignet.

Sie sprach in ihrer Sprache mit dem Barkeeper.

»Für sie?«, sagte der und wies auf die Blonde.

»Für alle«, antwortete Eva, und der Barkeeper nickte zu der Frau. »Aber sie sind auf Englisch.«

»Für uns«, sagte die Frau, »für üben mit lesen das Englisch.«

»Ja, warum nicht«, sagte Eva lächelnd. Im Hintergrund spielte ein Saxophon. Die Lichterkette an der Decke wurde von der Spiegelwand auf einer Seite des Raumes reflektiert. Neben der Bühne führte eine Treppe nach oben in ein anderes Zimmer.

»Das hier ist das Beste«, sagte Eva und hielt *Wenn die Sünde lockt* hoch.

»Kosten nichts?« Die Frau nahm das Buch und drehte es in den Händen.

»Aber nein«, sagte Eva. »Wir sind ein Verlag, auf der anderen Straßenseite. Wir haben zu viele gedruckt.«

»Wollen Sie was trinken?«, fragte der Barkeeper und wies auf seine verspiegelte rosa Bar.

»Ein Wodka-Tonic wäre toll, danke«, sagte Eva. »Mit Zitrone?«

»Klar«, sagte der Barkeeper, als die Frau *Wenn die Sünde lockt* mit zurück aufs Sofa nahm.

»Soll ich sie vielleicht nach oben bringen?«, fragte Eva.

»Nach oben?«, wiederholte der Mann, goss Wodka auf Eis und musterte Eva von der Seite. »Nein.« In diesem Moment stapfte ein großer, dicker Mann die Treppe hinunter, er trug ein kurzärmeliges Hemd mit weißen Karos, eine glänzende Anzughose und riesige Turnschuhe wie ein Rapper. Er rief etwas nach hinten, verstummte aber, als er Eva an der Bar bemerkte. Die von seiner Nase zu den Mundwinkeln führenden Falten zeichneten ein ausgeprägtes Dreieck in sein rundliches Gesicht. Hoffentlich war das nicht der Mann, den sie nackt im Fenster gesehen hatte, dachte Eva, der Mann, den sie sich als Dante vorgestellt hatte.

Der Barkeeper antwortete etwas und gab Eva ihren Drink.

Der Dicke wechselte noch ein paar böse Worte mit dem Barkeeper, bedeutete dann der großen Blonden, sie solle aufstehen, und machte eine abfällige Geste in Richtung Eva.

Eva wusste nicht, wo sie hinsehen sollte, also senkte sie den Blick auf ihren Drink, trank die Hälfte in einem einzigen Schluck, erhob sich dann von ihrem Platz.

»*Teraz!*«, schrie der dicke Mann so laut, dass Eva und der Barkeeper aufschreckten. Nur die Blondine stand ruhig und ohne eine Miene zu verziehen auf der Treppe. Eva hörte ihr Blut in den Ohren pochen. Die Lichterkette warf Umrisse auf die dunkle Spiegelwand rechts von Eva. Der Spiegel wackelte, fast wie eine vertikale Pfütze.

Der dicke Mann schrie wieder etwas, und dann schauten er und der Barkeeper über Evas Schulter hinweg zur Treppe, die sie zehn Minuten zuvor heruntergekommen war. Eva drehte sich um und sah die Assistentin des Zauberers in der Tür. Ein kurzer Blick genügte, um zu sehen, dass sie noch ein halbes Kind war – vielleicht fünfzehn Jahre alt in ihrem Trägertop und den Basketballshorts. Eva waren ihre tiefliegenden Augen schon aus der Entfernung aufgefallen, der winzige verkniffene Mund, aber nicht die Art und Weise, wie die einzelnen Züge ein unfertiges Gesicht ergaben, das eines Tages hübsch werden könnte. Sie hatte etwas Wechselhaftes – eine Frau und gleichzeitig ein halbbenommenes Kind, das am Schultor nach seiner Mutter Ausschau hielt.

»*Wracają Anya*!«, brüllte der Dicke zu ihr hinüber, und ganz kurz tauchte hinter dem Mädchen eine Frau auf. Sie war älter und draller, hatte ledrige Haut, möglicherweise dieselbe Frau, die Eva einmal kurz im Korridor des Scorpio Clubs gesehen hatte, als sie das entflohene weiße Kaninchen aus Adams Armen entgegennahm. Eva wurde das Gefühl nicht los, dass sie sie noch von anderswoher kannte – aus dem Gerichtssaal? *Könnte* sie dort gewesen sein, hatte sie irgendwelche Probleme, oder hatte sie jemanden unterstützt, der Probleme hatte? Die ältere Frau und die Assistentin des Zauberers zogen sich von der Tür zurück. *Anya*, sagte Eva im Stillen. Sie hieß nicht Sophia, sondern Anya. Zwischen den beiden Namen bestand eine Ähnlichkeit, vielleicht die weichen Vokale am Ende, allerdings glich Sophia mehr einem Flüstern als Anya. Der dicke Mann nickte in Evas Richtung und ging wieder nach oben, gefolgt von dem blonden Zentaur auf Plastikhufen. Einen Moment lang schwiegen der Barkeeper und Eva, dann sagte er zu ihr:

»Gehen Sie. Geschäft jetzt nicht gut, ist Problem für ihn.«

»Oh«, sagte Eva. »Tja, danke für den Drink.«

»Danke auch, für die Bücher«, sagte er.

Eva nahm unauffällig ein Exemplar von *Wenn die Sünde lockt* und ging wieder hinauf in den Flur. Innen auf den Buchdeckel kritzelte sie ihre Telefonnummer und schrieb: »*Für Anya, von Eva, der Frau aus dem Bürofenster gegenüber. Ruf mich unter dieser Nummer an, wenn ich dir helfen kann.*« Das Buch war gerade noch dünn genug, dass Eva es unter der Tür am oberen Ende der Treppe hindurchschieben konnte, dann eilte sie aus dem Club. Sie fühlte sich, als würde sie sich von außen betrachten, als wäre sie die Heldin eines ihrer Romane.

Als Eva den Scorpio Club verließ, war es fast fünf, daher kehrte sie nicht in den Verlag zurück, sondern ging von der Goodge Street in die Mortimer Street, dann links durch die Regent's Street Richtung West End Central Police Station an der Savile Row. Auf der Treppe rauchte ein Besoffener eine Selbstgedrehte; als Eva den kleinen Warteraum betrat, stürmte ein bärtiger Mann hinaus. Auf einer Seite des Zimmers standen nebeneinander drei Stühle, und an einem Schreibtisch hinter einer schlierigen Glasscheibe saß eine Polizeibeamtin. Neben einer Tür mit der Aufschrift »PRIVAT« hing eine Pinnwand mit den Fotos »vermisster« Personen, körnige Bilder von Männern und jungen Frauen, die strikt geradeaus sahen. Eva wartete in einer Schlange hinter einem Mann in einem mit Farbklecksen übersäten Overall, der schilderte, dass er ständig Hassbriefe erhielt. Er bekam ein Formular, das er ausfüllen sollte, und setzte sich mit mürrischer Miene auf einen der Plastikstühle, während Eva zu der Frau vortrat, die gerade gähnte. Eva schwitzte.

»Guten Abend«, sagte die Polizistin.

»In der Goodge Street gibt es einen Club, den Scorpio Club«, sagte Eva durch das Glas. Die Polizistin nickte, und wieder kräuselte ein unterdrücktes Gähnen ihre Mundwinkel. »Dort wohnt ein Mädchen, das höchstens vierzehn, fünfzehn Jahre alt ist. Ich glaube, sie heißt Anya.«

»Dürfte ich Ihren Namen erfahren?«

»Meinen Namen? Eva Elliott«, sagte Eva.

»Ein Kind«, murmelte die Polizistin. »Der Scorpio Club«, sagte sie, nickte vor sich hin und las etwas auf dem Computermonitor. »Der Scorpio Club ist uns ein Begriff. Gegenwärtig führen wir Ermittlungen durch.«

Eva merkte, dass der Mann in dem mit Farbe bekleckerten Overall dem Gespräch von seinem Stuhl aus zuhörte, genau wie eine alte Frau mit einem gestörten, möglicherweise senilen Grinsen im Gesicht, die sich ständig an der Kopfhaut kratzte.

»Machen Sie den Club dicht? Es sah so aus, als packten sie ihre Sachen«, sagte Eva, worauf die Frau von ihrem Bildschirm aufsah.

»Ich benötige noch Ihre Kontaktdaten. Falls wir weitere Angaben von Ihnen brauchen, melden wir uns«, sagte die Polizistin.

Der New Burlington Place war nicht weit von der Savile Row, und Eva sah an dem Bürohaus hoch, in dem sich Justins Firma befand. »Bluetone Productions« stand am Klingelschild. Auf einer Seite des Hinterhofs sah man durch große Glasfenster weiße Zimmer, in denen Macs auf sauberen Schreibtischen standen, während sich auf der anderen Seite eine baufällige Mauer mit den Hintereingängen von Restaurants und Cafés befand. Eva drückte auf die kleine verchromte Klingel von »Bluetone Productions«.

»Ist Justin da?«, sagte Eva und senkte den Kopf zur Gegensprechanlage.

»Welche Firma?«

»Bluetone.« Sie schaute durch das Fenster in einen schlichten Empfangsbereich, wo ein Wachmann hinter einem Tresen saß. Alles war weiß, es gab weiße Ledersessel und weiß gerahmte Poster an der Wand, die für Dokumentarfilme warben.

»Haben Sie einen Termin?«, fragte der Wachmann.

»Könnten Sie ihm einfach ausrichten, dass Eva draußen wartet?«, sagte sie.

»Einen Moment«, sagte die Stimme, und Eva fröstelte, schlang sich ihre Jacke fester um den Körper. Der Wachmann drückte ein paar Knöpfe auf seinem Telefon, nickte dann kurz und sagte »Kommen Sie rein« in die Sprechanlage. Der Summer gab die Tür frei. Eva schüttelte ihren Regenschirm aus und klappte ihn beim Eintreten zusammen.

»Er ist unterwegs«, sagte der Wachmann. »Nehmen Sie bitte Platz.«

Eva stellte ihren Schirm ab und setzte sich auf ein weißes Sofa. Sie nahm ein Exemplar der Zeitschrift *Variety* in die Hand und blätterte sie durch, ohne darin zu lesen, stand dann auf, um sich von dem Behälter beim Fenster einen Becher Wasser zu holen. Das Zimmer roch nach Zentralheizung und Febreze.

»Eva«, sagte Justin, als er aus dem Aufzug trat. Er trug den schicken marineblauen Pulli mit V-Ausschnitt und die schwarzen Deckschuhe vom Morgen. Seine Maulwurfsaugen, das nur leicht schüttere blonde Haar, seine verbliebene Sonnenbräune hatten etwas Tröstliches. Er sah gut aus. Sie konnte ihn sich problemlos als Kind vorstellen, das Sandburgen baute, und wie er als Mann in mittleren Jahren immer dienstags Tennis spielte und mit seiner zukünftigen Frau und den entzückenden blonden

Kindern in Südfrankreich Urlaub machte. Im Gegensatz zu Lukes Fragmenten schienen alle Versionen Justins ein stimmiges Gesamtbild zu ergeben. Nach Grace würde er sich eine nette junge Frau suchen und sie bald heiraten.

»Entschuldige, dass ich dich im Büro störe«, sagte Eva.

»Ich mache hier gerade Schluss. Was ist los?«

»Möchtest du etwas trinken? Hast du noch einen Termin?«

»Grace hat angerufen und gesagt, ihr gehe es gut«, sagte Justin und trat in dem weißen Empfangsbereich näher zu Eva. Sie warf ihren Plastikwasserbecher in den Mülleimer und wandte sich von Justin ab, obwohl sie es gern gehabt hätte, wenn er ihr eine Hand auf die Schulter gelegt hätte.

»Ist noch etwas anderes passiert?«, fragte Justin.

»Nein.«

»Lass uns etwas trinken – ja, natürlich«, sagte er. »Natürlich.«

Eva und Justin landeten in der Lobby-Bar des Grange Holborn Hotel, wo Justin untergekommen war. Sie tranken Flaschenbier in einer Bar, die gestaltet worden war, als wäre sie für den Stadtrand von Las Vegas gedacht, mit goldfarbenen Lampen, Kronleuchtern und Nachbildungen antiken griechischen Schmucks, die in Vitrinen zum Verkauf ausgestellt wurden. in tiefen Ledersesseln sitzende Geschäftsleute orderten Sandwiches und weißen Hauswein. Der Boden war mit schwarzem und weißem Marmor belegt, und die Raumteiler zwischen den Sitzbereichen bestanden aus strukturiertem Milchglas.

»Hier wohne ich seit zwei Nächten«, sagte Justin. »Grace darf bis Monatsende in unserer Wohnung bleiben.«

»Es geht nichts über Hamburger vom Zimmerservice und ein mieses Fernsehprogramm«, sagte Eva, die gute Laune vortäuschte und Erdnüsse in ihre hohle rechte Hand häufte.

»Also, was gibt's Neues seit heute Morgen? Du siehst fix und fertig aus«, sagte Justin. Er nahm einen Schluck Bier, ohne den Blick von ihr zu wenden.

»Anfang des Sommers zog er bei mir ein, im Mai«, sagte Eva und rieb warmes Erdnusssalz zwischen den Fingern. »Er hat unser beider Bücher alphabetisch geordnet.«

»Er hat sie alphabetisch geordnet? Eine moderne Liebesbeziehung.« Justin hielt inne. »Und jetzt?«

Eva zuckte mit den Schultern. »Wo würdest du Grace treffen, wenn die Apokalypse käme?«

»Ich würde in die andere Richtung gehen«, sagte Justin und nickte.

»Das würdest du nicht«, sagte Eva.

»Nein. Wahrscheinlich würde ich auf die St.-Paul's-Seite der Millennium Bridge gehen und so tun, als hätte ich nicht erwartet, dass sie auftauchen würde.«

»Er hat mich belogen«, sagte Eva. »Er hat Grace getroffen. Wusstest du das?«

»Ich weiß, dass sie sich auf irgendeiner Party über den Weg gelaufen sind.«

»Und danach?«

»Mir hat sie erzählt, sie habe ›mit ihm über alte Zeiten plaudern‹ wollen, aber er wollte sie nicht sehen, hat sie nicht zurückgerufen.«

»Kennst du den Grund?«

»Sie sagte, sie wollte nur wieder mit ihm befreundet sein«, antwortete Justin, sprach dann etwas leiser weiter, als könne reduzierte Lautstärke die Bedeutung abmildern. »Sie hat mir erzählt, er sei vor ein paar Tagen bei uns zu Hause gewesen, während ich bei Dreharbeiten war, falls das hilft.« Justin nahm seine Brille ab und rieb sich die Augen, wie er es am Morgen schon vor dem Krankenhaus gemacht hatte.

»Ich habe einen Großteil unserer Beziehung mit dem Gedanken gespielt, ihn zu verlassen«, sagte Eva und sah woandershin – auf Fingerabdrücke auf der gläsernen Tischplatte, Plastikblumen auf dem Empfangstresen, Justins saubere Nägel. »Ich wusste immer, es würde nicht von Dauer sein.«

»Hattest du dich schon für das »wie« entschieden?«, sagte Justin, in einem Versuch, die Stimmung aufzulockern. »Ein Mädchen hat mal einen Teller Spaghetti carbonara auf mich gekippt, als ich mit ihr Schluss machte.«

»Anfängerfehler: bewegliche Gegenstände immer außer Reichweite bringen, ehe man endgültig Schluss macht.«

»Auf der Grundschule hat ein Mädchen einmal per Valentinstagskarte mit mir Schluss gemacht.«

»Brutal«, sagte Eva.

Justin zuckte die Achseln. Eva fragte sich, ob er wohl wusste, dass Luke und Mary früher zusammen gewesen waren, beschloss aber, es nicht anzusprechen.

»Hast du Hunger?«, sagte Justin.

»Ich schätze schon«, sagte Eva, obwohl sie nicht hungrig war.

»Ich hab Hunger«, sagte Justin und hielt ihren Blick fest. »Sollen wir uns was aufs Zimmer bringen lassen, mit ein paar harten Drinks, und nicht über Luke und Grace reden?«

Eva runzelte die Stirn, bereit zu protestieren. Justin fuhr fort: »Und das sage ich in aller Unschuld«, versicherte er eilig. »Ein Hamburger – und vielleicht lasse ich dich sogar den Film auswählen.«

Später saß Justin nach vorn gebeugt auf einem Stuhl, und Eva auf der Kante des Hotelbetts. Auf dem senffarbenen Teppichboden waren Socken, zerknüllte T-Shirts und Bücher verstreut, Hemden und Boxershorts quollen aus zwei Koffern, die auf einem roten Sofa in einer Zimmerecke lagen. Justins Hausschlüssel – Graces Schlüssel – lagen neben einem Stapel Zeitschriften – *New Scientist*, *Wired*, *National Geographic* – und ungeöffneter Post und der Einladung zu einer Filmaufführung vom Vortag. Ein mit Hamburgerresten bedecktes Tablett hatten sie gerade neben die Tür geschoben. Eva bemühte sich, nicht an Luke zu denken, doch er stahl sich immer wieder in ihre Gedanken. Sie und Justin hatten einen Controller in den Händen und konzentrierten sich, keiner besonders enthusiastisch, auf ein Spiel namens *Dragon Blood II* im

Fernseher vor dem Bett. Ihrem Avatar wuchsen zwei Hörner aus dem blonden Haar, fast ein Zentaur mit Hufen statt Schuhen, während Justin ein Glatzkopf mit buschigen Augenbrauen und einer hautengen Hose war. Das Spiel drehte sich um von Monstern belagerte Kathedralen und Ruinen, das Ziel schien zu sein, möglichst viele Drachen umzubringen. Diverse Kreaturen tauchten aus dem Nichts auf, Fledermäuse oder Vögel stießen aus dem Himmel herab.

»Feuer!«, rief Justin. »Hol den Drachen da drüben.«

»Mach ich ja«, sagte Eva, drückte nach dem Zufallsprinzip auf Knöpfe und wünschte, das alles würde aufhören. Als Folge einer ihr unbekannten Kette aus Ursache und Wirkung explodierte ein malvenfarbener Drache, wobei er ein paar andersfarbige Tiere mit ins Jenseits beförderte. Überall auf dem Bildschirm tauchten dunkelrote Blutspritzer auf, und sobald sich Evas Hirn nicht mehr mit zu drückenden Knöpfen und Drachen befasste, musste sie wieder an Luke und Grace denken, wie sie sich vor dem Café umarmt hatten, wie Luke den Schirm über Grace hielt, als sie Regina auf dem Trafalgar Square beobachteten, an all die kantigen Puzzlestücke, die durch ihren Kopf prallten. Eva versuchte, all das wieder beiseitezuschieben.

»Kommen wir jetzt in ein anderes Level?«, fragte Eva.

»Nein, vorher müssen wir noch Radar bezwingen – das ist der Drachenfürst in dieser Gegend«, sagte Justin. »Noch einen Wodka-Tonic?«

Eva ließ ihren Controller auf dem Schoß liegen, während Justin sich daranmachte, ihr aus der Minibar einen

Drink zu mixen. Für sich öffnete er eine Flasche Corona. Ein wenig traurig stießen sie an, und nach kurzem Zögern setzte sich Justin neben sie aufs Bett.

»Also das machst du jeden Abend in deinem schicken Hotelzimmer?«, sagte Eva, die Füße flach auf dem Fußboden.

»So ungefähr.«

»Das war ein guter Hamburger.«

»Das stimmt.«

Eva fuhr mit dem Finger an der Seite ihres Glases hoch und runter. »Hast du schon mal das Eisbärenspiel gespielt?«

»Nein«, sagte Justin.

»Man muss stumm dasitzen und nicht an einen Eisbären denken. Wer als Erstes an einen Eisbären denkt, hat verloren«, sagte Eva. Beide schwiegen.

»Wie hältst du dich mit dem Eisbären?«

»Schlecht«, sagte Eva. »Und du?«

»Grace hatte es schwerer als die meisten«, sagte Justin. »Sie stammt aus einer sehr intakten, exzentrischen Familie. Was mit ihrer Schwester passiert ist, hat Grace hart getroffen.« Er schob seine Brille mit dem Finger ein weiteres Mal auf die Nasenwurzel, rückte sie dort gerade. Draußen tobte der Verkehr auf der Southampton Road vorbei, und immer mehr Regentröpfchen sammelten sich an der Fensterscheibe.

»Sie hatte wohl eine schwierige Beziehung zu ihrer Schwester?«, fragte Eva und stellte sich vor, dass das an Luke gelegen haben könnte, obwohl er behauptet hatte, er habe nie etwas mit Grace gehabt.

»Tja, schon«, sagte Justin mit einem Blick auf Evas verständnislosen Gesichtsausdruck. »Hat Luke es dir nicht erzählt?«

Eva dachte an das Foto von dem furchtsamen kleinen Mädchen mit den dünnen Beinen – an ihr schläfriges, fuchsartiges Gesicht und die traurigen Augen, wie Luke den Arm schützend um sie gelegt hatte.

»Grace findet, du siehst aus wie sie«, sagte Justin.

»Wie Mary?«

»Nach unserem Essen in Chinatown war Grace völlig außer sich. Sie sagte, du hättest etwas von Mary an dir. Keine Ahnung. Den Ausdruck ihrer Augen oder so was.«

»Findest du das auch?«

»Ich habe Mary nie kennengelernt.«

»Du hast Graces Schwester nie kennengelernt?«

»Mary war magersüchtig – sie starb mit siebzehn«, sagte Justin. Das Hotelzimmer pulsierte. »Wenn man nach den Fotos geht, die ich gesehen habe, ist eine gewisse Ähnlichkeit vorhanden.«

»Was ist passiert?«, fragte Eva.

»Ein Herzproblem«, sagte Justin. »Weil sie nichts aß – schon einige Zeit nicht anständig gegessen hatte.«

»Mist«, sagte Eva. Mehr brachte sie nicht heraus, diese unpräzise Silbe, nur diesen hässlichen Laut konnte sie ausstoßen.

»Ich glaube, sie hatte eine Blutvergiftung. Sie kam aus dem Krankenhaus, und man dachte, sie wäre wohlauf, doch zurück auf der Farm hatte sie einen Herzinfarkt. Zu der Zeit war sie schon seit einer ganzen Weile krank. Grace war damals sechzehn, als es geschah.«

Eva und Justin schwiegen beide, und dann hatte auf der Straße vor dem Hotel ein Motorrad eine Fehlzündung, ein Knall wie ein Ausrufezeichen hinter dem Gespräch. Eva spürte einen bitteren Geschmack im Mund. Es war seltsam, wie Gefühl *schmeckte*. Adrenalin schmeckte metallisch, Langeweile nach Watte, Angst schmeckte bitter. Eva spürte, wie Panik ihre Kehle hinuntertropfte. Ihr fiel der Blick ein, den sie manchmal bei Luke bemerkte, diesen gequälten Ausdruck in seinen Augen, wenn er glaubte, dass niemand hinsah. Dieser Blick kam vielleicht von Mary.

Eva und Justin bemühten sich, einander nicht zu berühren, als sie Decken und Kissen auf das Sofa im Hotelzimmer legten. Justin bot an, auf dem Sofa zu schlafen, was Eva ablehnte. Er borgte ihr ein T-Shirt, und sie zog sich im Bad um, setzte sich auf den Wannenrand, um ihr Handy zu kontrollieren.

Eva wollte zwar nicht mit Luke reden, wollte aber auch nicht, dass er sich Sorgen machte. Sie hatte drei Anrufe von ihm nicht beantwortet, also schickte sie ihm eine SMS: »Bin bei Freunden, komme morgen zurück.« Dann kroch sie unter die Decke auf dem Sofa, und Justin ins Bett, und sie wünschten dem anderen eine gute Nacht und machten die Lampen aus, doch keiner von beiden schlief ein. In Evas Schläfen und Handgelenken pochte das Blut, und ihr Mund schmeckte noch immer nach Panik. Lauter aufgestaute Energie, die sie völlig verspannte. Auf der Suche nach einer bequemen Position wälzte sich Eva hin und her.

»Eva?«, fragte Justin nach einer Viertelstunde. »Bist du wach?«

»Entschuldige, halte ich dich vom Einschlafen ab?«

»Auf dem Sofa ist es offenbar unbequem. Warum schlafen wir nicht beide im Bett? Wir sind schließlich keine Teenager. Wir kriegen das hin. Hüpf rein«, sagte Justin – und das tat sie auch, schlüpfte unter das Federbett und drehte ihm den Rücken zu. Eine Zeitlang lagen sie wach, hörten dem anderen beim Atmen zu. Irgendwann legte sich seine Hand auf die Wölbung ihrer Hüfte. Hätte sie diese Hüfte auch nur ein wenig in seine Richtung gedreht, hätten sie gemeinsam Anspannung und Wut loswerden können, doch Eva rührte sich nicht. Schließlich fiel seine Hand herab, als hätte sie nur dagelegen, um Eva zu trösten.

Im Hotelbett, als sie neben jemandem einschlief, der nicht Luke war, hatte Eva das intensive Gefühl zu fallen. Sie fragte sich, was Anya wohl machte, in ihrem Zimmer mit Blick auf die Goodge Street; vielleicht saß sie auf ihrer Matratze und las *Wenn die Sünde lockt*. Vielleicht hatte das Mädchen keinen Zugang zu einem Telefon und konnte Evas Nummer gar nicht anrufen. Vielleicht würde sie auch ein Telefon finden und anrufen, aber was würde Eva dann tun? Warum sollte das Mädchen sie überhaupt anrufen? Warum eine Fremde anrufen, die Nachrichten in schlechtgeschriebene Liebesromane kritzelt?

Eva duschte rasch und zog sich im Halbdunkel des Hotelzimmers an. Dabei bemerkte sie Justins Schlüssel auf seinem Nachttisch. Er bewegte sich und drehte sich zu ihr um.

»Gehst du?«, murmelte er.

»Danke, dass ich bleiben durfte«, sagte sie. »Ich muss vor der Arbeit nach Hause und mich umziehen. Noch mal danke.«

»Keine Zeit zum Frühstücken?«

»Ich bin schon spät dran. Schlaf du ruhig noch ein bisschen.«

»Okay.«

Und als Justin sich von ihr abwandte, steckte sie seine Schlüssel in ihre Tasche, samt einem noch in Plastik eingepackten Exemplar der Zeitschrift *Wire*, auf der die Adresse von Grace und Justin in der Shepperton Road stand.

Nachdem sie aus Justins Hotelzimmer gegangen war, saß Eva eine Stunde lang in einem Café an der Warren Street. Um halb zehn rief sie bei Echo Books an und sagte, sie käme erst später zur Arbeit. Ihre Chefin war nicht beeindruckt. Dann rief sie in Graces Büro an und unterbrach die Verbindung, als eine ihrer Kolleginnen bestätigte, dass Grace wieder da und nicht mehr krank war. Im Laufe der Nacht hatten sich dreizehn Anrufe, sieben neue Nachrichten und vier SMS von Luke auf ihrem Telefon angesammelt, doch sie rief oder simste nicht zurück. Sie stellte den Vibrationsalarm ein, weil sie hoffte, dass vielleicht Anya aus dem Scorpio anrief, nahm dann ein Taxi von Fitzrovia nach Hackney.

Nach einer fünfundzwanzigminütigen Fahrt durch

den morgendlichen Berufsverkehr hielt Evas Taxi endlich vor einem roten Backsteingebäude an der Shepperton Road, vielleicht eine umgebaute Schule, mit hohen, abgerundeten Fenstern im obersten Stock und kleineren, weißgerahmten Fenstern unten.

Sie schaute nach oben und fragte sich, ob Luke in der Wohnung sein könnte, obwohl es Donnerstag war und er ihres Wissens noch nie einen Tag in der Kanzlei gefehlt hatte. »Justin & Grace« stand auf dem Klingelschild neben Apartment 3A. Die Haustür öffnete man mit einer Art elektronischem Schlüssel, der an Justins Schlüsselbund baumelte, dann betrat man einen kleinen Hausflur, der noch mit jenem gummiartigen Material ausgelegt war, das einem aus Schulen und Krankenhäusern vertraut war. Man sah förmlich die gemalten Strichmännchen und Ankündigungen für Elternabende an den Wänden. Eva entdeckte keinen Aufzug, daher nahm sie die Treppe in den dritten Stock.

Zuerst klopfte sie. Keine Reaktion. Eine Weile stand sie auf dem Treppenabsatz und horchte auf etwaige Geräusche aus der Wohnung. Als sie auf der Treppe hinter sich ein Knarren hörte, steckte sie Justins Schlüssel mit einem Klicken in das verchromte Türblatt und betrat Graces Apartment.

Es war hell und so sauber, dass keine Staubkörnchen tanzten, obwohl Sonnenlicht durchs Fenster fiel. Auf Fensterscheiben oder Oberflächen waren keine Schlieren. Die Hälfte der Möbel war aus Glas: Esstisch, Stühle, Couchtisch und Fernsehtisch glichen eher festem Licht als Gegenständen. Es war ein Studioloft mit hohen Decken und einer Wendeltreppe, die in ein kleines Schlafzimmer mit Galerie über dem Wohnbereich führte. Eine Wand bestand aus großen Bogenfenstern mit weißgrauen Rollos, ein Spiegel bedeckte die andere. Es war keine große Wohnung, doch die übergroßen Fenster und der Spiegel erzeugten ein Raumgefühl. Ein gelbes Seidenkleid lag auf einer schwarzen Ledercouch, ein Paar Modeschmuck-Ohrringe und einige der für Grace typischen Armreifen lagen achtlos auf dem Couchtisch – die übrigen waren immer noch am Silver Place. Eva zog die Schuhe aus und stellte sie ordentlich in die Ecke neben der Wohnungstür, fast so als wolle sie das Apartment nicht mit ihren abgewetzten Stiefeletten beschmutzen.

Sie machte einen Schritt in den Raum hinein. Weiter hinten befanden sich Küchenschränke und eine freistehende Kochinsel. Im Taxi hatte sie gemerkt, dass sie einen Kater hatte, daher öffnete sie die Schränke auf der Suche nach einem Wasserglas. Pasta und Müsli wurden in Plastik-Tupperware auf dem obersten Brett eines Schranks aufbewahrt, Kräuter standen in einem Gewürzregal; Kaffee, Couscous und Reis waren alle in luftdichten Behältnissen. Die Gläser standen in ordentlichen Reihen – Champagnerflöten, Weingläser, Wassergläser. Eva nahm ein Whiskyglas aus Kristall und hielt es unter den Hahn. Sie lehnte sich an die Spüle, um dankbar das Wasser zu trinken, und ließ den Blick über die minimalistische moderne Kunst an einer Wand des Apartments schweifen, über das Bücherregal hinter der Wendeltreppe, die gemauerten Bögen der Loftfenster.

Das war genau die Sorte Wohnung, in der sie Luke

vermutet hätte, als er damals das erste Mal am Silver Place auftauchte. Sie hatte sich nie überlegt, wo Grace und Justin wohnen mochten, hätte aber etwas Bohemienmäßigeres erwartet als dieses leere weiße Loft. Sie stellte ihr Glas in den ausgeräumten Geschirrspüler und öffnete verlegen, aber neugierig den Kühlschrank: Vitaminkapseln, probiotischer Joghurt und Nagellack; ein wenig Salat, Bio-Putenaufschnitt, eine halbe Gurke und eine Papiertüte aus einem Bioladen mit einem Fertigsalat drin. Eva machte die Tür wieder zu.

In der Mitte des Raumes standen bereits ein paar Kartons bereit, damit Grace oder Justin sie packen konnte. Das hohe Bücherregal hinter der Treppe reichte bis fast an die Decke, so dass man ein paar Stufen emporsteigen musste, um an die obersten Bretter zu gelangen. Dicke Bände von Jilly Cooper, Jackie Collins und Danielle Steele, standen zwischen Romanen von Milan Kundera, J. G. Ballard, Graham Greene und Truman Capote, *The Oxford Guide to Film Studies*, *100 Greatest Films of All Time*, *Film Posters of the 90s*, Kritische Theorie, ein Thesaurus. Vom untersten Regalbrett nahm Eva ein *Fashion* betiteltes illustriertes Buch, in das Justin eine Widmung geschrieben hatte: »Der modischsten Frau, die ich kenne.« Dann klappte sie ein Fotoalbum auf, voller hübsch angeordneter Bilder von Justin und Grace im Urlaub auf Zypern oder in Italien oder sonst wo. Grace sah auf den Fotos jünger, ihr Gesicht ein ganz klein wenig fülliger aus, und die Haare waren schwarz, so wie Eva sie das erste Mal vor dem Haus am Silver Place gesehen hatte und wie sie Grace auch aus Lukes

Album kannte. Auch Justin wirkte jünger, und auf jedem Foto hielt er sich liebevoll an Graces Seite – er legte ihr eine Hand auf Schulter oder Arm, warf ihr von der Seite oder von oben fürsorgliche Blicke zu.

Während Eva Graces mandelförmige Augen betrachtete, ihren breiten Mund mit den viel zu großen Zähnen und die Ponyfrisur, so wie vor Jahren am Silver Place, Fransen in der Stirn wie bei einer teuren Puppe, hörte sie draußen im Hausflur ein Geräusch. Die Schritte wurden lauter, bis sie vor der Wohnungstür waren, doch zu Evas Erleichterung ging derjenige weiter. Sie hörte das leise Geräusch von Metall auf Metall, dann ein gedämpftes Klicken. In der Ferne knarrte eine Tür und fiel ins Schloss, dann herrschte wieder Ruhe.

Eva stellte das Urlaubsalbum an seinen Platz zurück und spürte ihre wackligen Knie, als sie aufstand. Sie ging quer durch das Apartment und ließ sich auf das Sofa sinken, gegenüber vom Couchtisch und dem kleinen Fernseher in der Ecke. Sie sollte verschwinden, die Schuhe anziehen und gehen.

Sie berührte die kühle Seide des auf der Sofalehne drapierten gelben Kleids. Bestimmt war Grace von Silver Place und dessen chaotischen Ablagerungen entsetzt gewesen. Dort bedeuteten ein einzelnes elegantes Seidenkleid und ein wenig herumliegender Schmuck nicht bereits Unordnung.

Sie schloss die Augen, hatte Kopfweh. Sie nahm ihr Handy aus der Jacke. Vierzehn Anrufe von Luke. Sie stellte sich vor, wie er dort auf dem Ledersofa saß, wo sie gerade saß, und vielleicht Grace zusah, wie sie im

Zimmer herumhantierte, sich gerade anzog oder den Tisch deckte, als er Eva erzählt hatte, er müsse Überstunden machen, oder als sie sich gar nicht erst nach seinem Verbleib erkundigte. Vielleicht hatten sie an diesem Glastisch zu Abend gegessen, vielleicht mit Kerzen und Hintergrundmusik, was ihr eigentlich nie in den Sinn kam, wenn sie mit Luke zu Abend aß. Sie verdrängte sein Bild aus ihrem Kopf, wackelte mit den Füßen auf den Holzdielen, berührte mit den Zehen behutsam den schneeweißen Läufer unter dem Couchtisch. Neben Graces Armreifen lag ein Notizblock mit Spiralbindung, darin Listen erledigter Dinge. »Alix Walker anrufen, Interviewtermin bestätigen«, stand auf einer der Seiten in mädchenhafter Handschrift, alle Wörter mit lila Glitzerstift durchgestrichen. »Nachbericht mit Zeitschrift Psychologies über Louie. Rote Lackschuhe passend zu roter Jacke – mittags Top Shop? Kleidung aus Reinigung abholen. Mum wegen Wochenende anrufen. Marlens Pressemitteilung fertigmachen.« Auf der anderen Seite des Zimmers stand ein lederner Weekender auf dem Glastisch, neben drei gefalteten T-Shirts, einer schicken Schminktasche von Clinique und einer rosa Zahnbürste.

Auf der Galerie über dem Wohnzimmer war noch ein Stück von Graces und Justins Bett sichtbar. Eva wusste nicht recht, ob sie da raufgehen wollte. Vielleicht war das jetzt genug. Sie sollte gehen. Es fühlte sich nur gar nicht so an, als hätte sie in diesem Moment viel zu verlieren. Das war nicht der Abschied, von dem sie geträumt hatte, seit Luke und sie sich zum ersten Mal geküsst hatten.

Sie erhob sich vom Sofa und stieg die Wendeltreppe in der linken Ecke des Zimmers nach oben. Das Bett war niedrig und schwarz lackiert, die Sorte, unter der sich große Schubläden verbargen. Behutsam zog sie eine mit dem Fuß auf – kleine baumwollene Aufbewahrungswaben enthielten je eine gefaltete Garnitur aus Höschen und BH. Fast hätte sie gelacht. Wenn Luke eine Frau wäre, würde er seine Unterwäsche in solchen Waben aufbewahren.

Hinter den Türen eines großen Einbauschranks befanden sich Kleider und Smokings, Stilettos und Chinos. Es roch nach Parfüm und Wäsche. Auf einem Brett ganz oben lehnten zwei weitere Fotoalben aufrecht an einer Hutschachtel von Selfridges. Eins war mit »New York« beschriftet, das andere mit »Familie«.

Vorsichtig nahm Eva das »Familie«-Album heraus. Auf der ersten Seite erkannte sie Marys furchtsames Gesicht. Lukes erste Freundin war auf dem Foto vielleicht sechzehn, und sie hatte, wie Eva, blasse Haut und Sommersprossen. Ihre Haare jedoch waren glatt und rot, während Evas stumpfbraun und immer etwas zerzaust waren. Sie konnte keine große Ähnlichkeit erkennen. Hatte Grace ihre Hand berührt, weil Eva wie jemand aussah, der ihr fehlte? Wenn Eva sich bisher gespenstisch gefühlt hatte, so kam sie sich jetzt geradezu nichtig vor.

Sie blätterte durch die Seiten: Mary und Grace händchenhaltend, inmitten anderer Kinder, Mary in einem Ballettröckchen und Grace in einer Latzhose, die Mütze verkehrt herum auf dem Kopf; Mary mit ernster und entschlossener Miene ein Buch lesend; Grace mit rasiertem Schädel; ein Küchentisch, auf dem sich Essen türmt, rundherum Familie und lachende Gäste.

Eva sah eine zwölfjährige Grace, deren schwarze Haare gerade wieder nachwuchsen, schmollend auf dem Sitz eines Traktors; Mary, ein wenig fülliger im Gesicht, mit Zahnspange und glänzendem rosa Lipgloss: Sie war zwar dünn, sah aber viel gesünder aus als auf späteren Fotos. Offensichtlich hatte Luke sich nicht in sie verliebt, als sie magersüchtig war. Das kam später.

Eine etwas ältere Mary zog die Nase kraus für die Kamera; Mary und Luke händchenhaltend an einem stürmischen englischen Strand, während Grace und eine ganze Reihe anderer Kids im Hintergrund auf Badelaken saßen.

Und dann gab es noch ein Foto von Mary in einem Krankenhausbett, die Haut spannte sich über ihre Schädelknochen wie bei einer Faust, die Lippen nur ein Farbhauch in einem sonst weißen Gesicht. Ihre Augen wirkten gequält. Sie hatte überhaupt nichts Verschmitztes oder Junges an sich. In ihren Armen hielt sie einen Strauß Lilien, und an das Kopfteil des Bettes hatte jemand einen lila- und rosafarbenen Ballon gebunden, auf dem »Herzlichen Glückwunsch zum 17. Geburtstag!« stand. Eva, die ihrem Körper nie übermäßig viel Beachtung geschenkt hatte, verstand nicht, wie man sich zwanghaft Leid zufügen konnte. Das hatte sie jedenfalls nicht mit Mary gemein.

Eva setzte sich auf Graces Bett und legte sich das Album auf den Schoß. Sie hatte eine Art Tasche auf der hinteren Klappe bemerkt. Sie öffnete den Umschlag und nahm reihenweise in vergilbtes Papier gebettete Negative heraus, eine Eintrittskarte für eine Schulaufführung von *Endstation Sehnsucht*, eine auf ein Stück Karton geklebte Trockenblume und drei gelbliche, mehrmals gefaltete Zeitungsausschnitte, die augenscheinlich lange nicht aufgeklappt worden waren. Eva strich sie vorsichtig auf dem Bett glatt. Sie rochen nach Staub, und Eva musste aufpassen, dass sie unter ihren Fingern nicht zerbröselten wie Mottenflügel.

NORTH DEVON GAZETTE – 23. September

Die junge Mary Taylor aus Little Torrington wurde am Samstag nach einem Sturz tot auf der elterlichen Farm gefunden. Ein Krankenwagen wurde am Samstag um 23 Uhr zu dem Farmhaus gerufen, wo Sanitäter noch am Unfallort den Tod der erst Siebzehnjährigen feststellten. Familie und Freunde sind erschüttert und haben ihrem tiefempfundenen Schmerz über einen »Engel« Ausdruck verliehen, den sie »vermissen und nie vergessen werden«.

Ihr Vater, der hiesige Farmer und Gewerkschaftsaktivist Bob Taylor, sagte der North Devon Gazette*: »Mary wird ihren Eltern, Geschwistern und Freunden immer fehlen. Sie war ein nachdenkliches und intelligentes Mädchen, eine gute Schülerin, die gern las und Zeit mit ihrer Familie verbrachte. Wir werden sie immer lieben und an sie denken.«*

Eine Bestattungsfeier für Familie und Freunde findet noch in dieser Woche in der St. Edmund's Parish Church statt.

NORTH DEVON GAZETTE – 28. September

Hunderte nahmen an dem Trauerzug für Mary Taylor teil, dem allseits beliebten Mädchen aus Torrington, die am 7. November nach einem Herzinfarkt im elterlichen Farmhaus verstarb.

Schulfreunde aus der Torrington Highschool versammelten sich vor Marys Zuhause, um sich dem Trauerzug zur St. Edmund's Parish Church anzuschließen.

Marys Freund, Luke Jones, der auf der Farm neben den Taylors aufwuchs, las das Gedicht »September« von Ted Hughes, während Marys Schwester Grace und ihre beiden Brüder Max und Tim, die in der kirchlichen »A Capella«-Gruppe singen, einen Song aus dem Musical Cabaret *vortrugen.*

Den Trauergottesdienst in der bis auf den letzten Platz besetzten Pfarrkirche hielt Reverend Jeremy Hummerstone, seine Predigt wurde über Lautsprecher in den Kirchhof übertragen.

NORTH DEVON GAZETTE – 22. September

Alle sind willkommen, am 23. September am alljährlichen Treffen in der St. Edmund's Parish Church teil-

zunehmen, um eine Kerze anzuzünden und einige Worte in Gedenken an Mary Taylor zu sprechen, geliebte Tochter und Freundin, die heute vor drei Jahren starb.

Als Eva gerade den letzten Artikel gelesen hatte, meinte sie, einen Schlüssel in der Tür zu hören. Sie lauschte, ob sie sich getäuscht hatte. Ein Klicken, als sich die Klinke bewegte, und ein schleifendes Geräusch, als die Tür aufging, dann klackerten Absätze über die Holzdielen.

Eva rührte sich nicht, die Zeitungsausschnitte in den Fingern, und ihr Herz klopfte so heftig, dass sie es hinten im Hals spürte. Sie hielt die Luft an.

»Hör zu, ich muss los, das Taxi wartet, ich hab noch einiges zu erledigen, ehe ich den Zug nehme.« Graces Stimme kam klar und deutlich von unten, und einen Sekundenbruchteil lang dachte Eva, die Worte gälten ihr, ehe sie merkte, dass Grace telefonierte. Eva saß stocksteif da. Grace blieb stehen, packte Zahnbürste und Schminktasche in ihre Reisetasche. »Ich habe nichts von ihr gehört, nein«, sagte sie in ihr Handy. »Nein.«

Evas Schuhe standen neben der Tür. Grace hatte sie beim Eintreten nicht gesehen, weil die Tür sie verdeckte; bestimmt würde sie sie beim Gehen bemerken – uralte Stiefeletten mit zugebundenen Schnürsenkeln, Fremdkörper in der sauberen weißen Umgebung ihres Apartments.

»Also *wirklich*«, sagte Grace und nahm ihre Tasche, »sie ist offensichtlich sauer auf dich und ist bei einer

Freundin oder einem Freund abgestiegen, Einstein. Ich kann's ihr nicht verdenken.«

Eva bemühte sich, ihr Gewicht auf dem Bett nicht zu verlagern.

»Schon gut, schon gut, reg dich ab«, sagte Grace, deren Absätze wieder durch das Zimmer unter der Galerie klackten. »Hab ich nicht«, sagte Grace. »Werd ich auch nicht.«

Als die Wohnungstür ins Schloss fiel, pochte Evas Herz immer noch so schnell, dass ihr schwindlig war. Sie hielt sich die Hand vor den Mund. Im Zimmer war es still. Sie hörte Wasser in einem Rohr hinter der Wand rauschen, den Verkehrslärm draußen vor den Fenstern. Eva legte die Zeitungsausschnitte zurück in das Fotoalbum und stellte es zurück an seinen Platz auf dem obersten Brett im Schrank. Sie warf einen Blick auf ihr Handy, neunzehn verpasste Anrufe von Luke, der eine war zwei Minuten her, er musste es also sofort nach seinem Gespräch mit Grace probiert haben. Sie steckte das Handy wieder in ihre Jackentasche und rieb sich die Augen. Als sie die Wendeltreppe hinunterstieg, fiel ihr Blick auf ihre direkt neben der Tür stehenden Schuhe, die Grace in ihrer Eile, wieder zum Taxi zu kommen, offenbar doch nicht bemerkt hatte. Sie zwängte sich hinein, schloss die von Grace doppelt verschlossene Tür auf und mit Justins Schlüssel zweimal von außen ab.

Im 73er Bus von Essex Road Station versuchte Eva sich vorzustellen, wie es als Liliputanerin wäre. Ihre Großmutter hatte ihr Geschichten über ein Heer von Riesen erzählt, das während eines Scharmützels von Göttern des Olymp besiegt und in der Mitte der Erde begraben wurde, deren gelegentliche Zuckungen die Ursache für Erdbeben seien. Als Kind lag Eva nachts wach und bekam Schwindelgefühle bei dem Gedanken daran, dass unter ihr Riesen schliefen. Die Ampeln am Euston Square Gardens blinkten rot, und als der Bus ächzend zum Stehen kam, sah Eva eine blonde Frau, die vor einem Blumenladen die Hand nach den grellrosa Blütenblättern einer kegelförmigen tropischen Blume ausstreckte. Doch es war natürlich nicht Grace – keine ihrer Inkarnationen. Als sie sich umdrehte, hatte sie nicht einmal Ähnlichkeit mit Grace.

Der Scorpio Club befand sich noch immer unverändert zwischen dem Friseursalon und dem Restaurant mit chinesisch-thailändischem-Buffet für drei Pfund fünfzig. Eva wusste nicht recht, was sie erwartet hatte. Ein Sondereinsatzkommando? Sofortige Schließung, sobald sie gemeldet hatte, was vorging? Adam rauchte immer noch in aller Ruhe unter der Markise und lächelte Eva verhalten an, die auf der anderen Straßenseite stand und zu den dunklen Fenstern hochschaute. Auf dem Fensterbrett im ersten Stock sah sie den meerblauen Buchrücken von *Kleopatras Perlen* und obendrauf einen Aschenbecher und daneben etwas, das der gelbe Rücken von *Wenn die Sünde lockt* sein konnte. Sie glaubte, einen Stock weiter oben einen grünen, einen roten und einen dunkelblauen Buchrücken zu erkennen, alle hübsch neben einem Kaffeebecher aufgereiht. In der letzten Etage – in Anyas Fenster, wo zwischen den Vorhängen immer eine Lücke blieb – gab es keine Bücher. Eva schloss die Tür zu den Verlagsräumen von Echo Books auf.

»Eva?«, sagte ihre Chefin durch die Tür, als sie die Treppe zum ersten Stock nach oben trottete, vorbei an alten Werbeplakaten, die sich vom Putz lösten. Sie erschien nach dem Mittag zur Arbeit, und am Vortag war sie sogar noch später gekommen. Sie wusste, dass man über sie sprach. Im Verlag ging es locker zu, aber nicht so locker, dass keinem ihre häufige Abwesenheit in diesem Monat aufgefallen wäre. Vielleicht würde man sie feuern, doch das war Eva gerade egal. Zwei Farbdosen hielten die Tür ihrer Chefin einen Spaltbreit offen, also schob Eva den Kopf um die Ecke, hinein in die beständige Wolke aus Zigarettenqualm. Statt Vorhängen hatte die Verlagsleiterin von Echo Books einen kreuz und quer eingeschnittenen Plastiksack an das Fenster hinter ihrem Schreibtisch getackert.

»Hallo, meine Liebe«, sagte Evas Chefin, die an ihrem Schreibtisch saß. Stapel von Druckfahnen und Manuskripten bildeten um sie herum eine zerklüftete Skyline. »Jemand hat vorhin nach Ihnen gefragt.« Evas Puls schlug schneller, als sie an Grace dachte.

»Ist sie hier?«, fragte Eva. »Haben Sie sie reingelassen?« Seltsamerweise kribbelten ihre Finger. Sie erinnerte sich, wie sie Grace in dem pockennarbigen Spiegel auf dem Klo des Brooks's Clubs angestarrt und gedacht hatte, dass diese gesprächige Fremde ein elfenhaftes, wie mit einem sehr weichen Bleistift gezeichnetes Profil hatte.

»Gott nein«, sagte ihre Chefin, deren Augenbrauen bei dieser Vorstellung irritiert hüpften, und schaute wieder auf den Monitor. »Ich nehme an, dass Sie nicht *jetzt erst* zur Arbeit kommen?«

»*Die Piratenbraut* ist fast fertig«, antwortete Eva. »Ich lege nur noch letzte Hand an. Wann war sie da?«

»Vor einer Stunde. Sie sagte, sie käme wieder. Versuchen Sie doch bitte, mir *Die Piratenbraut* irgendwann vorbeizubringen, ja?«

»Natürlich.« Eva stahl sich davon und ging nach ganz oben in ihr Büro, spähte hinüber zu den tagsüber dunklen Fenstern des Scorpio Clubs.

»Serenity strich das röteste ihrer Kleider an ihrem Körper glatt und tupfte sich einen Hauch Parfüm, nur einen Hauch, in ihre Kniekehlen und hinter die Ohrläppchen«, las Eva. »Als sie sich auf dem Strand wälzten, war der Himmel über ihnen das tiefste aller Blaus, durchsetzt mit strahlend weißen Sternen.« Es war vier Uhr nachmittags, als es klingelte. Eva legte den Stift auf das Piratenbuch und öffnete das Fenster, hielt den Kopf in den Sprühregen und erwartete, unten auf der Straße Graces blonde Haare zu sehen. Stattdessen konnte sie den Schirm eines fuchsienroten Basecaps und darunter eine kleine dünne Gestalt in einem Minirock ausmachen. Eva runzelte die Stirn. Sie schaute hinüber zu Adam auf der anderen Straßenseite, der das Scorpio-Mädchen beobachtete. Sie polterte die Treppe hinunter, nahm zwei Stufen auf einmal, vorbei am Büro der Verlagsleiterin, hinunter in den Flur, und öffnete die Haustür. Vor ihr stand die Assistentin des Zauberers höchstpersönlich, die Kapuze ihrer Bomberjacke aus Polyamid über ihre Mütze gezogen. Von einer Schulter hing eine gesteppte champignonfarbene Plastiktasche, die Hände hatte sie in die Jackentaschen gesteckt. Sie sah Eva aus ernsten Augen an und lächelte nicht. Eva trat beiseite, und das Mädchen kam wortlos in den Flur, betrachtete die Glühbirnen an der Decke, dann die spärlich bekleideten Frauen, die sich auf Postern an den Wänden räkelten. Von der anderen Straßenseite aus beobachtete sie Adam, rauchte eine Zigarette, erhob sich aber nicht von seinem Hocker, als er Evas Blick erwiderte.

»Er beobachtet dich«, sagte Eva, die nicht recht wusste, was man sagte, wenn man einem Produkt seiner eigenen Phantasie begegnet. Sie war echt, oder doch beinahe: zweifellos Fleisch und Knochen, wenn auch zerbrechlich und still. Eva roch ihren Atem: Zigarettenqualm und Zahnpasta.

»Ist okay«, sagte das Mädchen, die Evas Blick nicht erwiderte, sondern zu Boden sah. Sie trug ein winziges Röckchen über den nackten weißen Beinen und blaue Turnschuhe an den Füßen, aber keine Socken.

»Nach oben?«, fragte Eva. Die Augen des Mädchens lagen weit hinten im Schädel, als wären ihre Augäpfel Steine, die langsam in irgendeine zähflüssige, anämische Substanz hineinsänken. Sie folgte Eva die Treppen nach oben, ihre Turnschuhe machten auf dem abgewetzten Läufer fast kein Geräusch. Der einzige Mensch, an dem

Eva im Durcheinander der Verlagsräume nicht ungesehen vorbeikam, war der Buchhalter in dem Raum neben ihrem Büro. Er guckte misstrauisch, als Eva Anya vorbeischmuggelte, doch Eva schloss ihre Tür, ehe er etwas sagen konnte.

Die beiden jungen Frauen standen kurz verlegen herum. Das Büro war überheizt, was an dem Heizlüfter unter dem Fenster lag, der sich nicht regulieren ließ, es gab nur volle Pulle oder gar nichts.

»Möchtest du dich setzen?«, sagte Eva zu Anya, nahm einen Papierstapel von einem der drei Bürostühle und drehte die Sitzfläche in Richtung des Mädchens. Anya schaute an Stühlen, Schreibtisch, Büchern, dem uralten Computer vorbei aus dem Fenster, Richtung Scorpio.

»Sie machen ihn zu«, sagte sie dann. Sie hatte etwas Aggressives und gleichzeitig Kindliches. Sie zog die Lippen nach oben, als wäre ihr Zahnfleisch trocken. »Ist nicht mehr gut.«

»Wieso denn?«, fragte Eva.

»Sie haben Ärger. Mit Polizei. Sie sagen, wir müssen wegziehen.«

»Was hast du vor?«

»Es gibt einen neuen Club in Nähe, eine Wohnung.« Anya sah Eva unter dem Schirm ihrer Mütze hervor an. Ihre braunen Augen waren blutunterlaufen. »Ich könnte abhauen, mit Geld.«

»Hast du das Buch bekommen, das ich dagelassen habe?«

»Ja«, sagte das Mädchen müde, ohne zu lächeln. Sie zog sich die Kapuze vom Kopf. Ohne den zusätzlichen

Schatten um ihr Gesicht bemerkte Eva, dass das Mädchen eine Blase auf der schmalen Oberlippe hatte, einen kleinen käferdicken Hauthügel, der aufplatzen würde, und unter dem einen Ohr einen blauen Fleck am Hals. Das war kein Phantasieprodukt. Mit ihrem strengen Mund und dem schmalen Gesichtchen war sie wohl mehr Teil der Realität, als es Eva je sein würde.

»Würdest du aus dem Club weggehen, wenn du Geld hättest?«, fragte Eva, »und nicht mit in den nächsten Club?«

»Der Barkeeper, er hat aufgehört wegen Polizei. Bevor er weg ist, er ging und holte Pässe aus Safe. Er und Adam, sie sind nicht Chef, sie sagen, wir haben jetzt Wahl, aber nicht wirklich. Weil kein Geld.« Wieder sah Anya Eva vielsagend an.

»Wohin würdest du gehen?«

»Zurück nach Kroatien. Meiner Mutter gehen nicht gut.«

»Was fehlt ihr denn?«, fragte Eva und wünschte, das Mädchen würde sich setzen, doch sie blieb eisern in der Nähe der geschlossenen Tür, fluchtbereit.

»Krank«, Anya zuckte die Schultern, die sich Eva unter der glänzenden Bomberjacke klapperdürr vorstellte.

»Das tut mir leid.«

Das Mädchen fügte dem nichts mehr hinzu, sondern stand da, als langweile sie sich.

»Dein Englisch ist gut«, sagte Eva, um ihr die Befangenheit zu nehmen.

»Ich lerne aus Schulbuch. Ist kein Problem.«

»Wirst du den Roman lesen, den ich dir gegeben habe?«

»Ich glaube, er hat nicht viel Wahrheit«, sagte Anya, und Eva hätte gelacht, wenn das Mädchen nicht so ausgesprochen ernst gewirkt hätte. Anya hatte immer noch ihre Jacke an und die Tasche über der Schulter hängen, auch die Hände steckten wieder in den Taschen. »Sie schrieben auf, Sie wollen mir helfen«, sagte sie, plötzlich fertig mit Small Talk. »Sie kaufen mir Karte nach Kroatien?«

»Du willst ein Flugticket?«, fragte Eva.

»Teuer«, gab Anya zu bedenken.

»Wie viel?«

»Danke. Bald«, sagte Anya. Eva setzte sich vor ihren Rechner und begann, nach Flügen zu suchen. Das Mädchen machte sie nervös. Anya trat einen einzigen Schritt weiter ins Büro, um ihr dabei zusehen zu können. Aus den Augenwinkeln bemerkte Eva, wie dünn die Haut an den Händen des Mädchens war, als Anya sie schließlich aus den Jackentaschen nahm. Es war, als sei sie nur eine Projektion in Evas mit Kartonstapeln übersätem, mit Büchern gepflastertem und mit Papieren überschwemmtem Büro. Nachdem sie Anya so lange durch zwei Fensterscheiben beobachtet hatte, beunruhigte sie ihre plötzliche Nähe.

»Wohin in Kroatien?«, fragte Eva, die das hinter sich bringen wollte, und drehte sich zu Anya um. »Es gibt einen Flughafen in Dubrovnik, oder Zagreb?«

»Zagreb«, sagte Anya. Sie kramte in der Tasche nach ihrem Reisepass und legte ihn auf den Tisch.

»In Ordnung«, sagte Eva und klickte sich durch die Seiten.

»Sie zahlen?«, sagte Anya mit einem Blick auf den Schirm.

»Klar«, sagte Eva, während das Mädchen neben ihrer Schulter herumzappelte. Eva hatte kaum Geld auf ihrem Bankkonto, doch es reichte, um dem Mädchen ein Flugticket zu kaufen. »Das würde ich gern tun.«

»Gut«, sagte Anya ohne zu lächeln und schaute aus zusammengekniffenen Augen auf den Schirm. »Flug acht Uhr.«

»Ist gut«, sagte Eva.

»Heute«, sagte Anya ungeduldig, die fast durchscheinenden Finger zu Fäusten geballt.

»Hast du kein Gepäck?«, fragte Eva.

»Nein.«

»Darf ich dich was fragen?«, sagte Eva und nahm ihre Kreditkarte heraus, um die Buchung vorzunehmen.

»Ja«, sagte Anya, die wartete und zusah, wie Eva auf dem Schirm »Bestätigen« anklickte.

»Gibt es im Scorpio Club ein Häschen?«

»Was?«

»Ein weißes Kaninchen?«

»Ein Kaninchen?«

»Ja?«, sagte Eva und gab Anyas Passnummer ein.

»Nein.«

»Hast du da drin jemals ein Kaninchen mit schwarzen Pfoten gesehen? Vielleicht das Haustier einer Frau, die ein rotes Kopftuch trägt?«

»Nein«, sagte Anya mit einem wachsamen Seitenblick auf Eva. »Es gibt Maria mit einem Kopftuch, aber kein Tier.« Eva beendete die Transaktion, druckte die

Bestätigung aus und entnahm ihrem Portemonnaie etwas Bargeld, das sie dem Mädchen hinhielt.

»Danke«, sagte Anya. Sie schloss die Finger um das Geld und hatte es eilig zu verschwinden.

Während Anyas leuchtende Mütze in die Tottenham Court Road einbog, schaute Eva zu dem leeren Fenster auf der anderen Seite der Goodge Street hinüber, dessen Vorhang sich kaum je öffnete. Vielleicht hatte sie sich das Kaninchen nur eingebildet. Sie erinnerte sich nicht mehr, es schien schon so lange her zu sein. Sie stellte sich vor, dass das Mädchen mit dem hohlwangigen Gesicht aus ihren Träumereien immer noch da drüben war und nichts mit dem altklugen Kind in der Bomberjacke und einer kranken Mutter in Kroatien zu tun hatte. Dann überlegte Eva es sich anders und ließ im Inneren des Scorpio Clubs alles verschwinden – Dantes Assistentin, Dante selbst, das Tigerjunge, die winzige Albinoratte, die Häschen, die geflohenen Tauben, die Schmetterlinge und all die anderen Zauberer-Assistentinnen –, sie alle mit ihrer leicht durchscheinenden Haut wachten an diesem Morgen nach dem Ende der Überschwemmung einfach auf und wussten, dass ihre Existenz gerade endete. Die Magie verschwand. Der Bann war gebrochen, und bald würden all diese Kreaturen nicht mehr sein, gäbe es nur noch ihre Silhouetten in der Luft, das leise Tapsen von Pfoten auf Teppichboden, ein Körper, der im Dunkeln verblasste. Als Sophia auf ihrem Bett saß und allmählich verschwand, dachte sie daran, wie an Spätsommerabenden, ehe sie Dante kennenlernte und weglief, der Kirschbaum in ihrem Garten voller dicker roter Früchte hing. Vielleicht arbeitete Sophias Mutter den ganzen Tag in einem Kleiderladen oder als Sekretärin in der Stadt, deshalb gingen sie immer erst abends mit Laternen hinaus, um die Kirschen zu pflücken und auf dem Herd mit Zitronensaft und Zucker zu kochen. Sophias Lieblingsmoment kam, wenn der Zucker langsam seine Form änderte und im Topf dickflüssig wurde und glänzte. In jenem Sommer, als der Zirkus in die Stadt kam und Sophia sich zum ersten Mal verliebte, schmeckten die Kirschen hinten auf ihrer Zunge ganz besonders kratzig. Eva stellte sich vor, dass Sophia die Marmelade eine Minute zu lange kochen ließ, während sie ein Glühwürmchen um eine Lampe tanzen sah, weshalb sie dieses letzte Mal verbrannt schmeckte. Seltsam war, dass nach allem, was Sophia seither durchgemacht hatte, nach all den Städten, die sie mit ihrem Zauberer bereist hatte, das Nirgendwo, in dem sie gelebt hatte, all die Jahre, die sie in Tränen, wütend und ohne ihn im Scorpio Club gefangen war, als schließlich alles wie das Produkt einer fremden Phantasie zerfiel, die Assistentin des Zauberers nur an den Geschmack verbrannter Kirschmarmelade denken konnte.

Als Eva an diesem Tag die Verlagsräume verließ – nachdem sie ihrer Chefin endlich *Die Piratenbraut* gemailt hatte –, saß Grace auf der Bank vor Echo Books, mit der ledernen Reisetasche zu Füßen und einem wachsenden

Häufchen Zigarettenkippen in einem leeren Kaffeebecher. Unwillkürlich fühlte sich Eva erleichtert und voller gespannter Erwartung. Grace war nicht geschminkt, und ohne Make-up sah sie fast kindlich aus: kernseifensauber, der Blick aus ihren großen Augen ruhte auf Eva. Über ihre blondierte Krause hatte sie eine Wollmütze gezogen, und der Kragen des blauen Regenmantels war schützend nach oben geschlagen. Ein junger Mann in einem alten Rolling-Stones-T-Shirt schlief auf der Bank neben ihr. Zwei Baguette essende Frauen schauten ausdruckslos aus dem Fenster eines Cafés. Adam saß immer noch auf seinem Hocker vor dem Scorpio, und die Pubs in der Goodge Street füllten sich allmählich mit Trinkern, die nach der Arbeit die Ärmel hochkrempelten und ihre Krawatten lösten. Grace hatte offensichtlich geweint, und ihre Hände zitterten ein wenig, als sie die Zigarette zwischen ihre rissigen Lippen steckte, in ihrer eigenen Welt versunken, bis Eva vor sie hintrat.

»Grace.«

Graces Pupillen weiteten sich leicht, als sie zuerst auf Eva schaute und dann hinüber zu dem Schlafenden in dem Rolling-Stones-T-Shirt. »Wohnt bei seiner Mutter, meinst du nicht auch?«, sagte sie, statt Eva zu begrüßen. »Schläft seinen Rausch aus, ehe er nach Hause geht. Der liegt seit einer Stunde hier.« Sie stockte kurz. »Ich warte seit fast zwei.«

»Du hättest klingeln sollen.« Eva stand über Grace, die sitzen blieb. Sie schmollte fast, als wäre Eva unpünktlich.

»Ich dachte, du würdest mich nicht sehen wollen«,

sagte Grace, verschränkte die Arme und löste sie wieder, führte eine fast fertig gerauchte Zigarette zu einem letzten Zug an die Lippen.

»Das stimmt auch«, sagte Eva. »Aber ich wäre nach unten gekommen, um es dir zu sagen.«

»Luke sagte, du warst letzte Nacht nicht zu Hause.«

»Nein.«

»Dieser Blödsinn mit den Tabletten tut mir leid«, sagte Grace. »Hat es dir was ausgemacht?«

Grace ließ ihre Zigarette zu Boden fallen, trat sie aber nicht aus, so dass sie weiter vor sich hin qualmte. Im Brooks's hatte Eva gedacht, Grace wäre übertrieben freimütig, als sie sich einfach so auf den Toiletten einer Fremden offenbarte, wie Eva es bei ihrer besten Freundin nicht gemacht hätte. Aber natürlich hatte Grace nichts unbeabsichtigt verraten. Doch wie sie jetzt mit tränenfeuchten Augen und grauer Haut in Fitzrovia saß, wirkte sie regelrecht entblößt. »Man sollte meinen, mir wäre irgendetwas eingefallen, was ich dir sagen könnte, nachdem ich so lange hier draußen gewartet habe«, fuhr Grace fort. »Aber ich weiß gar nicht recht, warum ich hier bin. Ich kenne Luke schon so lange …« Sie lächelte, doch wie ein richtiges Lächeln sah das nicht aus; es schien, als wäre ein Mundwinkel an einer Schnur nach oben gezogen und dort ein Weilchen zitternd belassen worden, ehe er wieder hinunterfiel. »Ich habe versucht, für andere Menschen etwas zu empfinden, doch letzten Endes – sie sind nicht er, sie sind nicht er und ich … nicht wir.« Sie zog die Knie hoch und ließ dann die Beine überkreuz über die Armlehne der Bank baumeln.

Aus dieser eigenartig verknoteten Position sah sie weiter zu Eva auf. »Als Kinder haben wir immer gewetteifert. Er war ständig bei uns zu Hause, als wir klein waren. Das hab ich dir doch erzählt, nicht? Große Familie, die immer Streuner aufgenommen hat. Tja, Luke kam mit seinem Dad nicht besonders gut klar und war dauernd drüben bei uns.« Sie fuhr sich mit einer Hand über die Augen. Eva schluckte einen heißen, nach Panik schmeckenden Speichel hinunter, der sich in ihrem Mund gesammelt hatte, und verspürte den Drang, mit dem Finger die Kontur von Graces Wangenknochen nachzuzeichnen, die Falten um ihren breiten Mund entlang, bis zu den aufgesprungenen Mundwinkeln. »Wir haben Fußball gespielt, den anderen herausgefordert, im Winter schwimmen zu gehen, während Mary uns anschrie, wir sollten damit aufhören. Unsere Eltern ließen uns einfach gewähren, wir alle machten, was wir wollten – auch unsere Brüder, die wie wilde Tiere über die Farm tobten. Solange wir sonntags zur Kirche gingen, durften wir tun und lassen, was wir wollten. Wir hatten eine Mutprobe laufen mit dem irren Hund der Nachbarn – der immer an einen Pfahl gekettet war – und probiert, wie dicht wir uns an ihn herantrauten, während er an seiner Kette zerrte. Einmal war sie nicht am Pfahl befestigt. Luke lag einen Monat lang im Krankenhaus.«

»War Mary auch dabei?«

»Sie spielte nicht mit. Das machten nur ich, Luke, meine Brüder.«

»Warst du eifersüchtig, als Luke und Mary miteinander gingen?«

»Nein«, sagte Grace. »Wir waren Kinder, die sich Schwerter aus Ästen machten, und dann tauchte sie auf in ihrem Ballettkleid, und er verstummte und wurde puterrot. Es stand immer außer Frage – dass das passieren würde.«

»Aber warst du eifersüchtig?«

»Nein«, wiederholte Grace, zog fast eine Grimasse. »So war das nicht. Er war mein Freund. Sie machten einander glücklich. Mary war still, aber sie blühte auf, wenn er in der Nähe war.«

»Und jetzt?«

»Jetzt ist es kompliziert.« Grace leckte sich über die Lippen und erwiderte Evas Blick. »Es ist ganz normal, dass er mir fehlt. Das waren die besten Jahre meines Lebens. Ehe sie starb und Luke nicht mehr nach Devon kam.« Zu ihren Füßen fixierte eine durchtriebene Taube eine Brotkruste und beschloss dann zuzuschlagen, humpelte los, spießte das nasse Brot mit dem Schnabel auf und schleuderte es mit seltener Taubeneleganz auf ein Stück Gehsteig, wo sie ungestörter war. Mit einer Hand zupfte Grace am Kragen ihres Regenmantels, während die andere Hand schlaff an ihrer Seite hing, als wisse sie nicht recht, was sie damit anfangen sollte. »Als ich ihn vor einem Monat mit dir auf der Party sah, kam ich mir vor, als hätte er die Vergangenheit ausradiert – oder als hätte ich ein Paralleluniversum entdeckt. Du hattest etwas an dir, ihr beide zusammen hattet etwas.«

»Ich sehe ihr nicht ähnlich. Ich habe Fotos von ihr gesehen.« Eva fröstelte.

»Es liegt daran, wie du dich bewegst, wie du redest,

ich weiß auch nicht genau. Aber an dir ist etwas von ihr. Einmal sah ich ein Mädchen, das genau Marys Haarfarbe hatte – nur die Haarfarbe –, und ich bin ihr von der U-Bahn-Station Bank bis zum Wimbledon Common gefolgt.«

»Wie ich mich bewege?«

»Vor einem Monat kam ich zufällig an diesem Pub vorbei und sah ihn durchs Fenster. Ich hatte seit Jahren keinen Kontakt mehr zu ihm. Ich hielt mich am Rand der Party. An diesem Abend sah ich dich und Luke und kam mir vor, als wäre ich in ein Wurmloch spaziert. Du lachtest über irgendwas, das er gesagt hatte, und er berührte dich am Ohr – und einen Moment lang dachte ich: So wäre es, wenn Mary noch leben würde. Ich wollte reingehen und mit dir reden – ich hätte keine Szene gemacht. Ich hätte mir nichts anmerken lassen –, doch er ließ mich nicht rein. Sie fehlt mir.«

»Und er?«

»Er fehlt mir auch. Letztes Jahr ist er nicht mal zu ihrer Gedenkfeier gekommen. Ohne uns drei fehlt mir etwas. Ich bemühe mich, andere zu lieben, lande aber immer wieder in der Zeit, als wir Kinder und glücklich waren. Bevor wir alle groß wurden und Mary sich aus dem Leben ausgeklinkt hat, waren wir einfach nur glücklich. Du kennst ihn nicht so, wie ich ihn kenne, das ist alles.«

Als Grace im Londoner Nachmittagskrach verstummte, streckte Eva die Hand aus und legte eine Fingerspitze kurz auf Graces Hand zwischen Daumen und Zeigefinger, genauso, wie Grace es in Chinatown getan hatte.

»Du könntest ihn nie so lieben, wie ich ihn liebe«, sagte Grace leise und sah auf die Stelle, wo Evas weiße Fingerspitze ihre gebräunte Haut berührte.

Als Eva die Hand wegnahm, spürten beide Frauen ein leichtes Brennen an der Stelle. Grace wandte sich zum Gehen, und Eva hielt sie nicht zurück.

Eva hatte noch immer das Gefühl, Graces Atem riechen und spüren zu können, wo ihre Haut sich berührt hatte, als sie langsam die Treppe am Silver Place hinaufging, dann ihre Wohnung betrat, und drinnen weiter das weiße Zickzack hoch zu Luke.

»Eva«, sagte Luke aus dem Wohnzimmer und erhob sich vom Tisch, als sie in der Tür auftauchte. Sie spürte ganz hinten auf der Zunge jenen Druck, auf den Tränen folgen.

»Wo bist du gewesen?«, fragte er. Sie wusste nicht recht, was sie fühlen oder wo sie hinsehen sollte, als sie in dem kleinen Zimmer stand, dichter bei Luke, als ihr für den Anfang ihrer Schlussszene lieb gewesen wäre. Luke hatte Jeans und ein weißes T-Shirt an, er war offenbar früher als üblich von der Arbeit nach Hause gekommen. Auf dem Tisch lag ein angebissenes Sandwich, und ein Weinglas mit roten Flecken stand auf dem Couchtisch neben ihrem Scrabblebrett. Ihre Steine lagen mit dem Buchstaben nach unten auf dem Tisch, und seine ordentlich auf dem Plastikbänkchen, spielbereit: I, H, M, Y, R, E, R.

»Myrrhe«, sagte Eva mit einem Nicken Richtung Spielbrett.

»Ich wollte eigentlich ›irre‹ legen.«

»Irre?«

»Wie in ›geisteskrank‹. Ich weiß aber nicht mehr, wer dran ist.«

Eva war bereits aufgeregt – nicht sehr oder so seltsam bereitwillig wie bei den anderen Abschieden ihres Lebens. Wenn man Schluss macht, gibt es immer den Augenblick, wo sich ein Mensch, der Teil deines Lebens war, wieder in die Menge einreiht, und obwohl er noch immer vor einem steht, wieder zum Fremden wird. Der Körper vor einem erstarrt zu etwas, woran man sich nur aus der Zeit erinnert, bevor man ihn sehr gut kannte. Das ist wie die Umkehrung eines ersten Kusses, der sich von Intimität zur Fremdheit zurückentwickelt, ohne dass man den Ort wechselt. Es hat den Ruch von Erneuerung, ähnlich wie das erste Mal, wenn du dir von jemandem das Top ausziehen, mit den Fingern die Innenseite deiner Oberschenkel berühren oder dich hinter dem Ohr küssen lässt. Es ist eine chemische Formveränderung, der Wechsel einer Gestalt.

»Du bist früh zu Hause«, stellte Eva fest.

»Die Geschworenen haben heute Morgen auf ›nicht schuldig‹ erkannt. Meine Freundin ist letzte Nacht nicht nach Hause gekommen, daher habe ich mir den Nachmittag freigenommen, um mir wegen ihr Sorgen zu machen.«

»Stammte das Geld in deinem Betrugsfall aus Clubs in London?« Auf dem Wohnzimmerfenster enthüllten die letzten Sonnenstrahlen Muster aus Fingerabdrücken und Staub.

»Und aus Internetbetrügereien. Sie machen alles dicht.«

»Ist einer der Läden, die geschlossen werden, der Scorpio Club in der Goodge Street?«

»Das ist doch in der Nähe des Verlags?«

»Direkt gegenüber.«

»Ich glaube, der ist einer von ihnen, ja.« Er runzelte die Stirn. Eva erzählte ihm weder von der Assistentin des Zauberers noch von dem kroatischen Mädchen mit dem fuchsienroten Basecap oder dass Grace auf der Bank vor ihrem Büro aufgetaucht war. Luke rieb sich die Schulter mit der Hand, als massiere er einen Knoten. Eva betrachtete seine Narben, die über der Augenbraue, die quer über der Wange, und den kleinen, inzwischen fast unsichtbaren Riss auf der Lippe, der von der Verlobungsparty Anfang August stammte.

»Tut mir leid, dass Mary gestorben ist, Luke«, sagte Eva. »Ich wünschte, ich hätte es gewusst.«

Eva dachte daran, wie er aus dem Caféfenster in die Ferne geblickt hatte, als er sich mit Grace unterhielt, und wie er sie später auf dem Gehweg draußen umarmte, und dass sie bedauerte, einen so großen Teil ihrer Beziehung mit dem Fuß halb aus der Tür verbracht zu haben. Alles, was sie an Luke nie begriffen hatte – seine Vergangenheit, seine Alpträume –, verstand Grace voll und ganz.

»Ja«, sagte Luke und betrachtete die lockeren Fliesen auf ihrem Küchenboden. Ihr fiel ein, wie ihre Großmutter einmal gesagt hatte, küssen sei ein Trick, um Leute so dicht zusammenzubringen, dass sie bei dem anderen keinen Makel mehr erkennen konnten, doch Eva war ganz anderer Meinung. Bestimmt war nicht Makellosigkeit der Grund, dass man sich verliebte, sondern der seltsam geformte Nabel eines Menschen, der Geruch seines Schweißes und anderer Körperflüssigkeiten, und dass man Narben sah, die andere nicht zu Gesicht bekamen.

»Gestern Nachmittag habe ich dich mit Grace vor dem Café gesehen«, sagte sie, und ehe er noch näher kommen konnte, ging sie an ihm vorbei und weiter ins Bad, dessen Tür sie hinter sich zuzog. Sie betrachtete ihr Gesicht im Spiegel und glättete die Augenbrauen mit einem Finger – wie ein kleiner Salut. Ihr schauderte angesichts der Sommersprossen auf ihrer Nase, der grünen Augen und farblosen Lippen.

»Eva«, sagte Luke vor der Tür, versuchte aber nicht, sie zu öffnen. »Grace war eine Freundin von mir, als ich aufwuchs, ich gehörte irgendwie zu ihrer Familie.« Seine Stimme klang nur ein wenig gedämpft, doch die Distanz zwischen ihnen war befreiend. Eva spürte, wie sie sich zusammenkrampfte vor Verlangen zu verschwinden, nicht mehr in seiner Nähe zu sein, ähnlich wie sich die Zunge hebt, wenn man an etwas Saures denkt, ehe es den Mund erreicht. Sie rieb sich ihre Kniekehlen in der Jeans, begann dann, die Schnürsenkel ihrer Stiefeletten zu lösen.

»Öffne bitte die Tür«, sagte Luke. Gerade erst übernahmen die kugelförmigen Straßenleuchten unter den Fenstern vom Tageslicht, das Blitzen der Neonreklamen von Soho warf Muster an die Wände und tauchte Badewanne und Waschbecken in dämmrige Farben. Eva erhob sich von der Wanne und legte die Hand auf den Messingtürknauf. Sie machte die Tür auf und sah Luke in dem dunklen Flur, wie er sich an die Wand lehnte, mit leicht gebeugten Knien, die breiten Schultern angespannt.

»Mary war diejenige, mit der ich telefonierte, wenn ich unter der Woche in London war, und die Person, für die ich Witze und Anekdoten sammelte und es kaum erwarten konnte, sie ihr zu erzählen, und zwar von Kindesbeinen an. Ich war die ganze Woche auf einer reinen Jungenschule und an jedem zweiten Wochenende bei meinem Dad, verbrachte aber viel Zeit bei den Taylors nebenan, wo jeder willkommen war. Manchmal spielten wir Baseball, wir waren zusammen in einer Fußballmannschaft, in einem Sommer möbelten wir einen alten Traktor wieder auf, den mein Dad auf einer Auktion gekauft hatte; wir waren nicht gerade ein Herz und eine Seele, und wir haben uns oft gestritten, aber wir waren ständig zusammen.« Lukes BlackBerry klingelte in seiner Tasche. Er nahm es heraus, sah kurz auf das Display und stellte es mit dem Daumen ab.

»Sie?«, fragte Eva.

Luke nickte und steckte das Handy wieder in die Tasche. Eva wand sich nach rechts, Richtung Schlafzimmer, und Luke streckte die Hand aus und legte sie ihr auf den Arm, als sie einen Schritt nach vorn machte. Sie blieb stehen, starrte im Dämmerlicht auf seine rauhen Knöchel, bis er die Hand wegnahm. Sie sah zu, wie er nach Worten suchte. Er verschränkte die Arme, löste sie wieder. Er sah kurz Eva an, dann wieder weg. Seine Gliedmaßen schienen nicht zum Rest seines Körpers zu gehören. Es schien, als würde er schrumpfen, als lösten sich Teile seines Körpers von anderen Teilen, wenigstens in Evas Kopf. Da war seine Nase – Adlernase, gebrochen, eine kleine Narbe darauf; sein Kinn – eckig; seine Augen – grau, zu nervösen Schlitzen verengt; und ein Mund, der eher ein harter, sprachloser Strich geworden war.

»Hat sich das nach Marys Tod geändert?«, fragte sie.

»Nachdem ich etwa ein Jahr mit Mary zusammen war, bemerkten wir ihre Magersucht«, sagte Luke. »Es war zuerst keinem so recht aufgefallen, weil sie Ballett getanzt hatte, seit sie zehn war, doch mit sechzehn hieß es für sie ständig, rein ins Krankenhaus, raus aus dem Krankenhaus. An dem Abend, als sie starb, waren ihre Eltern auf irgendeiner Kirchenfete oder so was. Ich sollte eigentlich mit Grace zu einem Fußballspiel gehen, blieb aber zu Hause, weil ich mich um Mary kümmern wollte, die gerade erst aus dem Krankenhaus gekommen war. Sie war zart, wie ein Vögelchen, weißt du, was ich meine? Kennst du das Gefühl, wenn man ein Vögelchen in der Hand hält? Man konnte jeden einzelnen Knochen fühlen. Sie rührte mich nicht mehr an. Früher hatte sie sich um mich gekümmert, wegen meiner Epilepsie, doch als sie krank wurde, versuchte ich natürlich, mich um sie zu kümmern.«

Eva biss auf einen Nietnagel an ihrem Daumen und bohrte die Zehen in den abgetretenen Flurteppich.

»Grace kam völlig verschwitzt und aufgeregt in ihren

Fußballklamotten vom Spiel zurück und schrie nach oben, sie hätten verloren, weil sie einer zu wenig waren«, fuhr Luke fort. »Mary sah sich gerade im Bett einen Film an, und ich machte an ihrem Schreibtisch irgendwelche Hausaufgaben.«

Luke knackte mit den Fingerknöcheln, zog daran. Auf seiner gerunzelten Stirn pochten die Adern. »Grace kam in Marys Zimmer und sagte, sie hätte beantragt, mich wegen wiederholter Abwesenheit aus der Mannschaft zu werfen. Ich zuckte die Achseln und sagte, das sei in Ordnung.

Ich stand vom Schreibtisch auf, und Grace stieß mich gegen den Oberkörper. Mary lag noch immer im Bett und sah sich den Film an, sie stand nicht mal auf, weil es dauernd vorkam, dass Grace so ausrastete. Grace und ich hatten früher richtig gekämpft, aber das ging nun nicht mehr, weil ich so viel größer war als sie. Ich nahm also ihren Arm und verdrehte ihn ein wenig, nicht genug, um ihr weh zu tun, sondern nur, damit sie das Zimmer verließ. Ich glaube, Mary sagte ›Hört auf‹ oder ›Seid bitte ruhig‹ oder so was. Aber das war alles noch normal – Grace und ich, wir beide hatten unser Leben lang nichts anderes getan, als uns zu schlagen oder zu streiten.«

»Sie am Handgelenk zu packen war normal?«

»So sind wir immer miteinander umgegangen, beinahe seit wir laufen konnten. Im Flur vor dem Zimmer fing Grace an zu lachen und trat mir auf die Füße. Ich versuchte, ihr auszuweichen und sie davon abzuhalten, doch sie schubste mich und kicherte weiter wie eine

Irre – und was mich dann überkam, weiß ich nicht: Ich schlug ihr ins Gesicht, damit sie still war.« Er machte eine Pause. »Das war nicht normal. Mary kam aus ihrem Zimmer und starrte uns an.«

»Hat sie etwas gesagt?«

Luke hielt kurz inne, die Lippen zusammengepresst. Dann atmete er tief und ruckweise ein und verschränkte die Arme.

»Sie sagte so etwas wie: ›Um Himmels willen, Luke, gib ihr nicht noch einen Grund – lass sie einfach in Ruhe, wenn sie so ist.‹ Ich sah aber nicht Mary an, sondern Grace, ihren großen Mund, ihre Wange, die an der Stelle rot war, wo ich sie geschlagen hatte. Sie stank nach Schweiß vom Fußballspielen, hatte vom Orangensaft in der Halbzeit noch etwas Fruchtfleisch zwischen den Zähnen. Sie lachte weiter, als ich sie geohrfeigt hatte, als wäre das komisch gewesen.

Manchmal, wenn ich nicht schlafen kann, läuft in meinem Kopf immer wieder diese Zeitlupe ab: Grace lacht, den Mund weit geöffnet. Wir sind alle oben an der Treppe. Ich gebe Grace noch eine Ohrfeige – nur damit sie endlich aufhört zu lachen –, doch sie lacht nur noch lauter und stößt mich so fest sie kann zurück. In dem Moment tritt Mary vor, um uns zu trennen oder sich zwischen uns zu stellen. Ich weiß nicht genau, was Mary wollte, aber sie war auf einmal da.«

Ohne den Blick von Eva zu wenden, sagte er nach der nächsten langen Pause: »Ich schob Mary mit der linken Hand weg, ohne sie auch nur anzusehen. Als Nächstes schrie Grace auf, nicht Mary. Ich wollte nur, dass Mary aus dem Weg ging, aber ich hatte sie aus dem Gleichgewicht gebracht. Sie gab keinen Laut von sich. Eben noch hatten Grace und ich miteinander gerungen, und im nächsten Moment stürzten wir hinter Mary her, als sie rückwärts die Treppe hinunterfiel.«

Luke verstummte wieder. Im Haus knarrten Dielenbretter.

»Ein gesunder Mensch wäre nicht gefallen«, sagte er dann. »Keiner ihrer Brüder, auch Grace nicht. Sie hätten sich mühelos am Geländer festgehalten. Ich habe Mary nicht einmal angesehen, habe nicht überlegt, und gewiss habe ich es nicht gewollt, sondern mich einfach nur über Grace geärgert und –« Er brach ab, fuhr aber nach kurzem Schweigen fort: »Ihre Brüder rannten schreiend zu ihr, Grace rief den Krankenwagen, aber –« Wieder brachte er den Satz nicht zu Ende und hielt sich die Hand vor den Mund. In Evas Phantasie stiegen Stücke von Luke in den Himmel, verharrten dort eine Zeitlang, ehe sie sich wieder zu einem ihr unbekannten Muster zusammensetzten. Sie trat zu Luke und legte ihre Hand auf seine.

»Die Sanitäter sagten, sie sei an Herzstillstand gestorben«, fuhr Luke fort, er flüsterte fast. »Vielleicht versagte ihr Herz, als sie fiel – und deshalb griff sie nicht nach dem Geländer oder meiner Hand. Vielleicht passierte es, als sie auf den Boden schlug. Ich sollte auf sie achtgeben. Nie hätte ich ihr absichtlich weh getan.«

Eva schloss kurz die Augen, öffnete sie wieder. In der Dunkelheit des Flures dachte sie an laute, leichtfertige frühe Liebe: Mittags-frühstücken-Liebe, Liebe voller

Enthüllungen wie »Ich trinke meinen Tee schwarz« oder »Mein zweiter Vorname ist Patricia«, die verblüffen, verwirren, die Wahrnehmung verschieben und dafür sorgen, dass man sich irgendwie tiefer fallen lässt, während man anfängt, einen Menschen zu verstehen und damit zu besitzen, täglich ein bisschen mehr. Sie hatte Jahre gebraucht, um Lukes Vorlieben und Abneigungen herauszufinden, seine Werte und Prinzipien, doch als sie jetzt in seine rotgeränderten Augen sah, löste sich all das in nichts auf, und ihr wurde alles zu viel, zu neu, zu hektisch. Sie fühlte sich schwerelos, als sie an das Loch in der Geschichte dachte, die er ihr von sich aufgetischt hatte, eine Geschichte, in deren Mitte eine unausgesprochene Trauer lag.

»Danach wurde Grace schnell erwachsen – Drogen, Jungs –, wurde wegen Schlägereien von der Schule verwiesen, und ihre Eltern schickten sie in irgendein strenges Internat, wo sie versuchte, sich die Pulsadern aufzuschneiden. Gelegentlich sah ich sie, ab und an besoffen wir uns hier in London, doch das endete immer im Streit.« Luke runzelte die Stirn. »In den meisten Jahren trafen wir einander auf der Gedenkfeier für Mary. Letztes Jahr bin ich nicht dort gewesen, deshalb war es zwei Jahre her, dass ich sie zuletzt gesehen hatte, als sie auf Catherines Verlobungsparty auftauchte. Ich hatte ihre Anrufe ignoriert, und sie war sauer.«

»Hat sie dir die seltsamen Postkarten geschickt?«

»Ja. Sie schickte drei Karten vor Catherines Party, um auf sich aufmerksam zu machen, weil ich sie nicht zurückrief. Wir waren mal Freunde. Sie fand es schwierig …«, er brach ab, sah Eva nicht mehr an. »Ich finde *sie* schwierig«, fuhr er fort. »Sie ist Marys kleine Schwester. In ihrer Gegenwart fühle ich mich, als wäre ich wieder zehn, als hätte sich nichts geändert und als balgten wir uns immer noch um die Fernbedienung oder machten Armdrücken um den Beifahrersitz im Pick-up ihres Dads. Ich fühle mich so schuldig, Eva. Jeden Augenblick. Deshalb bin ich Anwalt geworden. Ich wollte verstehen.«

Sie schob sich die Haare hinter die Ohren, nahm sich zusammen.

»Du hättest sie gemocht. Ehe sie krank wurde. Bestimmt hättet ihr euch gut verstanden.«

Sie standen schweigend da. Sie wünschte, sie könnte ihm diesen Ausdruck in seinen grauen Falkenaugen nehmen. Eine Motte flog zwischen ihnen hindurch, und keiner von beiden bewegte sich. Grace hätte genauso gut mit ihnen im Raum sein können. Durch die Decke über der Küche hörten sie Schritte. Den ganzen Sommer lang hatte diese Geschichte nur gelegentlich Evas Weg gekreuzt – in Kasinos, chinesischen Restaurants, in den Nachrichten –, doch sie war in etwas hineingeplatzt, dessen erstes Kapitel sich vor Jahren zugetragen hatte. Es ging um Grace und Luke, die von Kindesbeinen an auf den Feldern in der Nähe ihrer Farmen mit wilden Hunden herumgetobt hatten. Eva war wohl nicht stark genug, um die Heldin dieser Geschichte zu sein. Sie war bereits jetzt nur eine Randfigur und konnte die Seiten ohne weiteres verlassen. Es wäre kein Weltuntergang, wenn sie ginge. Sie könnte sich von diesem Durcheinander entfernen und würde sich dann weniger in die Enge getrieben, weniger gefangen und besorgt fühlen. Als Luke ihre Hand drückte, dachte sie an weißen Himmel, kalte Luft, das Klacken ihrer Stiefeletten, die sich auf dem Gehsteig entfernten, an neue Anfänge. Sie spürte dem Kribbeln in ihrem Finger nach, mit dem sie vor einer Stunde Grace berührt hatte. Hübsche, boshafte, gequälte Grace. Als ihr Herz schneller zu schlagen begann, war es nicht wegen dieses schwächer werdenden Gefühls oder weil Luke seinen Daumen in ihre Hand presste, sondern weil sie daran dachte, wie sie sich eines Tages an diese letzte Nacht mit Luke *erinnern* würde. Sie empfand bereits Nostalgie.

Luke hatte entschieden, diese Trauer, diesen Ausbruch von Gewalt und Leidenschaft nur mit Grace zu teilen. Er hatte sich dafür entschieden, Eva auf Distanz zu halten.

Eva dachte an die Assistentin des Zauberers im Scorpio Club, umgeben von Rosenblüten, Kaninchen und Spielkarten, konnte aber dieses Bild nicht lange in ihrem Kopf bewahren; Anya schob sich in diese Phantasie, wie sie zur Bar hereinschaute und dann wieder die Treppe hinauflief, über dem verschlossenen Gesicht das fuchsienrote Basecap. Sie dachte an ihre Oma – »würde jetzt gern verschwinden, kleines Mädchen« –, und sie selbst würde auch gern verschwinden. Als sie im Flur den Atem anhielt, versuchte sie an die seltsame Befriedigung zu denken, die sie empfand, wenn sie sich endgültig von Menschen verabschiedete, welches Vergnügen ihr das bereitete. Sie rief sich in Erinnerung, dass der Abschied der wahrhaftigste Augenblick jeder Beziehung war, und dass alle Fehler, die man gemacht hatte, und alles, was man mit jener Person zusammen geworden war, sich einfach auflösten, wenn man ging, so dass man neu anfangen und sein konnte, wer man wollte. Ein Aufbruch war etwas Machtvolles, das Abstreifen einer Haut.

»Sag etwas«, bat Luke, seine Finger auf ihrer Schulter.

»Als Kind habe ich immerzu geweint«, sagte Eva und lächelte schwach. »Immerzu – es war beschämend. Einen ganzen Sommer lang musste ich jeden Mittwoch zur Therapie. Ich habe einen falschen Zahn, weil ich von einem Laufband gefallen bin, und es tut mir leid, dass ich dich nie meinen Eltern vorgestellt habe. Das hätte ich tun sollen.«

»Zwischen Grace und mir gibt es nur gemeinsame Vergangenheit, sonst nichts. Ich wollte Mary nicht weh tun. Ich liebte sie. Ich wünschte, ich hätte den Mut gehabt, dir früher zu erzählen, was damals passiert ist.« Sie betrachtete Luke und wusste auf einmal, wie er aussehen würde, wenn er alt war, nachdem sich diese tiefen Falten zwischen den Augenbrauen eingegraben hatten, und wie er ausgesehen haben mochte, als er noch jung und narbenfrei gewesen war, bemüht, es anderen recht zu machen. Sie sah ihn vor sich, wie er auf Marys Beerdigung gelesen hatte, wobei seine Stimme immer wieder versagte, er sich aber bis zum Ende zusammenriss. Sie sah ihn bei einem Geschäftstermin, bei einem Geschäftsessen, wie er Papierkram erledigte, seine Mum anrief. Das alles sah sie in diesem Augenblick. Sie dachte daran, wie er vor einem Monat in der Schlafzimmertür aufgetaucht war, von einem herabgerutschten Socken abgesehen nackt, die Bartstoppeln nass, weil er gerade vom Wasserhahn getrunken hatte, mit ein klein wenig Blut auf der Oberlippe. Sie dachte daran, wie er vor sechs Jahren auf ihrem Bett gesessen und sein makelloser grauer Anzug um die Arme Falten geworfen hatte, als wäre Luke vor ihr geschmolzen.

Eva dachte an den feuchten Winter auf Bali, an den Swimmingpool in ihrem Spanienurlaub, und sie versuchte sich an die Erregung zu erinnern, die sie beim Anblick von Flugzeugen im Himmel verspürte, wie viel Spaß es machte, ihr Ziel zu raten.

Sie beobachtete eine im vermeintlich durch das Küchenfenster fallenden Sonnenschein tanzende Motte. Luke musste gewusst haben, dass sie gehen würde. Er kannte sie besser als jeder andere. Was wir wissen, bestimmt unser Verhalten, wir sind gefangen in immer enger werdenden Kreisen. Angewohnheiten aus Kindertagen – Angriff oder Flucht. Als er sich vorbeugte, um sie zu küssen, schloss sie die Augen und dachte an die Erleichterung, die sie verspüren würde, wenn sie ihn verließ.

Unter der surrend-fluoreszierenden Decke von Singapurs Changi Airport sah Eva ihren Vater hinter der Absperrung in der Ankunftshalle hin und her gehen, den Blick auf den weißgefliesten Boden gerichtet, während

Frauen ihre Männer und junge Mädchen ihre zurückkehrenden Liebsten in die Arme schlossen. Er hatte Khaki-Shorts an und ein blaues Hemd, aus dem Leder seiner Sandalen lugten graue Socken hervor. Er lechzte erkennbar nach einer Zigarette.

»Ist 'ne Weile her, Kleines. Willkommen zurück im Paradies«, sagte er mit dröhnender Stimme. Auf seiner faltigen Stirn sammelten sich Schweißtropfen. Er legte seiner Tochter eine Hand auf die Schulter und bugsierte sie fort von den Massen, in denen Menschen die Hälse reckten und Reiseleiter und Taxifahrer laminierte Schilder mit Namen darauf hochhielten. »Wusstest du, dass Singapur kürzlich zum am wenigsten korrupten Land der Welt gewählt wurde?«, sagte er.

»Wow«, antwortete Eva erschöpft. »Das ist toll.«

»Ja, nicht wahr. Kein Koffer?«, fragte ihr Vater stirnrunzelnd und sah sich im Flughafen um, als hätte ihn womöglich jemand gestohlen.

»Nein«, sagte Eva, erklärte aber nicht, dass sie in der letzten Nacht nur ihren Reisepass herausgesucht hatte, während Luke schlief, und nichts anderes mitgenommen hatte.

Sie gingen durch die große Ankunftshalle, vorbei an staksigen chinesischen Schriftzeichen auf Werbung und Schildern, vorbei an Reihen ausländischer Zeitungen, fremden Farben und Essensgerüchen, die aus den diversen Verkaufsständen drangen. Eva fühlte sich zu Hause in Flughäfen mit der Geräuschlandschaft aus Durchsagen und verschiedenster Maschinen, die über allem lag, ihren glänzenden Fußböden. Frauen huschten geschickt durch die Menschenmengen, Männer zogen in sorgfältigem Zickzackkurs Rollkoffer hinter sich her.

»Wie lange gibst du uns denn die Ehre?«, fragte ihr Vater.

»Ich weiß es nicht genau.«

Sie folgte ihrem Vater durch die Automatiküren, und ein feuchtes Laken heißer Luft umfing sie. Auf dem Parkplatz zog ihr Vater tief an einer Zigarette und pochte stolz auf die Motorhaube eines backsteinroten Midlifecrisis-Sportwagens. Eva quetschte sich auf den Beifahrersitz. Sobald er den Motor anließ, bekam sie von einem Schwall kalter Luft aus der Klimaanlage Gänsehaut.

»Wie geht's Mum?«, fragte Eva.

»Gut, gut. Neulich hat sie zum Siebzigsten unseres Freundes Tony aus dem Club einen verdammt guten Geburtstagskuchen gebacken.« Er schaute in den Außenspiegel, setzte konzentriert zurück. »Hat sie den größten Teil des Wochenendes gekostet«, sagte er, und dann brausten sie über eine Auffahrt in Singapurs breite, saubere, in hellen Sonnenschein getauchte Straßen. Seit ihrer letzten Begegnung auf dem Flughafen in Heathrow schien ihr Vater nicht gealtert zu sein. Wenn überhaupt, so wirkte er jünger.

»Was macht das Leben?«, fragte er. »Bei der Arbeit alles gut?«

»Ja«, sagte Eva gähnend, die Echo Books per E-Mail darüber informiert hatte, dass sie aus privaten Gründen einen Monat Urlaub brauche, und nicht damit rechnete, dass ihr Arbeitsplatz bei ihrer Rückkehr noch auf sie warten würde.

»Vermutlich hast du im Flugzeug nicht viel geschlafen?«

»Nein«, sagte sie und schaute aus dem Fenster auf die hoch aufragenden Gebäude der Stadt. Tatsächlich hatte sie überhaupt nicht geschlafen. Als die Räder von der Startbahn abhoben und London unter ihr kleiner wurde, hatte es sich so gut angefühlt zu verschwinden. Alles Wichtige schrumpfte und löste sich schließlich auf.

»Du konntest noch nie gut in Flugzeugen schlafen«, sagte ihr Vater. »Du wurdest erst ruhig, wenn deine Mutter mit dir die Gänge hoch- und runtermarschiert ist.«

Während der restlichen Fahrt schwiegen sie. Evas Eltern waren in eine bewachte Wohnanlage gezogen, die ein wenig weiter vom Flughafen entfernt lag, und sie waren Mitglieder eines neuen Country Clubs. Ihr Bungalow sah fast so aus wie der letzte, den Eva vor Jahren besucht hatte, nur dass dieser weiß war und nicht aus Backstein. Als sie eintrafen, saß Evas Mutter im Wohnzimmer, und der Duft von Zucker und Zimt lag in der feuchten Luft. Sie führte ihren Haushalt penibel, überall Pastellfarben und Kristallglas. Auf dem Couchtisch stand ein Strauß krauser Chrysanthemen.

»Liebling«, sagte ihre Mutter, erhob sich vom Sofa und lächelte auf eine Weise, die – wie Eva als Kind oft gedacht hatte – dekorativ wirkte.

»Gut siehst du aus«, sagte Eva.

»Oh, du aber auch, Schatz«, flüsterte sie mit ihrer schleppenden Wattestimme, mit leichtem Stirnrunzeln beim Anblick von Evas rotgeränderten Augen und fettigen braunen Haaren. Kein Elternteil fragte, weshalb ihre

Tochter so unvermittelt eintraf oder warum ihre Pläne so unbestimmt waren. Sie hatte ihnen von einem Internetzugang im Terminal drei des Heathrow Airport gemailt, sie sei unterwegs, entschuldige sich für die späte Benachrichtigung und hoffe, dass sie nichts dagegen hätten. Ihre Mutter führte sie in ein Gästezimmer mit rosa Lampenschirmen, das Blumenmuster passte zu den Vorhängen. Auf einem Nachttisch mit Zierdeckchen stand ein Becher aus geschliffenem Glas und eine Schale mit Potpourri zwischen zwei Einzelbetten. Eva lehnte alle Angebote ab, Biskuitkuchen und Tee zu sich zu nehmen, sondern zog es vor, sich umgehend auf das pfirsichfarbene Bettzeug zu legen und mit dem Duft von Gebackenem in der Nase einzuschlafen. In den wenigen Minuten, ehe ihr Bewusstsein Pause machte, versuchte sie, nicht an Luke zu denken, der am Morgen zuvor in Soho in einer leeren Wohnung wach geworden war und, wenigstens eine Zeitlang, hoffte, sie sei nur kurz rausgegangen, um am Kiosk Milch zu kaufen.

Als sie die Augen wieder aufschlug, war es Morgen in Singapur. Sie rechnete rückwärts, um herauszufinden, welcher Morgen es war. Sie musste mindestens fünfzehn Stunden geschlafen haben. Gedämpftes Licht drang durch die Vorhänge, ein einzelner Sonnenscheinfinger zeigte quer über das Bett, als wolle er sie wach stupsen. Es musste der dritte Morgen sein, seit sie den schlafenden Luke am Silver Place zurückgelassen hatte, obwohl es ihr länger vorkam, dass sie vorsichtig aus dem gemeinsamen Bett aufgestanden und im Wohnzimmer drei Stunden lang leise Klaviermusik gehört und im Halbdunkel alles gründlich durchdacht hatte. Sie war nicht richtig wütend gewesen, nur einsam. In ihrem Kopf hatte es gepocht, als sie eine kurze Notiz auf seinen gelben Anwaltsblock geschrieben hatte, in der stand, dass sie eine Zeitlang bei ihren Eltern bleiben werde. Sie wusste, wie feige es war, diesem immer wiederkehrenden Instinkt zu folgen, das Problemzentrum fluchtartig zu verlassen – so wie sie sich mit Luke über Aufschnitt und sauren Regen unterhielt, nachdem sie ihn mit einer anderen Frau Anfang August im Dunkeln draußen vor dem Pub gesehen hatte, wie sie am Morgen, nachdem Grace besoffen in der Wohnung aufgetaucht war, neben Luke wach gelegen hatte, ohne zu reden. Nachdem sie morgens um fünf mit zitternden Händen ihre Haustür geschlossen hatte, war sie mit einer Art dumpfer Erleichterung über das Kopfsteinpflaster gegangen: Sie empfand keine Aufregung oder Vorfreude auf sich eröffnende Möglichkeiten, sondern eine gähnende, düstere Leere. Das Gefühl des Aufbruchs war immerhin mit einem Adrenalinschub verbunden – vertraut, wenn auch nicht angenehm.

Bei der Erinnerung, wie sie vom Silver Place weglief, schloss sie die Augen. Von der Straße unter dem Fenster des Gästezimmers drang der Lärm spielender Kinder. Sie erhob sich vom Bett und öffnete die Vorhänge einen Spaltbreit, um zu beobachten, wie ein paar von ihnen in der eingezäunten Wohnanlage Fangen spielten, alle in blauweißen Schuluniformen aus Baumwolle, ihre Rucksäcke und Brotdosen hatten sie neben ein Blumenbeet auf einen Haufen geworfen. Das Haus von Evas

Eltern umgab eine Anzahl identischer weißverputzter Bungalows mit gepflegten Vorgärten. Ein Mädchen in einem weißen Sporthemd aus Käseleinen rannte mit vorgestrecktem Kopf die Straße hinunter, ihre langen schwarzen Haare wehten fast horizontal hinter ihr. Ein Kind, um dessen Lippen die Reste eines roten Fruchtsafts ein Lächeln gemalt hatten, stand keuchend an der Ecke. Überdrehtes Kreischen hallte durch die Luft. »Einundzwanzig, zweiundzwanzig, dreiundzwanzig, vierundzwanzig…« Ganz in der Nähe ihres Bungalows zählte ein Kind laut. Ein wilder barfüßiger Junge lachte, dass seine Schultern hopsten, und Eva stellte sich vor, wie Luke, Mary, Grace und ihre beiden Brüder gemeinsam in einem Garten voller blühender Blumen Fangen spielten, wobei Grace wüst lachte und Luke stolperte und auf der Erde herumrollte, während die stillere Mary zusah. Ein Mädchen weiter hinten auf der Straße stieß ein anderes Mädchen zu Boden. In den kommenden Monaten musste Eva alles daransetzen, nicht nachzudenken und bewusst geistige Abwesenheit zu wahren. Sie zog die geblümten Vorhänge ihrer Mutter zu, damit sie die Kinder nicht sah, und setzte sich wieder aufs Bett.

Eva blieb etwas länger als einen Monat in Singapur. Ihre Mutter spielte abends meist Bridge im Country Club, während ihr Vater mit jeder Menge anderer sonnenverbrannter Auswanderer in der schattigen, mahagonigetäfelten Bar des Clubs Sportsendungen guckte. Fast jeden Abend sah Eva sich im Kino eines großen Einkaufszentrums Filme an, vom Club aus ein zwanzigminütiger

Spaziergang über den Golfplatz. Sie fuhr mit ihren Eltern zum Country Club (auf den winzigen Rücksitz des Sportwagens gequetscht) und schlenderte dann hinüber in die Shopping Mall. Sie rollte sich in einem kleinen samtbezogenen Sitz hinten im Saal zusammen und sah sich an, was gerade lief. Stundenlang hockte sie in der salzigen klimatisierten Kinoluft, sah sich Liebeskomödien auf Tamil ohne Untertitel an, chinesische Billig-Dramen, Kinderfilme, Actionstreifen mit Nicholas Cage und Steven Segal in den Hauptrollen. Manchmal sah sie denselben Film an zwei Abenden hintereinander. Sie las ein paar Thriller, die ihr Vater auf Flughäfen gekauft hatte, während sie auf dem Sofa ihrer Mutter lag, und sie schwamm Runden in der kleinen Schwimmhalle des Country Clubs, der meist leer war, außer mittwochs, wenn runzlige Frauen mit bunten Badekappen zum Geklimper von New-Age-Musik Wasseraerobic machten.

»In Büchern dreht sich alles ums Kommen und Gehen, nicht wahr? Doch im Leben geht es um das Dazwischen«, hatte Luke in der Nacht gesagt, als sie ihn verließ. Dabei hatte er sie am Hals berührt, und sie hatte sich von der Zunge bis hinunter zu den Zehen versteift. Es war die Sorte Berührung gewesen, die zur Hälfte – vielleicht mehr – der Versuch war, den anderen zurückzustoßen. Der Teppich hinterließ Verbrennungen an ihrem Steißbein, kleine Flecken, die wie ein Kussmund geformt waren und erst nach Tagen verheilten.

Während ihrer ersten drei Wochen in Singapur schickte Luke ihr E-Mails, die sie nicht beantwortete, ja, die sie nicht einmal lesen wollte. Eva überflog die Betreffzeile, und ihre Finger zuckten über den Mails, doch sie hatte nicht den Wunsch, wieder in diese Geschichte einzutreten. Es war besser, sich da rauszuhalten, im sonnigen Country Club ihrer Eltern.

Weiche, zuversichtliche Fragezeichen. Geschmeidige Sätze. In dieser Art ging es eine Weile weiter. Eva hätte zurückschreiben können, dass sie immer wieder von der arrogant über dem Trafalgar Square thronenden Regina träumte, und von Graces Brustkorb im Badezimmer. Sie hätte schreiben können, dass sie ihn schon vor diesem Sommer auf Partys beobachtet hatte oder wie er über den Wohnzimmertisch gebeugt Zeugenaussagen las, und nur eine ganz leichte Verbindung zu ihm verspürt hatte, als wäre er jemand, den sie eigentlich erkennen müsste, aber nicht so recht unterbringen konnte. Sie hätte schreiben können, dass sie ihn an dem Nachmittag, als Regina zum Sightseeing ausflog, die London Bridge hatte überqueren sehen und sie sich gefragt hatte, ob die Distanz, die sie oft zwischen ihnen beiden spürte, Teil ihres eigenen Schattens war oder ob das an ihm lag. Sie hätte schreiben können, dass er ihr tatsächlich fehlte, dass er der einzige Mensch war, den zu verlassen ihr keine Freude bereitet hatte. Doch sie öffnete seine Mails nicht.

In der zweiten Woche klangen seine Betreffzeilen eine Stufe drängender, er *verlangte*, dass sie ihn anrief. Doch das tat sie nicht. Und sie antwortete noch immer nicht auf seine Mails, sondern schwamm eine Runde nach der anderen im Pool des Country Clubs, bis sie völlig erschöpft war. Sie fing wieder an zu rauchen und teilte sich Zigarettenpäckchen mit einer uralten lederhäutigen Frau namens Marjory, einer ehemaligen Krankenschwester. In der dritten Woche saß Eva in der nach Schweiß riechenden Lounge des Country Clubs und las: »Ich muss mit dir reden«, und: »Ich muss unbedingt Dinge loswerden«, und: »Ich bin ausgezogen und muss das erklären.« Die einzigen E-Mails, die sie öffnete, waren Fragen ihres Arbeitgebers und eine von Justin, in der stand, er käme nach Singapur, um Filmaufnahmen von einem Druck des chinesischen Sonnengottes Tai Yang Xing Jun im Nationalmuseum zu machen. Justin hatte von Luke gehört, dass sie in Singapur war, und fragte sich, ob sie Lust habe, ihn zu treffen. Sie antwortete, das habe sie.

Eines feuchtwarmen Nachmittags Mitte September fand Eva im Bungalow ihrer Eltern all ihre Kinderspielsachen in einer großen Kiste unter der Treppe. Sie war nach langem unbefriedigenden Mittagsschlaf aufgewacht und hatte einen Schraubenzieher gesucht, um den Schrank im Gästezimmer zu reparieren, als sie eine große Plastikhand sah, die aus einer durchsichtigen Aufbewahrungsbox um Hilfe winkte. Sie nahm den Deckel ab und schaute hinab auf süß lächelnde Puppen mit verfilztem Kraushaar, Porzellangesichtchen mit Apfelbäckchen, Ringellöckchen und Spitzenhäubchen, einen losen Kopf mit einem Loch, wo vorher der Hals gewesen war, der Körper schon lange verloren, wahrscheinlich in irgendeinem Flughafen oder Schulhof. Sie schleppte die Kiste hinauf ins Gästezimmer und holte die muffigen Wesen aus ihrem Kokon aus schaler Luft. Ihr fiel ein, dass die kaum fingergroßen Püppchen »Sorgenpuppen« oder »Angstpuppen« hießen, ihre winzigen Körperchen bestanden aus mit Stoffresten oder buntem Garn umwickeltem Draht. Man sollte sie nachts unter das Kissen legen und ihnen seine Sorgen erzählen, doch dazu hatte Eva sie nie benutzt. Sie erzählte ihnen Geschichten über Entführungen und ungerechte Gefängnisstrafen. Die Puppen in Röcken wurden von bösen Königen in Schlössern gefangen gehalten. Die Jungen schwammen durch haiverseuchtes Wasser, nur weg von verwunschenen Inseln, die auf der einen oder anderen von Dutzenden Landkarten verzeichnet waren, die ihre Mutter irgendwann einmal ordentlich in der Kiste gestapelt hatte. Eva zog Barbies heraus, Cindys, porzellanköpfige Kindgestalten in viktorianischen Kleidern, die Evas Kindheit mit der Suche nach dem Heiligen Gral, dem Goldenen Vlies, dem Topf voller Gold verbracht hatten. Eva zog eine der Karten aus dem Stapel. Sie breitete das spröde Papier auf dem Boden des Gästezimmers aus. Sie fühlte sich »fix und alle«, wie ihre Großmutter gesagt hätte, »wie gerädert«. Was für eine seltsame Vorstellung, dass ihre Mutter diese Überbleibsel ihrer jungen Jahre aufbewahrt hatte. Eva hatte angenommen, sie wären schon vor langer Zeit bei einem der vielen Umzüge der Familie weggeworfen worden. Sie lagen nicht in irgendeiner feuchten Garage, wo sie von Mäusen gefressen wurden, wurden auch nicht in jenem traurigen Winter auf Bali zurückgelassen.

Vor ihr auf dem Teppichboden waren Russland mandarinenorange, Brasilien kanariengelb, China, Libyen und die Vereinigten Staaten korallenrot. Die Antarktis war ein weißer Klecks am unteren Ende des Blattes, ein Spritzer, der von den Nähten der Welt aufstieg. Eva dachte daran, wie Luke am Abend vor ihrer Abreise aus London mit den Fingern ihren Nabel entlanggefahren war, wie er ihre Handgelenke auf die Laken gedrückt hatte, so dass Eva hin- und herrutschte, sich wand und zitterte, zu dem beschlagenen Fenster in ihrem Schlafzimmer aufblickte. Sie wäre gern überall gewesen, nur nicht dort mit ihm zusammen auf den feuchten Laken. Auf der Weltkarte, die jetzt vor ihren Knien ausgebreitet war, legte sie den Daumen auf Singapur und spazierte mit den Fingern über den Golf von Bengalen, machte Scherenschrittchen quer über Indien und Pakistan, Iran, das Kaspische Meer – dann ein Schwenk über Europa, bis sie auf London landeten, das sie mit dem Finger zudeckte. So fest wie möglich drückte sie ihren Daumen auf England und versuchte dabei, nicht an Luke zu denken.

Sie hörte ein Knarren draußen vor dem Zimmer. Die Tür ging auf, das gebräunte Gesicht ihrer Mutter spähte ins Zimmer. Sie trug ein Baumwollkleid mit beigen Pumps, ihr blonder Bubikopf umgab ihr Gesicht wie ein Hufeisen.

»Oh, das tut mir leid, ich dachte, du wärst gegangen«, sagte sie. »Möchtest du eine Tasse Tee und Kuchen?«

»Du hast alle meine Landkarten aufbewahrt«, sagte Eva lächelnd.

»Hast du dich von Luke getrennt?« Ihre Mutter führte einen ihrer langen Finger zum Mund und begann, an einem Nagel zu knabbern, eine Angewohnheit, die Eva mit ihr teilte.

»Ja«, sagte Eva, immer noch auf den Knien, die ein wenig schmerzten. Sie musste sich anstrengen, um die leise Stimme ihrer Mutter zu hören, die so klang, als wäre sie unter Wasser.

»Schon als ganz kleines Kind warst du so *kompakt*«, sagte ihre Mutter.

»Kompakt?«, wiederholte Eva, rieb eine Sorgenpuppe zwischen Daumen und Zeigefinger und sah zu ihrer Mutter auf. Sie verspürte den Drang, auch auf den Nägeln zu kauen, ließ es aber bleiben.

»Irgendwie autark, unabhängig.« Ihre Mutter zuckte mit den Achseln. »Du hast deine Zeichnungen gemacht, deine Spiele gespielt, dir selbst Geschichten erzählt. Du kommst schon klar, was auch immer du entscheidest. Als du anfingst zu laufen, habe ich dich immer beobachtet und gedacht, dass du schon damals irgendwie stärker warst als ich.« So hatte ihre Mutter noch nie mit ihr geredet. »Weißt du, heute komme ich ganz gut zurecht.«

»Das ist schön«, sagte Eva und wünschte, sie hätte etwas Besseres zu sagen, brachte aber nicht mehr heraus.

»Dein Vater und ich, wir dachten immer, am nächsten Ort wäre es besser, wir wären woanders glücklicher«, sagte Evas Mutter und sah sich im Zimmer um, betrachtete die Blumenmuster und rosa Lampenschirme. »Er dachte, ich könnte Traurigkeit zurücklassen, wie man alte Gegenstände zurücklässt, die man nicht mehr braucht. Aber das hat nie funktioniert.«

Eva fiel immer noch nichts ein, was sie hätte sagen können, obwohl sie etwas sagen wollte. »Kann ich dir ein Stück Kuchen holen?«, fragte ihre Mutter wieder, um das Schweigen zu durchbrechen.

»Ein Stück Kuchen wäre toll, danke«, sagte Eva.

Eva suchte im Internet nach einer Landkarte von North Devon und fand die St Edmund's Parish Church über einem schmalen Abschnitt des Flusses Torridge. Die Straßen in der Nähe trugen trostreiche Bilderbuchnamen wie »Rolle«, »Mill« oder »Rosemoor«. Es gab einige Waldgebiete, die Never-Be-Good Wood und Darkwood hießen, wo Bilderbuchschurken wohnen mochten, im Gegensatz zu den Braven in Churchford Wood und Parsonage Wood. Eva schaute auf die Karte und fragte sich, wo der Hund Luke angegriffen haben mochte, wo auf dem grünblauen Flickenteppich Lukes und Marys Farmen sein mochten. Wurde die alljährliche Gedenkfeier, von der sie in Graces Fotoalbum gelesen hatte, noch immer in der Kirche abgehalten, oder vielleicht an Marys Grab oder nur im Wohnzimmer von Graces Eltern, samt Schnittchen und Tee in hübschen Porzellantassen? Wenn sie zurückdachte, so war Luke eigentlich jedes Jahr nach Devon gefahren. Er hatte ihr mal gesagt, an dem Wochenende sei der Geburtstag seines Vaters, doch vermutlich war es wegen der Gedenkfeier für Mary.

Als in diesem Jahr der Gedenkgottesdienst für Mary stattfand, traf Eva sehr weit entfernt von der Kirche, der Farm oder dem Grab, Justin. Sie sah ihn, ehe er sie bemerkte, wie er in der langen Eingangshalle unter der Glasdecke des Nationalmuseums von Singapur stand. Er trug einen Leinenanzug, der ihm ein wenig zu klein war, und putzte an die Wand gelehnt mit dem Schlips seine Brillengläser. Menschenmengen wuselten durch die Räume, Schulkinder mit Zeichenblöcken saßen auf Steinbänken in der Mitte der Halle, Touristen grübelten über Reiseführern.

Justin setzte seine Brille wieder auf, und Eva trat näher. Beide lächelten und begrüßten einander unsicher – *schön, dich zu sehen, wie geht's, gut siehst du aus*. Dann verstummten sie und schauten verlegen, ein starres Lächeln auf den Gesichtern. Eva dachte an Orgelmusik, die irgendwo in Devon spielte, nur dass es in Singapur später Nachmittag war: acht Stunden Vorsprung auf England, die Gedenkfeier hatte wohl noch nicht begonnen. Sehr wahrscheinlich banden sie sich noch die Schnürsenkel, putzten sich die Zähne, kochten auf dem Gasherd Eier.

»Es gibt eine Singapur-›Entertainment‹-Galerie«, sagte Justin nach einer peinlichen Pause. »Sie ist nur leidlich unterhaltsam, aber sehr singapurmäßig. Oder wir könnten ins Café gehen.«

»Lass uns die Galerie probieren«, sagte Eva.

Sie folgte Justin durch einen Torbogen aus weißem Marmor und ein paar Treppen hinauf in einen dunklen Raum mit einer riesigen beleuchteten Glasvitrine, die

Bühnenkostüme für chinesische Opern mit zu Drachen- und Blumenfiguren verwobenen Glasperlen und Schnüren enthielt. Sie betrachteten die Ausstellungsstücke und gingen weiter zu drei Leinwänden, auf denen hektische schwarzweiße Stummfilme von Theateraufführungen liefen. Zu allen drei Filmen klimperte andere Musik. Breites Opernlächeln füllte die Leinwände, tanzende Köpfe mit großen geschminkten Augen.

»Wie kommt der Dokumentarfilm über die Sonne voran?«, fragte Eva.

»Gut, gut. Faszinierendes Thema.«

»Das glaub ich gern«, sagte sie, auch wenn keiner von beiden fasziniert klang. Sie dachte daran, wie seine Hand auf ihrer Hüfte gelegen hatte, als sie bei ihrer letzten Begegnung gemeinsam eingeschlafen waren. Sie fragte sich, ob er auf der Suche nach seinen Wohnungsschlüsseln das Hotelzimmer auf den Kopf gestellt hatte. Eva bezweifelte, dass er sie als Dieb in Verdacht hatte.

»Hast du Ende August die beiden Sonnen am Himmel gesehen? Die Supernova?«

»Oh, nein«, sagte Eva. »Hab ich verpasst. Wie war es?«

»Eigentlich konnte man kaum etwas erkennen«, sagte Justin. »Bei dir alles so weit in Ordnung?«, fuhr er fort und musterte angelegentlich zwei tanzende Frauen auf einer der Leinwände, deren behandschuhte Finger die Umrisse von Schnäbeln bildeten und in den Himmel dahinter hackten, als sie sich bewegten. Licht von den Filmen strich über Evas und Justins Gesichter. In der St Edmund's Parish Church würde später am Tag Licht durch die Buntglasfenster fallen. Marys Familie würde sich allmählich fertigmachen, vielleicht Blumen oder Fotos in Händen halten. Graces Mutter, dachte Eva, kamen vielleicht schon die Tränen. Luke legte ihr möglicherweise den Arm um die Schulter.

»Klar. Prima. Und bei dir?«

»Gar nicht übel.« Justin blickte zur Seite auf Eva, als gerade ein weißer Lichtstrahl ihre Gesichter traf. »Ich habe Luke gesehen. Er hat Grace geholfen, ihre Sachen aus unserem Apartment zu holen.«

»War Grace damit überfordert?«, fragte sie und wandte sich von den Leinwänden ab. Sie stellte sich vor, wie Luke sich in der Kirche von Grace abwandte, nach unten auf seine glänzenden Schuhe schaute. Aber nein, sie konnten noch nicht bei der Gedenkfeier sein. Vielleicht trat Grace von hinten an Luke heran und küsste ihn auf die Schulter, während er sich gerade vor dem Badezimmerspiegel rasierte, und bei dieser Vorstellung schüttelte es Eva regelrecht durch. Sie blinzelte, um das Bild loszuwerden, angewidert. Im nächsten Ausstellungsraum hingen überall an den roten Wänden Schattenspielfiguren vor Leuchtkästen: schnauzbärtige Koboldschattenrisse, maskierte Soldaten mit aufwendigen Kopfbedeckungen und weiten Ärmeln. Dürre Ungeheuer führten einen Kampf auf Leben und Tod gegen Bären mit federgeschmückten Kappen oder Schlangenmenschen.

»Grace war eine Weile in einer Entzugsklinik«, sagte Justin.

»Geht's ihr jetzt gut?«

»Eine Woche, nachdem ich dich getroffen habe, hat sie noch mehr Tabletten geschluckt. Luke meint aber, sie scheine jetzt ein wenig stabiler zu sein. Sie verbringen ein paar Wochen in Devon.«

»Ein paar Wochen?«, wiederholte Eva, deren Schultern sich verkrampften bei dem Gedanken, dass Graces zitternde Hände die von Luke berührten.

»Er hat sich freigenommen. Und dann ist ja auch Marys Gedenkfeier. Er hat wohl das Gefühl, sich um Grace kümmern zu müssen.« Er schwieg. »Die drei standen sich sehr nahe, als Kinder und Jugendliche.«

Eva stellte sich vor, wie sie Grace und Luke in der Kirche in Devon beobachtete, und wieder überlief sie ein kalter Schauer, so wie Ende August, als sie im Badezimmer saß und Luke reden hörte.

Auf den Leinwänden lief Filmmaterial von sich bewegenden Schattenspielfiguren. Der Hintergrund war konturenloses gelbes Licht, vor dem ein Mann mit gespreizter Hand und dem Gesicht eines Affen gegen ein vermummtes Skelett kämpfte, das einen Stock hielt. Im Vordergrund sah man die Umrisse der Köpfe von Kindern im Publikum, die gelegentlich aufstanden, zappelig.

»Sind sie zusammen?«, fragte Eva.

»Es hatte den Anschein«, sagte Justin. »Nachdem du verschwunden bist, war er untröstlich. Er hätte nicht geglaubt, dass du gehen würdest.« Justin verstummte. »Und Grace war zur Hand. Sie haben diese gemeinsame Geschichte. Sie brauchte ihn.«

Eva sah Grace vor sich, die in einem schwarzen Kleid vor der Kirche stand, den Kopf gesenkt, die Hände züchtig zusammen in Hüfthöhe. Luke, in seinem Cutaway, warf vielleicht einen Blick aus dem Kirchenfenster. Am liebsten hätte sie geweint.

Sie erwog, mit Justin in sein Hotel zu gehen, ihn zu bitten, sie auf einen Drink zu begleiten, sich in irgendeiner sterilen Singapurer Bar die Kante zu geben, ihn auf der Straße zu küssen und zu lachen, ihn fest zu umarmen, um nicht an Luke oder Grace zu denken – doch sie sagte kein Wort. Stattdessen zogen sie weiter durch die muffige Ausstellung, betrachteten einen alten Plattenspieler, Puppentheater und Kopfschmuck, sprachen über diese oder jene Stadt und über Sonnenkult, ihre Eltern, ihre Pläne, egal was, nur nicht über die Menschen, die ihnen so viel bedeuteten, die aber nicht da waren.

Am fünften November ging Eva vom Silver Place die Poland Street hinauf, vorbei an geschlossenen Pubs und den Rückseiten von Sozialbauten. Zwei Monate, nachdem sie aus Singapur zurückgekommen war, verblassten ihre Sommersprossen wieder, und ihre Haut war so winterlich blass wie gewöhnlich. Sie überquerte die Noel Street, ging weiter in die Berwick Street und Oxford Street, schlug einen Bogen in die Wells Street, um dann nach links in die Mortimer Street abzubiegen, damit sie an der All Souls Church am Langham Place vorbeikam, im Kopf dem zweidimensionalen Straßenmuster auf einem Stadtplan folgend. Die gewundenen Treppen und die Säulen der Kirche reichten nach oben bis an die steinerne Narrenkappe, die über den Dächern Londons aufragte und zu leuchten schien. Als hätten die Wolken beschlossen, dass sie im Sommer genug Tränen vergossen hatten, hatte es in England in der zweiten Septemberwoche aufgehört zu regnen, und seitdem war kein Tropfen mehr gefallen. »Schlimmste Dürre seit dreißig Jahren«, warnten die BBC News. »Spart Wasser«, forderten Plakate in der U-Bahn. Eva ging am British Broadcasting House vorbei, unter dem wegen Bauarbeiten aufgebauten blauen Gerüsttunnel hindurch und Richtung U-Bahn-Station Regent's Park.

Sie überquerte die York Bridge zum Inner Circle des Regent's Park. Der frühabendliche Himmel war fast weiß, und die Bäume bildeten vor den Wolken knochige Skelette. Eva ging nicht durch die Tore in die Rosengärten, sondern blieb auf dem geschwungenen Hauptweg und bog an der Freilichtbühne links ab, ging weiter am See entlang, auf dem Ruderboote schaukelten. Sie überquerte die Brücke und betrat den großen Rasen mit seinem Flickwerk aus Fußballfeldern. Es waren drei Spiele gleichzeitig im Gange – einige planlos herumrennende Jugendliche, eine Gruppe keuchender Mittdreißiger und Schülerinnen in bunten Trikots.

Anfang Oktober hatte Eva geweint, als sie auf dem Sofa vor Lukes Fernseher saß und zusah, wie der Tierpfleger mit Halbglatze Regina nach zwei Monaten Freiheit wieder einfing. In den Zeitungen stand, er habe mehrere Nächte hintereinander im Park kampiert und frühmorgens immer Kaninchenkadaver im Gras ausgelegt. Nach ihrem kurzen Aufenthalt im Londoner Zentrum Mitte August war Regina in den Regent's Park zurückgekehrt, wo sie sich den nächsten Monat friedlich niederließ, Futter fraß, das der Zoo für sie auslegte, um sie wieder einzufangen, und gelegentlich eine Ente schlug. Eines Morgens flog sie von ihrem Ausguck in den Baumwipfeln, wo sie es sich über ihren Höflingen, den Krähen und Tauben, bequem gemacht hatte, nach unten. Sie landete direkt auf dem Kaninchen und zauste ihr Mosaik aus braunen Federn. Sie schaute nicht einmal auf, als sich der Tierpfleger von hinten anschlich und ihr eine Decke über den Kopf warf. Vielleicht war Regina müde geworden, vielleicht hatte sie auch eines Abends ihre ehemalige Unterkunft im Zoo besucht, sich auf dem Gehweg vor den Raubvögelgehegen niedergelassen und sich durch das Gitter wieder mit Goldie versöhnt. Eva fragte sich, ob die Krähen daran gedacht hatten, Regina vor dem Glatzkopf mit der erhobenen Decke zu warnen, oder ob sie und die Elstern ihre Königin loswerden, ihr Fleckchen Erde wieder zurückhaben wollten von diesem Eindringling mit den Marmoraugen und dem zwischen mächtigen Schultern versunkenen gedrungenen Hals. Schließlich hob der Pfleger den Vogel mit bloßen Händen auf und schlang Draht um die Beinchen der armen Kreatur, die sich kaum wehrte.

»Wir sind sehr froh, sie wiederzuhaben, genau wie Goldie, seit fünf Jahren ihr Partner«, hatte der grinsende Tierpfleger gesagt. Es gab Aufnahmen von Regina zurück in ihrem Gehege, mit Goldie auf demselben Ast eines künstlich aussehenden Baums, sowohl über als auch hinter den beiden Vögeln sah man ein braunes Gitter, Sägespäne und Büsche unter ihnen. »Goldie ist begeistert, dass er seine Freundin zurückhat«, sagte aus dem Off die muntere Stimme einer Nachrichtensprecherin, und Eva glaubte nicht, dass diese Stimme sarkastisch klingen sollte, obwohl die beiden Vögel mit ihren nur vermeintlich lächelnden und hochmütigen Schnäbeln dort in dem Zookäfig alles andere als begeistert aussahen. Regina gab vor, als fände diese im Fernsehen übertragene Demütigung gar nicht wirklich statt, sie hielt den Kopf hoch und sah sich mit wilden Augen in ihrem neuen kleinen Königreich um. Eva hoffte, dass Regina sich erinnerte, wie aufregend es war, im Garten des amerikanischen Botschafters Enten zu schlagen, und an den Geschmack von Pudelfleisch – etwas für verwöhnte Gaumen –, an das erhebende Gefühl, auf der Bronzeskulptur in der Mitte des Trafalgar Square zu sitzen, umgeben von staunenden Menschenmassen. Im Zoo putzten sich Regina und Goldie simultan, rieben ihre Schnäbel an einem Ast, als wetzten sie Messer.

Zumindest die Krähen und Elstern im Regent's Park schienen froh zu sein, weil ihnen von oben kein Adlerschatten mehr Angst einjagte. Die Vögel tummelten sich über Eva vor dem hellen Himmel, einige lösten sich aus der Gruppe und stießen aus einem anderen Winkel wieder zu ihr. Andere hopsten vergnügt aus den Bäumen, wobei ihre Federn Sonnenschein zurückwarfen. Eva setzte sich auf die Bank, die dem Südeingang zum Park am nächsten war, um Tauben beim Brotfressen zu beobachten, das eine ältere Dame mit gestreifter Pudelmütze verteilte. Lukes Bücher waren immer noch alphabetisch zwischen ihre Bücher und DVDs am Silver

Place eingeordnet, doch während sie in Singapur gewesen war, hatte er seine Schallplatten mit klassischer Musik abgeholt, die Flasche Rotwein, die sein Vater ihm zum achtzehnten Geburtstag geschenkt und die versehentlich zu trinken bei Eva Alpträume ausgelöst hatte, die sorgfältig in Kleidersäcken verpackten Anzüge und die Kiste voller Schuhe, vor der sie einen Schreck bekommen hatte, als er das erste Mal auf der Türschwelle stand. Seinen Fernseher hatte er dagelassen, aber sein Schuhputzset, sein Gordon-Ramsay-Kochbuch, seinen Dampfgarer und seinen Plattenspieler mitgenommen. Das japanische Gemälde mit den verschiedenen Weißschattierungen hatte Eva abgehängt und weggestellt, mit der Vorderseite zur Wohnzimmerwand. Sobald sie wieder zu Hause und allein war – Lukes Schlüssel lag in der Schreibtischschublade, wo er immer seine Sonnenbrille aufbewahrt hatte –, gewöhnte Eva sich wieder an, ihre Klamotten vorwiegend auf dem Fußboden liegen zu lassen, abends Toast zu essen und Pulverkaffee zu trinken und um acht ins Bett zu gehen, wenn ihr danach war – was in den Monaten nach seinem Auszug häufig der Fall war. Seit ihrer Rückkehr aus dem feuchtheißen Klima Singapurs hatte sie ein äußerst beschauliches Leben geführt, ohne dass Luke nachts hereingeplatzt kam, seine Unterlagen von rosa Schnüren zusammengehalten, früh aufstand und ins Gericht musste. Er rief sie ein paarmal an, und jedes Mal wäre sie beinahe rangegangen, den Daumen über dem »Antworten«-Knopf, doch in letzter Minute schob sie das Telefon über Tisch, Bett oder Schreibtisch von sich weg. Manchmal rief er aus der Kanzlei an, daher wusste sie, dass er in London war, aber nicht, wo er wohnte. Sie war einsam, schon möglich, aber es war keine unerträgliche Einsamkeit. Bestimmt würde sie auch einsam sein, wenn sie einen seiner Anrufe entgegennahm und erfuhr, dass er noch mit Grace zusammen war. Sie fragte sich, ob er und Grace es noch als ihr Geheimnis bewahrten, oder ob er mittlerweile aller Welt die Wahrheit gesagt hatte.

Eva behielt die Tore des Parks im Auge, als sich die Besucher in der anbrechenden Dunkelheit hinein- oder hinausschlängelten. Sie fischte eine *Times* vom Vortag aus dem Mülleimer neben der Bank und blätterte sie durch auf der Suche nach einer Meldung über den Scorpio Club, an dessen geschlossener roter Tür ein Räumungsbescheid klebte. Adam war von seinem Hocker verschwunden, wie die Liebesromane von den Fenstersimsen, die Topfpflanzen, Zeitschriften und Weingläser. In den Zeitungen tauchte der Scorpio immer noch nicht auf. Es schien fast so, als hätte es ihn nie gegeben. Das Schild war verschwunden, und die Stelle über der Tür sah aus wie ein zahnloser Mund. Die Leute im Friseursalon nebenan sagten, sie wüssten nicht, was passiert sei, seien aber eines Tages zur Arbeit erschienen, so wie Eva auch, und da sei der Club verrammelt und leer gewesen, all der Lärm aus Keller und Schlafzimmern plötzlich verstummt. Aber bei Echo Books hatte eine Postkarte aus Kroatien auf Eva gewartet, und Eva hatte sie zwischen die Buchumschläge an ihre Pinnwand gesteckt: »Ist o.k. hier, hab jetzt Job in Zagreb, in Café. Wenn Sie mal in Kroatien sind, Sie können mich besuchen. Danke, Anya.« Irgendwo an der Nordküste von Cornwall wurde *Die Piratenbraut* gerade gedruckt, gebunden und eingeschweißt, zur Veröffentlichung bereit. Echo Books hatte Eva nicht entlassen, aber sie hatte bald ein Vorstellungsgespräch bei einer Zeitschrift. Sie würde weiterziehen.

Als Eva von der Zeitung aufsah, bemerkte sie mit einem Schaudern, dass sich der Himmel über London verfinstert hatte, als wäre ein Deckel über den Park gestülpt worden. Zwei der Fußballspiele waren beendet und das letzte kurz davor, als Eva die Zeitung auf ihrem Schoß faltete und begann, an dem Nietnagel an ihrem Daumen zu knabbern. Die Farbe des Himmels wechselte von Blau zu Schwarz und verschlang die zotteligen Baumfinger, die nach oben Richtung Wolken griffen. Der Mond war groß und sah nass aus. Eva betrachtete ihn und sah dann eine Lichtexplosion, ein Feuerwerk barst in weiter Ferne hinter Bäumen und Häusern in blaue Strahlen. Irgendwo im Park bellte ein Hund, aus dem herabtropfenden ersten Feuerwerk wuchs ein weiteres. Hinter ihr schleuderte sich eine weiße Kugel in den Himmel, und dann entluden sich drei grellbunte Bälle und regneten auf die Wipfel der umgebenden Bäume herab. Etwas zischte, vielleicht ein Feuerrad, und dann flog ein Schwarm Krähen abrupt über das Gras davon und hinunter Richtung Soho. Eine gewaltige blaue Explosion, das metallische Blau von Nagellack oder Autofarbe, riss den Himmel entzwei, dort, wo Eva Primrose Hill vermutete. Eine Familie kam den Weg hinunter, mit einem kleinen blonden Mädchen, das eine Wunderkerze in einer Hand schwenkte und mit der anderen an der Hand ihres Vaters zog, gefolgt von einem Paar, das in Handschuhe und Schals gehüllt ebenfalls in Richtung London Zoo spazierte, vermutlich aber weiterwollte, über den Kanal und die Prince Albert Road bis nach Primrose Hill.

Im Regent's Park war es jetzt still und eisig, doch weiter oben auf dem Hügel würden Tausende Menschen sein, dicht gedrängt, einer neben dem anderen, die Hälse gen Himmel gereckt. Sobald eine der bunten Lichtkaskaden verglüht war, stieg die nächste in die Luft. Alles schien ineinander überzugehen, ein Moment auf den anderen gepackt, Schlüsse rasten in Anfänge, und dann ging alles von vorn los. Immer mehr Menschen betraten den Weg von St-John's-Wood aus, und winzige ameisengroße Mäntel und Schals von der nach Camden Town gelegenen Seite. Es gab grünen Regen, weißen Regen, der Rauch am schwarzen Himmel zurückließ, und Eva wusste, dass Luke dort drüben in der Menge war, so wie jedes Jahr. Vielleicht hielt er Graces Finger in der Hand oder stand dicht neben ihr, Schulter an Schulter. Eva stellte sich zu tief im Schädel sitzende graue Falkenaugen vor, seine übergroße Zunge, die Narbe auf der Augenbraue, seine Ausstrahlung, als ob er eine Last trüge.

Sie dachte an das Gewicht seiner Hände auf ihrer Schulter. An sein lautes Schnarchen im Bett. An die Geräusche, wenn er spät nach Hause kam oder früh aufstand und im Dunkeln durch das Schlafzimmer tappte, bemüht, sie nicht zu wecken. Er würde gleich hinter dem

Kanal stehen, im Dunkeln plaudern. Sie dachte daran, wie er in der kleinen Küche am Silver Place kochte. Sah seinen Körper vor sich, als er den Anfall bekam. Wie gern er gähnte. Wie er sich in null Komma nichts auszog und sie dann wie ein Zirkusdirektor beobachtete, während sie ihn gespielt ungezwungen umtanzte, hinter Schränken und Türen huschte, damit er sie nicht in unvorteilhaften Stadien der Nacktheit sah. Sein Gesichtsausdruck, wenn er noch für ein Getränk länger auf einer Party bleiben wollte – *nur noch ein Lied, Eva, nur noch eins*. Die Narbe auf seiner Lippe. Die Narbe an seinem Kiefer. Die vielen gezackten Nähte Lukes, wo man ihn als Jugendlichen zusammengeflickt hatte. Als sie allein im Regent's Park auf der Bank saß, dachte Eva an die Lücken, an den Bockmist, den er gebaut hatte, Hinweise auf die Dinge, die sie nicht verstand.

Vielleicht war all das genug. Eigentlich sehnte sie sich nicht nach einem Wiedersehen mit Luke, sie wollte einfach nur untätig in der Kälte neben ihm stehen. Eva biss auf den Nietnagel an ihrem Daumen und fragte sich, ob es sich lohnte, am Zoo vorbeizugehen und den Kanal zu überqueren, um das Feuerwerk besser sehen zu können.

Bitte beachten Sie
auch die folgenden Seiten

Anna Stothard

Pink Hotel

Roman. Aus dem Englischen von Hans M. Herzog und Astrid Arz

Sie ist siebzehn und gerade von der Schule geflogen, als zu Hause in London das Telefon klingelt: Ihre Mutter Lily ist tot. Lily, von der sie seit ihrer Kindheit nichts mehr gehört hat. Zwanzig Stunden und eine geklaute Kreditkarte später steht sie im Schlafzimmer ihrer Mutter, im obersten Stock des Pink Hotels in Venice Beach, Kalifornien. Unten verebben die Ausläufer einer exzessiven Party: Lilys Totenwache. Sie beschließt, ein paar Sachen mitgehen zu lassen, nichts Wertvolles, nur ein paar Kleider, Schuhe, ein Päckchen Zigaretten. Sie wirft alles in einen alten roten Koffer, den sie unter dem Bett gefunden hat, und schleicht sich unerkannt aus dem Hotelzimmer. Doch was sie im Koffer noch entdeckt, ist mehr, als sie zu hoffen wagte: eine Spur in das turbulente Leben ihrer Mutter und zu den Männern, die sie geliebt haben. Aus den geplanten drei Tagen L.A. werden Wochen und Monate – und aus einer Reise in die Vergangenheit der Beginn eines neuen Lebens und einer großen Liebe.

»Das ist richtig gut gemacht. Nicht nur das Ende, der ganze Roman.« *Christine Westermann* / WDR, *Köln*

»In einem Rutsch gelesen: Liebeskrimi mit Suchtfaktor. Anna Stothard ist ein herzzerreißendes Stück gelungen.« *Claudia Kirsch / Brigitte, Hamburg*

»Unglaublich gut. Anna Stothard schreibt vollendet und fesselnd.« *Kate Saunders / The Times, London*

Joey Goebel im Diogenes Verlag

Joey Goebel ist 1980 in Henderson, Kentucky, geboren, wo er auch heute lebt und Schreiben lehrt. Als Leadsänger tourte er mit seiner Punkrockband ›The Mullets‹ durch den Mittleren Westen.

»Joey Goebel wird als literarische Entdeckung vom Schlag eines John Irving oder T.C. Boyle gehandelt.«
Stefan Maelck / NDR, Hamburg

»Solange sich junge Erzähler finden wie Joey Goebel, ist uns um die Zukunft nicht bange.«
Elmar Krekeler / Die Welt, Berlin

Vincent
Roman
Aus dem Amerikanischen von
Hans M. Herzog und Matthias Jendis

Freaks
Roman
Deutsch von Hans M. Herzog
Auch als Diogenes Hörbuch erschienen,
gelesen von Cosma Shiva Hagen, Jan Josef Liefers,
Charlotte Roche, Cordula Trantow
und Feridun Zaimoglu

Heartland
Roman
Deutsch von Hans M. Herzog

Ich gegen Osborne
Roman
Deutsch von Hans M. Herzog

Miranda July
Es findet dich

Aus dem Amerikanischen von
Clara Drechsler und Harald Hellmann
Mit Fotografien von Brigitte Sire

Im Sommer 2009 arbeitet Miranda July am Drehbuch zu ihrem zweiten Film *The Future* – und steckt fest. Um sich vom Nichtschreiben abzulenken, beginnt sie das Kleinanzeigen-Heftchen *PennySaver* zu studieren. Und fragt sich: Wer ist die Person, die eine »große, schwarze Lederjacke, $10« verkauft? Auf einmal scheint es ungeheuer wichtig, das herauszufinden. Begleitet von der Fotografin Brigitte Sire begibt sich Miranda July auf eine bizarre, inspirierende Erkundungsfahrt. Sie hält zehn Begegnungen in Interviewform fest und erzählt, wie sie selbst – und ihr Drehbuch – dadurch verändert wird. Denn die Menschen, die Miranda July trifft, sind mindestens so merkwürdig, erschreckend, anrührend wie die Figuren aus ihren Filmen und Geschichten.

»Wie wurde jemand, was er ist – das fragt Miranda July in diesem höchst erstaunlichen Buch mit Interviews und Fotos.« *Elke Heidenreich / Die Welt, Berlin*

Jason Starr im Diogenes Verlag

Jason Starr, geboren 1968, wuchs in Brooklyn auf und begann in seinen College-Jahren zu schreiben, zunächst Kurzgeschichten, später auch Romane und Theaterstücke. Früher verkaufte er Parfüm, Computer und – Höhepunkt seiner Karriere – unzerreißbare Strumpfhosen und redete sich die Seele aus dem Leib als Telefonverkäufer. Heute ist Jason Starr selbsternannter Experte für American Football und Baseball, für Pferderennen und Glücksspiel. Er lebt in New York.

»Jason Starr ist ein phantasievoller Autor und schreibt so rabenschwarz wie im Hollywood der vierziger Jahre.« *Martina I. Kischke / Frankfurter Rundschau*

»Die unwiderstehliche Schwärze und Rasanz, in der Jason Starr den ethischen und zwischenmenschlichen Niedergang seiner Protagonisten schildert, sucht ihresgleichen.« *Stadtblatt Osnabrück*

Top Job
Roman. Aus dem Amerikanischen von Bernhard Robben

Ein wirklich netter Typ
Roman. Deutsch von Hans M. Herzog

Hard Feelings
Roman. Deutsch von Bernhard Robben

Twisted City
Roman. Deutsch von Bernhard Robben

Stalking
Roman. Deutsch von Ulla Kösters

Panik
Roman. Deutsch von Ulla Kösters

Brooklyn Brothers
Roman. Deutsch von Ulla Kösters

Dumm gelaufen
Roman. Deutsch von Hans M. Herzog

Yael Hedaya im Diogenes Verlag

Yael Hedaya wurde 1964 in Jerusalem geboren. Sie studierte Philosophie und Anglistik in Jerusalem und Kreatives Schreiben in New York. Heute arbeitet sie als Journalistin für verschiedene israelische Zeitschriften. Yael Hedaya lebt in der Nähe von Tel Aviv.

»Zusammen mit Autorinnen wie etwa Zeruya Shalev und Judith Katzir gehört Yael Hedaya zur jungen Generation israelischer Schriftstellerinnen, die bei uns als Spezialistinnen für die Erforschung des Privaten gelten.« *Gunhild Kübler / Die Weltwoche, Zürich*

»Yael Hedaya ist eine Entdeckung.«
Simone Buchholz / Marie Claire, München

Liebe pur
Erzählung. Aus dem
Hebräischen von Ruth Melcer

Zusammenstöße
Eine Liebesgeschichte
Roman. Deutsch
von Ruth Melcer

Die Sache mit dem Glück
Erzählung
Deutsch von Ruth Melcer

Eden
Roman
Deutsch von Ruth Achlama

Alles bestens
Roman. Deutsch von
Ruth Melcer

Adam Davies im Diogenes Verlag

Adam Davies, geboren 1971 in Louisville, Kentucky, arbeitete nach seinem Literaturstudium an der Syracuse University als Verlagsassistent in New York. Heute ist er Dozent für Englische Literatur an der University of Georgia und am Savannah College of Art & Design. Adam Davies lebt in Brooklyn, New York, und Savannah, Georgia.

»Adam Davies ist so komisch und umwerfend wie Nick Hornby, aber auch so in den Bann ziehend und traurig wie J. D. Salinger *(Der Fänger im Roggen)*. Genial.«
Badische Neueste Nachrichten

»Adam Davies kann von Tragödien so grandios erzählen, dass man ordentlich was zu lachen hat.«
Christine Westermann / WDR, *Köln*

Froschkönig
Roman. Aus dem Amerikanischen
von Hans M. Herzog

Goodbye Lemon
Roman. Deutsch von
Hans M. Herzog

Dein oder mein
Roman. Deutsch von
Hans M. Herzog

Philippe Djian im Diogenes Verlag

»Keiner macht ihm diesen Ton nach, voller Humor, Selbstironie und Kraft.« *Frédéric Beigbeder*

»Vertrauen Sie dem Handwerk von Philippe Djian – Langeweile ausgeschlossen.« *Paris Match*

Betty Blue
37,2° am Morgen. Roman. Aus dem Französischen von Michael Mosblech
Auch als Diogenes Hörbuch erschienen, gelesen von Ben Becker

Erogene Zone
Roman. Deutsch von Michael Mosblech

Verraten und verkauft
Roman. Deutsch von Michael Mosblech

Rückgrat
Roman. Deutsch von Michael Mosblech

Krokodile
Sechs Geschichten. Deutsch von Michael Mosblech

Pas de deux
Roman. Deutsch von Michael Mosblech

Kriminelle
Roman. Deutsch von Ulrich Hartmann

Sirenen
Roman. Deutsch von Uli Wittmann

In der Kreide
Die Bücher meines Lebens. Über Salinger, Céline, Cendrars, Kerouac, Melville, Henry Miller, Faulkner, Hemingway, Brautigan, Carver. Deutsch von Uli Wittmann

100 zu 1
Frühe Stories. Deutsch von Michael Mosblech

Die Leichtfertigen
Roman. Deutsch von Uli Wittmann

Die Rastlosen
Roman. Deutsch von Oliver Ilan Schulz

Benedict Wells im Diogenes Verlag

Becks letzter Sommer

Roman

»But I was so much older then, I'm younger than that now.« (Bob Dylan, *My Back Pages*)

Ein liebeskranker Lehrer, ein ausgeflippter Deutschafrikaner und ein musikalisches Wunderkind aus Litauen auf dem Trip ihres Lebens, von München durch Osteuropa nach Istanbul.

»Das interessanteste Debüt des Jahres. Einer, der sein Handwerk versteht und der eine Geschichte zu erzählen hat.« *Florian Illies / Die Zeit, Hamburg*

»Ein wunderbares, ehrliches Buch, mit souveräner Figurenführung, Dutzenden von guten Einfällen und einem Spannungsbogen, der es in sich hat.«
Jess Jochimsen / Musikexpress, München

»Furioser Lesespaß.« *Verena Lugert / Neon, München*

Spinner

Roman

Ich hab keine Angst vor der Zukunft, verstehen Sie? Ich hab nur ein kleines bisschen Angst vor der Gegenwart.
Jesper Lier, zwanzig, weiß nur noch eines: Er muss sein Leben ändern, und zwar radikal. Er erlebt eine turbulente Woche und eine wilde Odyssee durch das neue Berlin. Ein tragikomischer Roman über die Angst, wirklich die richtigen Entscheidungen zu treffen.

»Wie Benedict Wells versteht, sein Alter Ego in seiner ganzen Unbefangenheit dem Leben gegenüber darzustellen, geht weit über ein auf ein jugendliches Lesepublikum zugeschnittenes Generationenbuch hinaus. Wells' Sprache ist roh und unfrisiert, und seine Geschichte grundiert von bisweilen bitter-poetischem Humor.« *Peter Henning / Rolling Stone, München*

»Benedict Wells findet starke Worte für die Orientierungslosigkeit seiner Generation. *Spinner* ist ein wunderbares Buch über die Angst vor dem Erwachsenwerden und teilweise zum Brüllen komisch.«
Lilo Solcher / Augsburger Allgemeine

»Ironisch und stellenweise sehr tiefgründig. Versponnene Lektüre zum In-einem-Rutsch-Lesen.«
Emotion, Hamburg

Fast genial

Roman

»Ich habe das Gefühl, ich muss meinen Vater nur einmal anschauen, nur einmal kurz mit ihm sprechen, und schon wird sich mein ganzes Leben verändern.«
Die unglaubliche, aber wahre Geschichte über einen mittellosen Jungen aus dem Trailerpark, dessen Zukunft aussichtslos scheint. Bis er eines Tages erfährt, dass sein ihm unbekannter Vater ein Genie ist, und er sich auf die Suche nach ihm macht – das Abenteuer seines Lebens.

»Benedict Wells – ein Ausnahmetalent in der jungen deutschen Literatur! Mit *Fast genial* ist ihm ein ziemlich geniales Buch gelungen.«
Claudio Armbruster / ZDF heute journal, Mainz

Astrid Rosenfeld im Diogenes Verlag

Astrid Rosenfeld wurde 1977 in Köln geboren. Nach dem Abitur ging sie für zwei Jahre nach Kalifornien, wo sie erste Berufserfahrungen am Theater sammelte. Danach begann sie eine Schauspielausbildung in Berlin, die sie nach anderthalb Jahren abbrach. Eine Zeitlang hat sie in diversen Jobs in der Filmbranche gearbeitet, unter anderem als Casterin. Ihr Debütroman *Adams Erbe* erschien 2011 und schaffte es auf Anhieb auf die Longlist für den Deutschen Buchpreis. Astrid Rosenfeld lebt als freie Autorin in Berlin.

»So möchte man schreiben können: federleicht und doch mit Tiefgang, witzig und locker und doch niemals platt, spannend, aber doch leise und ohne aufgeplusterte Action.«
Birgit Ruf / Nürnberger Nachrichten

Adams Erbe
Roman

Elsa ungeheuer
Roman
Auch als Diogenes Hörbuch erschienen,
gelesen von Robert Stadlober